Susanne Spahn

Das Russland-Netzwerk

Fü

Susanne Spahn

Das Russland-Netzwerk

Wie ich zur Russlandversteherin wurde und warum ich es heute nicht mehr sein kann

Frankfurter Allgemeine Buch

Bibliografische Information der Deutschen Nationalbibliothek
Die Deutsche Nationalbibliothek verzeichnet diese Publikation in der Deutschen Nationalbibliografie; detaillierte bibliografische Daten sind im Internet über http://dnb.d-nb.de abrufbar.

Frankfurter
Allgemeine
Buch

Frankfurter Allgemeine Buch
Pariser Straße 1
60486 Frankfurt am Main

Umschlaggestaltung: Nina Hegemann
Umschlagbild: © Adobe Stock/BooblGum
Layout und Satz: schreiberVIS, Seeheim
Druck: CPI Books GmbH, Leck
Printed in Germany

1. Auflage
Frankfurt am Main 2024
ISBN 978-3-96251-204-0

Frankfurter Allgemeine Buch hat sich zu einer nachhaltigen Buchproduktion verpflichtet und erwirbt gemeinsam mit den Lieferanten Emissionsminderungszertifikate zur Kompensation des CO_2-Ausstoßes.

Klimaschutz-Beitrag
First Climate.com
2024
CO_2-Zertifikate

In dieser Publikation wurde aufgrund der besseren Lesbarkeit das generische Maskulinum verwendet, womit immer weibliche, männliche und diverse Personen gemeint sind.

Inhalt

Einleitung:

Russlands Medien und Desinformation – ein schwieriges Thema in Deutschland

Anfang Oktober 2022 in Altenburg, einer beschaulichen Stadt mit mittelalterlichem Schloss und Marktplatz im Osten Thüringens. Russland hat gerade vier Gebiete der Ostukraine annektiert und dies auf dem Roten Platz in Moskau prunkvoll gefeiert. In der örtlichen Volkshochschule soll ich einen Vortrag zum Thema „Der Krieg der ostslawischen Brüder – wie kam es zum Angriff auf die Ukraine?" halten. Die Putin-Führung habe es nicht geschafft, die Ukraine in die eurasischen Organisationen zu integrieren, führe ich aus, und setze nun ihre imperialen Ansprüche gewaltsam durch. An einigen Beispielen zeige ich, dass der Krieg in den russischen Staatsmedien aber ganz anders verkauft wird: Nicht Russland ist der Angreifer, sondern der Westen, der angeblich Russland zerstören will.

In dem historischen Saal mit den bunten Mosaiken herrscht fast andächtige Stille.

Doch kaum ist der Vortrag beendet, bricht ein Sturm der Entrüstung los. „Russland hatte doch keine andere Wahl wegen der NATO", ruft einer; „Die Ukraine hat Völkermord begangen!", meint ein anderer entrüstet. Der Krieg gegen die Ukraine peitscht die Emotionen hoch – im Saal und in der Stadt. An diesem Abend protestieren die Menschen bei einer der wöchentlichen Montagsdemonstrationen. Ein Journalist des Senders *Altenburg TV* macht ein Interview mit mir und erzählt, der Bürgermeister habe Strafanzeige gestellt. Ihm sei gedroht worden: Er solle die ukrainische Flagge vom Rathaus einholen, andernfalls werde man ihn selbst dort aufhängen. In der Volkshochschule zeigt sich nur eine Frau offen solidarisch mit der Ukraine als angegriffenem Land.[1]

Seit zehn Jahren bin ich in der politischen Bildung aktiv und bereise das ganze Land mit meinen Veranstaltungen zu Russlands Außenpolitik und Medien. Dabei zeige ich an konkreten Beispielen aus der Berichterstattung, wie der Sender *RT* und das Nachrichtenportal *Sputnik* die Realität verzerren, um die öffentliche Meinung in ihrem Sinne zu beeinflussen. Nach vielen Diskussionen mit interessierten, besorgten oder wütenden Bürgern und Bürgerinnen bin ich überzeugt: Der Erfolg der russischen Propaganda beruht nicht nur auf dem rasanten Aufstieg von *RT DE* zum Alternativsender für Millionen von Nutzern. Russland hat über Jahre hinweg ein Netzwerk in Deutschland aufgebaut: Journalisten, Politiker und andere Aktivisten vom extrem rechten bis zum linken Spektrum, Verschwörungsideologen, bis weit hinein in die etablierten Medien, Parteien und Wirtschaft. Dem Netzwerk ist es zu verdanken, dass das Verständnis für Russland und die Putin-Führung in Deutschland so weit gediehen ist, dass ihr lange alles nachgesehen wurde: der Georgien-Krieg, die Annexion der Krim, die Intervention im Donbas, die Militärhilfe für den syrischen Diktator Assad, die Ermordung politischer Gegner wie etwa im Berliner Tiergarten. Nach etwas Kritik an der Missachtung der Menschenrechte und des Völkerrechts sind die Regierungen unter Gerhard Schröder und Angela Merkel rasch wieder zum Business as usual zurückgekehrt. Bis 2022 – als der Krieg und die Kriegsverbrechen vor den Türen der EU so unerträglich und bedrohlich wurden, dass weiteres Verständnis im Sinne von Tolerieren nicht mehr möglich war.

Deutschland hat bis 2022 mehr als die Hälfte seines Bedarfs an Gas und einen großen Teil an Erdöl aus Russland bezogen und mit Milliarden Euro die Eroberungskriege Putins mitfinanziert. Bis zur „Zeitenwende" im Februar 2022 war die Außenpolitik Deutschlands auf Partnerschaft mit Russland ausgerichtet: Die sozialdemokratische Maxime des „Wandels durch Annäherung", die der Ostpolitik von Kanzler Willy Brandt in den 70er-Jahren zugrunde lag, wurde in neue Formeln gekleidet: Von „strategischer Partnerschaft" und „Modernisierungspartnerschaft" war die Rede. Dies missachtete die Entwicklung Russlands zu einer Diktatur, die repressiv gegen Andersdenkende im Inneren und aggressiv gegenüber seinen ausländischen Nachbarn auftritt. Nach meist verhalten geäußerter Kritik mahnten zahlreiche einflussreiche Fürsprecher Russlands immer wieder zu Verständnis und Dialog. Anstatt also dem zunehmend aggressiv und diktatorisch agierenden Regime entschlossen entgegenzutreten, haben die deutschen Regierungen und zahlreiche Bürgerinnen und Bürger viel Verständnis gezeigt und mit Russland gute Geschäfte gemacht – das ist die Verantwortung, der wir uns heute stellen müssen.

Ein beachtlicher Teil unserer Gesellschaft teilt die russische Interpretation des Krieges. Nach einer Umfrage des Berliner Institutes CeMAS vom November 2022 stimmten 40 Prozent der Befragten ganz oder teilweise der Aussage zu, dass der russische Angriffskrieg eine alternativlose Reaktion Russlands auf die Provokation der NATO sei.[2] Ein halbes Jahr später ergab eine Studie der Friedrich-Ebert-Stiftung, dass etwa ein Drittel der Bevölkerung der Ansicht ist, dass „die westliche Welt sich gegen Russland und Putin verschworen“ habe, „um die eigene Macht auszubauen“.[3] Diese Umfragen zeigen, dass die russischen Narrative in Deutschland auf fruchtbaren Boden fallen.

In diesem Buch möchte ich erklären, wie es dazu kam: Russlands Netzwerk spielt die zentrale Rolle. Im ersten Teil zeige ich am eigenen Beispiel, wie ich unter dem Einfluss von Journalisten und Wirtschaftsvertretern zur Russlandversteherin geworden bin. Erst in den Jahren 2010/11 kam das „Aufwachen“, als ich als freie Korrespondentin in Moskau mit der Realität von Putins „gelenkter Demokratie“ konfrontiert war. Als ich 2014 anfing, kritische Analysen zu den russischen Medien in Deutschland zu schreiben, wurde ich selbst zum Ziel der Angriffe von *RT*, *Sputnik* und Trollen.

Im zweiten Teil stelle ich das Netzwerk der Fürsprecher Russlands an einigen Akteuren exemplarisch vor. Diese Akteure waren von Anfang an, als *RT* und *Sputnik* 2014 in Deutschland an den Start gingen, dabei: als Lobbyisten, als Werbe- und Medienpartner. Ihre Aktivitäten beleuchte ich, indem ich Medienberichte und andere Dokumente auswerte. Soweit es möglich war, habe ich selbst ihre Veranstaltungen besucht und sie in Interviews befragt. Mein Tagebuch über meinen Aufenthalt in Russland und meine Studien dienen als weitere Quellen.

Die Akteure lassen sich in zwei Gruppen einteilen: 1. die russischen staatlichen und staatsnahen Medien und Akteure, 2. deutsche und russische Akteure mit eigener Motivation, die nicht organisatorisch eingebunden sind, aber die russischen Narrative inhaltlich unterstützen. Wie diese Akteure Russlands Ziele im hybriden Krieg und seine Interessen befördern, wird in den nächsten Kapiteln gezeigt.

Teil 1:

Meine Erfahrungen mit Russland

1. Die russische Seele und das rätselhafte Land

Die Anfänge: „Spionage“ im Lenin-Krankenhaus

Seit 35 Jahren beschäftige ich mich mit Russland – gleich nach dem Abitur ging ich nach Russland, absolvierte ein soziales Jahr in einem orthodoxen Krankenhaus und studierte an der Universität in St. Petersburg. Ich möchte zunächst erklären, wie ich zu einer sogenannten Russlandversteherin wurde – in dem Sinne, dass ich die Politik der russischen Führung gebilligt habe. Mein „Aufwachen“ war die Folge der Konfrontation mit der Realität der „gelenkten Demokratie“ in Moskau 2010/2011. Seit 2014 analysiere ich die Berichterstattung der russischen Medien *RT* und *Sputnik* in Deutschland und bin von diesen als Feind Russlands gebrandmarkt worden. Vom Versteher zum Feind – wie konnte das passieren?

Nun von Anfang an: Ende der 80er-Jahre war die Zeit des Aufbruchs. Der Generalsekretär der mächtigen KPdSU und Präsident der Sowjetunion Michail Gorbatschow erklärte *Perestrojka* (Umbau) und *Glasnost* (Transparenz) zu den Prinzipien seiner Politik. Im Gegensatz zu den Repressionen, die seine Vorgänger ausübten, wollte Gorbatschow dem Sozialismus ein menschliches Antlitz verleihen. Gleichzeitig verabschiedete er sich weitgehend – mit Ausnahmen wie etwa in Litauen – von der sowjetischen Tradition, das Imperium mit Gewalt zusammenzuhalten; auch die Wiedervereinigung Deutschlands wurde möglich.

In Deutschland herrschte eine „Gorbi"-Euphorie, die in meiner Heimatstadt Münster besonders ausgeprägt war. Der damalige Wirtschaftsminister Jürgen Möllemann lud Gorbatschow in die westfälische Metropole ein, seine Frau Raissa wurde in Münster im Krankenhaus behandelt. Mit der Wende 1989 wurde in meinem altsprachlichen Gymnasium sogar Russisch als Fremdsprache eingeführt. Wir starteten mit 40 Schülern, am Schluss blieben nur noch fünf besonders Begeisterte, darunter ich. Ich hatte *Sputnik*, den Digest der sowjetischen Presse, im Abo und ging regelmäßig zum Bahnhof, um mir die Zeitung *Iswestija* zu kaufen. Dank der Vermittlung „Glasnost Kontakt" bekam ich sogar Briefe: „Guten Tag, Susanna! Aus der Sowjetunion schreibt dir Igor." Er kannte bereits Steffi Graf, Boris Becker und einige namhafte Hersteller von Sportkleidung und Autos. Jetzt wollte er gern mehr über Deutschland erfahren. Natürlich schrieb ich zurück, aber die Brieffreundschaft scheiterte an der Post, die meisten Briefe kamen leider nicht an.

Im Sommer 1991 durfte ich mit einer Delegation von Schülern aus NRW nach Simferopol auf die Krim reisen – zum Russischkurs. Als Ausländer bekamen wir im Studentenwohnheim eine eigene Etage, wir wurden von den Lehrern und Organisatoren intensiv betreut, der Tag war stets durchorganisiert mit Sprachkursen und Ausflugsprogramm. Zu dieser Zeit im August befand sich auch Gorbatschow auf der Krim – er wurde von den Putschisten auf seiner Datscha festgehalten. Davon ahnten wir Schüler nichts, wir lernten, einfache Texte zu lesen und russische Lieder zu singen wie „Jagoda Malina“, das traurig-schöne Lied von einem romantischen Treffen im Wald zwischen Himbeeren. Die Realität war aber weniger lyrisch: Statt Himbeeren gab es Panzer in Moskau. Erst nach meiner Rückkehr sah ich die Bilder davon, wie Gorbatschows Gegenspieler, der erste demokratisch gewählte Präsident Russlands Boris Jelzin, auf einen der Panzer kletterte und zehntausende Sowjetbürger zum Widerstand gegen das aufständische Militär mobilisierte – der Putsch scheiterte.[1] Mit der Macht Gorbatschows ging es seitdem steil bergab, genau wie mit der Sowjetunion, die schließlich im Dezember 1991 von Jelzin, dem ukrainischen und dem belarussischen Staatschef aufgelöst wurde.

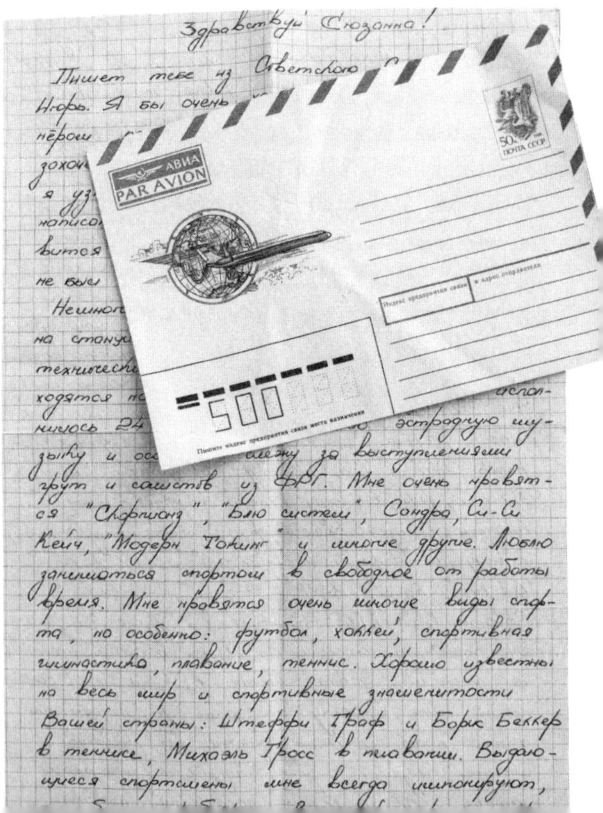

Abb. 1: Briefe aus der Sowjetunion kamen immer in diesen bebilderten Umschlägen, hier ein Brief von Igor, der mehr über Deutschland wissen wollte.

Die Sowjetunion – das „Reich des Bösen“ im Kalten Krieg – war weg, es eröffneten sich ungeahnte Möglichkeiten. Unsere Abschlussfahrt im Gymnasium führte nach St. Petersburg, das bis vor Kurzem noch Leningrad geheißen hatte. Ich wusste nicht so richtig, was ich nach dem Abitur 1992 machen wollte, nur eins wusste ich genau: Ich wollte ins Ausland. Natürlich nach Russland. Dort wollte ich ein soziales Jahr machen. Damals war mir nicht klar, dass es in Russland kein „soziales Jahr“ wie bei uns gibt, ich bin einfach losgefahren. Also so einfach natürlich auch nicht, ich brauchte eine Einladung meiner Gastfamilie, mit der ich bei der Botschaft ein Visum beantragen konnte. Ausgestattet mit den nötigen Papieren und einem Koffer voller Gastgeschenke und Schokoladenvorräte flog ich nach Moskau. Dort holte mich die Familie mit ihrem Lada ab und nach einer kurzen Stadtbesichtigung fuhren wir nach Iwanowo, bekannt für seine Textilindustrie und „Stadt der Bräute“ genannt, etwa 250 Kilometer nordöstlich von Moskau. Dort wurde ich freundlich aufgenommen. Meine Gasteltern hatten große Pläne: Ihre Datscha sollte zum Hotel für ausländische Touristen werden und da kam ich als Helferin wie gerufen. Als ich einige Wochen mit wild wuchernden Sträuchern in ihrem Garten gekämpft hatte, wurde mir klar, dass meine Gasteltern von meinem sozialen Jahr ganz andere Vorstellungen hatten als ich.

Also fuhr ich über Umwege nach St. Petersburg, wo ich ein Mädchen kannte, das ich auf der Krim kennengelernt hatte. Sie und ihre Mutter halfen mir, ein Zimmer zu finden. Das war auf der Wassiljewskij-Insel, in der 18. Etage eines Hochhauses, bei einer Freundin der Mutter. Um die Ecke war schon das Meer, der Finnische Meerbusen, wo ich oft mit dem Cockerspaniel meiner Vermieterin Lida spazieren war. Außerdem hatte sie einen kuscheligen Kater, dem ich Salto beigebracht habe. Einmal

Abb. 2: Der erste Besuch der Autorin in Moskau 1992 verlief klassisch: Kreml, Lenin-Mausoleum und dann das Foto mit dem großen Revolutionsführer.

hat der Kater die Frikadellen aus der Pfanne geklaut, als Lida telefonierte, da war sie richtig sauer. Die meisten Menschen, so auch meine Vermieterin, hatten damals nicht viel Geld, obwohl sie gut qualifiziert waren. Lida war Ingenieurin, verdiente aber sehr wenig. Ihr Sohn Igor half ihr finanziell, er war ein „Businessman". Die sogenannten *Businessmeny* beschäftigten sich zu der Zeit meist damit, Güter irgendwo preiswert einzukaufen und woanders teurer zu verkauften. Igor fuhr dazu regelmäßig in das nahe gelegene Finnland.

Viele Staatsbetriebe waren damals unrentabel, es lief die Privatisierung. Jeder Bürger bekam einen Voucher in Höhe von 10.000 Rubel. Kaum jemand wusste, was er damit machen sollte, weil der Wert zu gering war, um wirklich an einem Unternehmen beteiligt zu werden. Kleinunternehmer und Gauner kauften die Voucher auf – einige gelangten so zu Reichtum und wurden zu Oligarchen. Viele Leute gaben damals ihre Jobs auf, um mit Handel über die Runden zu kommen, oder sie arbeiteten gleich an zwei bis drei Stellen. In den Geschäften gab es damals nicht viel zu kaufen. Brot, Makkaroni und litauischer Käse, das waren meine üblichen Lebensmittel. Viel Auswahl gab es nicht. Es herrschte noch das sowjetische Kassensystem: Erst muss man die Waren abwiegen lassen und nach dem Preis fragen. Dann zur Kasse und sich den Bon holen und wieder zurück, um die Ware zu erhalten. Die Geschäfte waren voll, dreimal in der Schlange stehen dauerte seine Zeit. Wenn ich die Zahlen nicht schnell genug runterrattern konnte, wurde ich zur Seite geschubst – so lernte ich diese sehr rasch. Ich wunderte mich, wie grob und unfreundlich die Leute oft in der Öffentlichkeit auftraten und sich zu Hause völlig anders verhielten: herzlich und gastfreundlich. Der Tisch bog sich immer unter Salaten, Vorspeisen oder Suppe, bei denen ich mich fragte, wo meine Gastgeber das alles erstanden hatten. Zum Hauptgericht meist Fleisch mit Beilage, dann Tee mit Kuchen oder Marmelade zum Löffeln, nicht zum aufs Brot streichen wie in Deutschland. Erstaunt war ich immer, dass sich viele meiner Bekannten gut in der deutschen Literatur auskannten und mich beispielsweise fragten, ob ich „Gejne" und „Gete" kenne. Das habe ich erst nicht verstanden, weil das deutsche H und unsere Umlaute im Russischen unbekannt sind und sie „Heine" und „Goethe" meinten. Das fand ich schon beeindruckend, in Deutschland kannte ich damals niemanden, der Puschkin und Lermontow gelesen hätte – ich auch nicht. Also gab es viel zu lernen.

In St. Petersburg besuchte ich Kurse für russische Sprache und Kultur an der Staatlichen Universität, zudem nahm ich

Privatunterricht in Geschichte. Meinen Plan mit dem sozialen Jahr hatte ich natürlich noch nicht vergessen. Der erste Weg führte mich ins Lenin-Krankenhaus auf der Wassiljewskij-Insel. Nach vielen Versuchen hatte ich endlich die Erlaubnis der Leitung. Doch die Krankenschwestern verstanden nicht, warum ich arbeiten wollte, wenn ich nicht Ärztin werden wollte, dazu noch ohne Bezahlung. Ich könne ein Spion sein, argwöhnte eine Schwester: „Sie wird alles heimlich filmen und dann diese Zustände im Ausland zeigen." In der Sowjetunion war der Kontakt zu Ausländern außerhalb organisierter Treffen unerwünscht, dementsprechend fanden die Schwestern mein plötzliches Auftauchen etwas befremdlich. Eine Schwester meinte, ich sei bestimmt mit der humanitären Hilfe aus Deutschland geschickt worden. So bekam ich einen Kittel mit der Aufschrift „Krankenhaus Ratzeburg" aus der Kiste mit den Sachen aus Deutschland.

Dann sollte ich der georgischen Krankenschwester Manana helfen, Spritzen auszuteilen. Die Patienten lagen in Vier-Bett-Zimmern, es gab auch größere Säle, wo Frauen und Männer getrennt untergebracht waren. Insbesondere die älteren Patienten machten oft einen verwahrlosten Eindruck, sie waren abgemagert und lagen teils in löchrigen oder zerrissenen Hemden in den Betten. Manana hatte trotzdem gute Laune, sie sang „Stuardessa po imeni Schanna", ein damals sehr populäres Lied. Mit geübtem Griff legte sie die Patienten auf die Seite, rein mit der Spritze und weiter. Die Spritzen waren aus Metall und die Nadeln so dick, dass man damit Leder hätte nähen können. Dann reichte sie mir eine Spritze: „Na los, nimm Anlauf und dann rein damit!" Das konnte ich nicht, ich hatte furchtbare Angst, den Leuten weh zu tun. So trottete ich mit dem Tablett und den Werkzeugen hinter ihr her.

Mein offizieller Titel war nun „Helfer ohne spezielle Ausbildung", so stellte ich mich den Patienten vor. Meine Erlebnisse schrieb ich abends in mein Tagebuch, das ich schon bald auf Russisch führte. Dort notierte ich die vielen schönen neuen Wörter, die ich tagsüber gehört hatte. Der *Bufettschiza* (wörtlich Buffetfrau) durfte ich helfen, das Essen auszuteilen. Für *Nowinki*, die Neuzugänge, gab es nur einen Löffel Brei, für die anderen zwei, die mit dem Löffel auf dem Teller verteilt wurden, sodass es nach mehr aussah. Gläser für den Kompott, eine Art Früchtebowle, musste jeder selbst mitbringen, einige tranken aus Konservenbüchsen. In der Männerabteilung sprach mich ein älterer Herr an: Er klagte, dass er als Professor der Chemie am Hungertuch nagen müsse, während Spekulanten und Mafiosi im Geld schwimmen würden. Seinen Ärger konnte ich verstehen, versuchte aber, ihn ein wenig aufzumuntern. „Dafür können Sie jetzt Ihre Meinung offen sagen, ohne Angst, beobachtet und bestraft zu werden", meinte ich. „Recht hat sie!", mischte sich ein jüngerer Mann um die 40 ein, worauf eine heiße Diskussion entbrannte, an deren Ende sich die beiden als „Stalinist" bzw. „Schmuddel-Händler" beschimpften. Der Jüngere verwies beleidigt auf seine 20-jährige Tätigkeit als Ingenieur und fragte, wie er ohne seine Einkaufstouren nach Polen seine Familie ernähren sollte. Solche Diskussionen waren in den frühen 90er-Jahren häufig in Russland zu hören. Die Qualifikationen aus der Sowjetzeit waren nicht mehr viel wert, das neue „Business" aber wirkte wegen seiner Primitivität auf viele Menschen abstoßend, zumal es häufig mit der Mafia verbunden war, die für ihr „Dach", also den Schutz, viel Geld forderte.

Einmal wurde ich in den OP geschickt, wo ich während der Operation Schläuche festhalten sollte und die ganze Zeit in den offenen Bauchraum schaute. Das war zu viel für mich als junge Frau. Als ich mich bei meiner Vermieterin ausheulte, riet sie mir, in das kirchliche Wohltätigkeitskrankenhaus beim Alexander-Newskij-Kloster zu gehen. Dort war schon ein amerikanischer Freiwilliger eingesetzt und ich musste nicht mehr erklären, warum ich ohne Bezahlung arbeiten wollte. So wurde ich *Sanitarka*, eine Art Hilfskrankenschwester. In dem Krankenhaus lagen überwiegend ältere Damen, denen ich Essen, Trinken, Medizin und bei Bedarf die Bettpfanne brachte. Viele hatten keine Angehörigen mehr und freuten sich, mit mir zu plaudern. So erfuhr ich viel über die Vergangenheit von St. Petersburg bzw. Leningrad, wie die Stadt zu Sowjetzeiten hieß. Manche hatten noch die Blockade der Deutschen im Zweiten Weltkrieg erlebt und erzählten mir, wie die Stadt ausgehungert worden war, viele ihrer Verwandten hatten nicht überlebt. Die Damen waren meist sehr freundlich und ich fand ihre Zeitzeugenberichte so spannend, dass ich mich entschloss, Geschichte zu studieren. Bei einer älteren Frau ohne Angehörige habe ich nach ihrer Entlassung Hausbesuche gemacht. Oft war sie ärgerlich, weil ich beim Kochen so ungeschickt mit den Töpfen hantierte und bei meinen Versuchen, den Gasherd anzuzünden – so was hatte ich noch nie gesehen – gleich die halbe Packung Streichhölzer verbrauchte. Aber wenn das Essen kam, wurde die Laune schon besser und zum Dank hat sie mir schöne alte Bücher über Leningrad geschenkt. Meine damalige Kollegin Alisa[2] erzählte mir im Nachhinein, dass manche *Babuschkas*, Großmütter, wie die Damen oft genannt wurden, nicht begeistert waren, ausgerechnet von einer Deutschen versorgt zu werden. Das konnte ich aufgrund der Geschichte natürlich verstehen und ich fühlte mich beschämt angesichts der Gräueltaten der Deutschen im Zweiten Weltkrieg. Aber war unsere Generation nicht angetreten, um ein neues Kapitel in

Abb. 3: Als am 1. Oktober 1992 schon der erste Schnee fiel, habe ich mich darüber gefreut. Als im Frühling 1993 immer noch das Eis auf den Straßen lag und ich mir das Bein brach, etwas weniger.

den deutsch-russischen Beziehungen aufzuschlagen? Eines der Völkerfreundschaft und Kooperation? Das sah ich jedenfalls so und viele andere junge Leute, die in den 90er-Jahren Slawistik oder Osteuropäische Geschichte studierten, ebenfalls.

Im April 1993 endeten mein Studium und mein *Sanitarka*-Einsatz jäh, als ich auf dem glatten Eis ausrutschte und mir das Bein brach. Nun kam ich als Patientin ins Krankenhaus, wo ich, weil ich Ausländerin war, ein Einzelzimmer bekam. Das fand ich sehr seltsam, da das Krankenhaus ansonsten überfüllt war. Außerdem war es auch unpraktisch, weil die Krankenschwestern freiwillig nur einmal am Tag vorbeikamen. Die Küche wurde saniert, deshalb gab es nur einmal am Tag *Kascha*, Brei. Gut, dass meine Freunde zu Besuch kamen und mir Lebensmittel mitbrachten. Die medizinische Behandlung war damals kostenlos, also hatte ich keine Ansprüche zu stellen, fand ich. Leider wurde mein Fußgelenk aber nicht gut gerichtet – dreimal wurde Gips draufgepappt und nach dem Röntgen wieder abgenommen für den nächsten Versuch. Meine größte Angst war, auch so eine Spritze wie die von Schwester Manana zu bekommen. Diese Angst war aber unbegründet, denn der Arzt bearbeitete mein Bein ohne Betäubung.

Seitdem laufe ich mit zwei unterschiedlich langen Beinen umher – was meiner Russland-Begeisterung aber keinen Abbruch tat. Meine Freunde mieteten bei meiner Entlassung Krücken, aber an Arbeiten im Krankenhaus und Uni war so nicht mehr zu denken, ich wollte nach Hause. Meine Freunde brachten mich zum Zug – mit meinem Koffer und etwa zehn Kilo Büchern, die das Abteil noch mehr vollstopften. Denn außer mir waren noch die Händler mit ihren Waren Richtung Polen unterwegs. Damals konnte man in 42 Stunden mit dem Zug von NRW nach St. Petersburg fahren. In Brest warteten wir einige Stunden an der polnisch-belarussischen Grenze, weil die Räder aufgrund der unterschiedlichen Schienenbreite in Mittel- und Westeuropa angepasst wurden. Der Abschied war traurig, aber ich würde bald wiederkommen, das wusste ich genau. Tatsächlich war der Zug fast drei Tage unterwegs, denn in Belarus wurde er von Banditen, wie es hieß, überfallen. Alle rannten panisch aus ihren Abteilen außer mir – meine Krücken hatte ich am Bahnhof abgegeben. Meine Sammlung russischer Klassiker würde die Räuber schon nicht interessieren, dachte ich mir. Und es kam auch niemand. Glück gehabt. In Münster erwarteten mich meine Verwandten mit einem Rollstuhl von der Bahnhofsmission, ich hatte viel zu erzählen.

An Russland muss man einfach glauben?

Da ich vorzeitig nach Deutschland zurückgekommen war, konnte ich mich schon zum Sommersemester 1993 an der Universität zu Köln immatrikulieren. Im Seminar für Osteuropäische Geschichte erfuhr ich, dass eine bekannte Journalistin dort ebenfalls studiert hatte: Gabriele Krone-Schmalz. In einem Buchladen in der Kölner Innenstadt würde Frau Krone-Schmalz ihr neues Buch vorstellen, hörte ich. Meinen Gips hatte ich erfolgreich abgelegt. Ich kann mich noch gut erinnern, wie der Orthopäde mit der kleinen Kreissäge mein Bein bearbeitete und ich plötzlich aufschrie. „Was haben Sie denn, da kommt doch noch die Watte", sagte er. „Nein, da ist keine Watte, in dem Petersburger Krankenhaus gab es keine", erklärte ich. Natürlich sah der Orthopäde sofort, dass meine Beine nun unterschiedlich lang waren. „Ich kann Ihnen das Bein wieder brechen und das korrigieren", schlug er freundlich vor. Das war nichts für mich. Aber wenigstens konnte ich wieder laufen und ging zur Lesung von Frau Krone-Schmalz. Sie hatte von 1987 bis 1991 in Moskau als Korrespondentin der ARD gearbeitet und präsentierte 1992 die aktualisierte und erweiterte Auflage ihres Buches *... an Rußland muß man einfach glauben. Meine Moskauer Jahre.*[3]

Frau Krone-Schmalz' Buch war sehr aktuell, sie hatte als Korrespondentin Gorbatschows Ringen um den Erhalt der Sowjetunion selbst erlebt. Bei der Lesung machte sie auf mich einen sehr kompetenten und engagierten Eindruck. Sie flog zu ihrem Einsatzort Moskau 1987 nicht einfach mit dem Flugzeug, nein, sie nahm die beschwerliche Reise mit dem Auto auf sich und machte unterwegs auch gleich Bekanntschaft mit maroden Straßen und baufälligen Hotels. Doch diese Widrigkeiten nahmen sie und ihr Mann mit Humor. Der Höhepunkt des Buches ist zweifelsohne ihr Interview mit dem damaligen Präsidenten der Sowjetunion, Michail Gorbatschow. Es fand vor dem Hintergrund der Verhandlungen über die Wiedervereinigung Deutschlands statt. Bundeskanzler Helmut Kohl und Außenminister Hans-Dietrich Genscher waren im Februar 1990 in Moskau gewesen und hatten danach verkündet, dass die sowjetische Seite damit einverstanden sei, dass die Deutschen in Zukunft selbst über ihr Schicksal bestimmten. Dies sei in Deutschland als Zustimmung nicht nur zur Wiedervereinigung, sondern auch zur Zugehörigkeit zur NATO interpretiert worden, schrieb Frau Krone-Schmalz. Sie empörte sich, dass man in Deutschland „ignorierte, was Gorbatschow selbst zu diesem Thema unüberhörbar gesagt hatte: Die NATO-Mitgliedschaft eines geeinten Deutschlands komme aus sowjetischer Sicht nicht in Frage.“[4]

Den aufregenden Höhepunkt im Kreml beschreibt Frau Krone-Schmalz so: „Für mich hatte noch niemand eine Flügeltür aufgerissen, schon gar nicht im Kreml. Und da stand er nun: Michail Sergejewitsch Gorbatschow sah aus wie das blühende Leben. … Es lag an der Art des sowjetischen Staatschefs, daß von Anfang an eine angenehme und sehr entspannte Atmosphäre herrschte. … Ich genoss den intensiven Blickkontakt, und mir wurde blitzartig klar, daß es kaum möglich ist, sich der Ausstrahlung dieses Mannes zu entziehen – das ist im übrigen durchaus keine Frage des Geschlechts. Ein glaubwürdiger, sympathischer Politiker, dachte ich bei mir. Und: Wie kann jemand trotz dieser unmenschlichen Arbeitsbelastung und dieses ungeheuren Drucks angesichts der Probleme der Sowjetunion so unverschämt gut aussehen? Leicht gebräunt, kein Fältchen, ausgeruht und ein offener Blick aus wirklich sehr schönen braunen Augen."[5]

Wie von Frau Krone-Schmalz erwartet, stimmte Gorbatschow einer Mitgliedschaft des vereinigten Deutschlands in der NATO zu dem Zeitpunkt nicht zu. Er sagte, diese Frage müsse etappenweise unter Berücksichtigung aller Europäer geklärt werden.[6]

Die Beschreibung des sowjetischen Präsidenten erschien mir damals schon etwas kitschig. Allerdings war ich keinen Deut anders in meiner grenzenlosen Bewunderung für Gorbatschow. Für mich war er ein Visionär, der den Kalten Krieg beendet hatte und Europa endlich die Chance gab, in Frieden zu leben. Für mich war er der mutigste Politiker aller Zeiten. Nun hatte ich mit Anfang 20 auch noch nicht viele Zeiten erlebt. Da war Kanzler Helmut Kohl mit seinem Bemühen um die deutsche Wiedervereinigung. Das fand ich auch spannend, hatte aber den Eindruck, dass bei ihm auch eine gehörige Portion Eitelkeit eine Rolle bei dem Wunsch spielte, als Kanzler der Einheit in die Geschichte einzugehen. Außerdem war er in meinen Augen nichts im Vergleich zu Gorbatschow. Der befreite nicht nur die DDR-Bürger, sondern auch die Russen, die Polen, Tschechen, Ungarn und alle, die im Ostblock hinter dem Eisernen Vorgang lebten! Außerdem eröffnete er mir und meiner Generation ungeahnte Möglichkeiten, Osteuropa zu erforschen, die ich natürlich ganz aktiv nutzen wollte.

Mein Bruder schenkte mir seinerzeit ein Porträt von Gorbatschow in Lebensgröße. Das war als Witz gemeint, ich aber hängte das Bild mitten im Zimmer auf. Ich muss zugeben, dass ich damals eine völlig unkritische Haltung zu Gorbatschow hatte, die ich im Laufe meines Studiums revidieren musste. Aber zu der Zeit ging nichts über Gorbatschow – und Frau Krone-Schmalz bestärkte mich in dieser Euphorie. Sie unterstützte meine Ansicht, dass es sich um einen ganz besonderen Politiker handelte, der Veränderungen in Gang brachte, die die Welt noch nicht gesehen hatte. Als fleißige Russisch-Schülerin hatte ich natürlich schon die erste Auflage von *… an Russland muss man einfach glauben* gelesen. Ich konnte die Autorin auch regelmäßig im Fernsehen bewundern, denn wir gehörten zu den Haushalten, in denen abends pünktlich die Nachrichten eingeschaltet wurden. Ihr glaubte ich damals jedes Wort. Sie stand vorm Kreml, sie musste es ja wissen.

Heute, mehr als 30 Jahre später, lese ich das Buch mit anderen Augen. Die Euphorie hat sich schon lange gelegt. Mir fällt auf, dass meine damaligen Gedanken zu Gorbatschow fast identisch waren mit dem, was Frau Krone-Schmalz geschrieben hatte. Auffällig ist, dass sich die Korrespondentin zum Anwalt des vermeintlich ignorierten sowjetischen Präsidenten macht – also eher als seine PR-Agentin agiert denn als Journalistin. Auch der damalige Kanzler Kohl und Außenminister Genscher trafen sich regelmäßig mit dem sowjetischen Präsidenten, legendär sind die Gespräche auf der Datscha und in der Sauna. Stimmte es also, dass Gorbatschow übergangen wurde und niemand ihn richtig verstand? Oder wollte Frau Krone-Schmalz *ihre* Gespräche, *ihre* Interpretationen als das einzig richtige und wahre Verständnis darstellen? Ihr Interview, im Wortlaut auf wenigen Buchseiten wiedergegeben, dürfte allenfalls einige Minuten gedauert haben. Es wird aber im Gegensatz dazu bedeutungsmäßig so aufgeladen, als habe die Korrespondentin einen exklusiven Zugang zu Gorbatschow gehabt. Sie betonte auch, dass sie und ihr Kollege die ersten ausländischen Korrespondenten seien, mit denen Gorbatschow überhaupt gesprochen habe.[7] Ist sie, als sich die Kremltore für sie öffneten, dem Rausch der Macht verfallen?

Später wird sie behaupten, niemand verstehe den russischen Präsidenten Putin. Die Korrespondentin hat den exklusiven Zugang zur Macht, deshalb versteht sie die Kremlherren besonders gut – das ist die Logik, die für sie und weitere in diesem Buch vorgestellte Russland-Experten charakteristisch ist. Diese Logik hatte bei mir damals Erfolg: Frau Krone-Schmalz war dem Kreml nah, deshalb glaubte ich ihr.

Ebenso fallen mir bestimmte Narrative auf, die nicht nur für sie, sondern auch für andere deutsche Experten charakteristisch sind.

Erstes Narrativ:
Der Westen versteht Russland nicht

Wie ein roter Faden zieht sich ihre Klage durch das Buch, dass der Westen, die deutsche Regierung und insbesondere die Journalisten Russland nicht richtig verstünden. Sie meint, dass es ungerecht sei, dass sich viele „als Sieger aufspielen". Dem Westen gibt sie eine Mitschuld am Zerfall der Sowjetunion[8] und fordert mehr Geduld, Verständnis und vor allem Respekt vor Russland. Sie kritisiert häufig die „oberflächliche Denkweise" im Westen, nach der die Vorgänge in der Sowjetunion in simple Kategorien von Gut und Schlecht eingeteilt würden. Besonders harsch geht sie immer wieder mit ihren Journalistenkollegen ins Gericht, die sich von ihrem „Sensationsbedürfnis" leiten ließen und „einschlägiges Katastrophenvokabular" verwendeten – während sie sich um „ein reales Bild" bemühe.[9] Im gesamten Buch jedoch ergreift Frau Krone-Schmalz einseitig Partei für Gorbatschow und seine Bemühungen, die Sowjetunion zu retten. Die nichtrussischen Nationalitäten in den Sowjetrepubliken, die nach Unabhängigkeit streben, werden extrem negativ dargestellt.[10]

Zweites Narrativ: *Alle Probleme lassen sich im Dialog lösen*

So zeigt sie etwa kein Verständnis dafür, dass die Litauer, nachdem die Sowjetunion im Zuge des Hitler-Stalin-Pakts 1939 die Selbstständigkeit der baltischen Republiken zerstört hatte, ihren Staat wiederherstellen wollen. Als im Januar 1991 sowjetische Sicherheitskräfte gewaltsam gegen die Litauer vorgehen, verurteilt Frau Krone-Schmalz die Gewaltanwendung mit keinem Wort, stattdessen schreibt sie: „Die 15 Menschen, die in der Nacht auf den 13. Januar 1991 in Vilnius ums Leben gekommen sind, hätten nicht sterben müssen, wenn man, statt Kraftproben zu veranstalten, auf beiden Seiten wirklich den Dialog gesucht hätte.“ Da sind die Litauer also selbst schuld? Dabei hatte die Autorin vermerkt, dass die litauische Ministerpräsidentin zuvor bei Gorbatschow in Moskau zu Verhandlungen war, also den Dialog gesucht hatte,[11] der aber die Gewalt in Litauen nicht verhindern konnte. Es ist also offensichtlich, dass auch der Dialog an seine Grenzen stößt – damals beim Zerfall der Sowjetunion und heute beim Krieg gegen die Ukraine.

Dann versucht sie, Gorbatschow von allen Vorwürfen freizusprechen. Die Gewaltanwendung in Litauen sei zwar eine „Katastrophe“ für die Perestrojka, räumt sie ein, aber Gorbatschow habe „mit besagtem Einsatzbefehl direkt nichts zu tun“. Dafür führt sie keine Belege an – wie kann sie sich also so sicher sein? Wie falsch die Korrespondentin die Machtverhältnisse einschätzte, zeigt auch ihre Aussage: „Dazu muss man ganz klar sagen, eine stille Entmachtung eines Staatschefs ist bei den heutigen Strukturen nicht mehr möglich.“[12] – kurze Zeit, nachdem sie das geschrieben hatte, wurde Gorbatschow zwar nicht still, aber durch einen Putsch entmachtet.

Drittes Narrativ: *Der Kreml sorgt für Stabilität und Ordnung*

Anschließend widmet sich die Korrespondentin den Nationalitätenkonflikten im Kaukasus und Zentralasien. An der Wortwahl wird klar, was sie von den Unabhängigkeitsbestrebungen hält: „Da bricht sich fanatischer Nationalismus Bahn.“, „Da ist eine ganz gefährliche Lawine losgetreten worden.“, „ grenzenlose Selbstüberschätzung“ vieler Republiken. Über die Armenier

Abb. 4: Die politischen Prozesse waren in der Sowjetunion nicht immer leicht zu durchschauen, heute sind sie wieder ähnlich intransparent und nebulös wie der Blick auf die wolkenverhangene Lomonossow-Universität.

schreibt sie: „Dabei hausten sie wie die Vandalen (...).“[13] Die Autorin erwähnt in einem Kapitel von 27 Seiten nur beiläufig „die Annexion ganzer Nationen und die massenweise Deportation ihrer Völker unter Stalin.“[14] Und sie stellt sich deutlich auf die Seite des Kremls: „Es kann weder im Sinne der Sowjetunion noch im Sinne der Welt sein, wenn die Moskauer Zentrale diesem unkontrollierten Auseinanderdriften freien Lauf läßt.“[15] Wenig erstaunlich, dass sie denn auch den neuen Unionsvertrag, den Gorbatschow mit den Republiken aushandelte, um die Sowjetunion zu retten, in den höchsten Tönen lobt: „Man kann gar nicht hoch genug einschätzen, daß das gelungen ist.“[16]

Sicher ist es in Ordnung, dass die Korrespondentin die Lage beurteilt. Aber fällt sie dabei nicht genau in das Schema, das sie anderen Journalisten vorwirft? Moskau und Gorbatschow sind die Guten, die nicht-russischen Völker die Bösen. Ohne den Hintergrund der Konflikte, nämlich die gewaltsame Eingliederung in die Sowjetunion, Russifizierung, Deportationen, Straflager und andere Repressionen während der Sowjetzeit, sind jedoch die Unabhängigkeitsbestrebungen nicht zu verstehen. Frau Krone-Schmalz arbeitet mit einer Selektion von Fakten, um das gewünschte Bild zu erzeugen: Die nichtrussischen Völker erscheinen als fehlgeleitete Fanatiker und Vandalen, der Kreml hingegen sorgt für Stabilität und Ordnung.

Sie selbst erläutert ihre Art des Russland-Verstehens so: „Man muß das, was sich in einem fremden Land tut, verstehen, nachvollziehen. Man muß es keineswegs akzeptieren, aber doch wenigstens respektieren. Respekt geling aber nur, wenn man dieses Land und was in ihm vorgeht wirklich zur Kenntnis nimmt und nicht immer den Dingen den Stempel aufdrückt, der in allzu vielen Fällen doch schon von zu Hause mitgebracht wurde.“[17]

Frau Krone-Schmalz lässt dieses Verstehen ohne Werturteil und den Respekt aber nur Gorbatschow und denjenigen Personen zukommen, die in ihr Russlandbild passen. Bei allen anderen werden negative Wertungen abgegeben.

Viertes Narrativ:
Russland ist für die Demokratie nicht geeignet

Dies betrifft auch Boris Jelzin, der immerhin der erste frei gewählte Präsident der Russischen Föderation und – im Gegensatz zu Gorbatschow – demokratisch legitimiert war. Die Journalistin interviewte auch Jelzin, zu ihm schreibt sie: „Ich will ihm ja nicht zu nahe treten, aber nach meinem Eindruck hat er doch etwas Chauvinistisches." Dabei hatte der Politiker sich in der Hinsicht nicht geäußert, da reicht schon, dass er einen Mann in Krone-Schmalz' Team anschaut.[18] Frau Krone-Schmalz erwähnt durchaus seine Rolle bei der Niederschlagung des Putsches, dass er „ein Volksheld" sei, „der Mut und Entschlossenheit zu einer Zeit bewiesen" habe, „als man sich damit beruflich und persönlich ruinieren konnte". Aber dann wird er als „undiplomatisch und ziemlich stur", „polteriger Haudegen", als Populist mit einem „Zickzackkurs" beschrieben.[19] Gorbatschow hingegen steht bei ihr für „Stabilität" und „Verantwortungsbewusstsein", der „seine Verlässlichkeit als Partner bewiesen" habe.[20]

Zentral für ihr Denken ist die Vorstellung, dass die Demokratie in Russland nicht vom Volk aufgebaut wird, sondern vom Herrscher im Kreml: „Es gibt in der Sowjetunion keinerlei demokratische Traditionen, es gibt aber diesen Michail Gorbatschow, der sich demokratischen Ideen verpflichtet fühlt. Kurz, es gibt da jemanden, der mit autoritären Mitteln etwas Demokratisches aufbauen will." Demokratie sei zum jetzigen Zeitpunkt sogar schädlich, meint sie: „Aber selbst auf die Gefahr hin, daß es sich undemokratisch und elitär anhört: Gesellschaftliche Zerreißproben, politische Machtspielchen aus Freude am Freiraum sind Gift für den Zustand der heutigen Sowjetunion."[21]

Das ist der entscheidende Punkt: Frau Krone-Schmalz spricht den Bürgern der Sowjetunion jede Fähigkeit zur Demokratie ab und fordert stattdessen bei ihren Lesern den Glauben an den „guten Führer" ein, der mit autoritärer Herrschaft das Land demokratisieren wolle. Dieses Bild des „guten Führers" hat in Deutschland zu dem Irrglauben beigetragen, dass Russlands autoritäre Führer ihre Machtfülle nutzten, um die Demokratie zu etablieren – und die Journalistin war in der Hinsicht eine einflussreiche Stimme im Chor vieler Akteure: Ein Beispiel ist die Rede des ehemaligen Bundeskanzlers Gerhard Schröder von Putin als einem „lupenreinen Demokraten", die mittlerweile zum geflügelten Wort geworden ist.

Aber zeugt es nicht von Arroganz, den Russen und anderen Völkern der ehemaligen Sowjetunion jede Fähigkeit zur Demokratie und Gestaltung ihrer Zukunft abzusprechen und besser als sie zu wissen, was vermeintlich das Beste für sie ist? Nämlich der gute Diktator und der gemeinsame Staat Sowjetunion unter russischer Hegemonie? Ist das nicht die Arroganz des Westens, die Krone-Schmalz an anderer Stelle so scharf kritisiert?

Sie behauptet, dass es kaum demokratische Ansätze gebe. So vermerkt sie, dass sich „weder in der sowjetischen noch in der russischen Geschichte – bis auf winzigste Ausnahmen – Opposition jemals entwickeln konnte".[22] Das ist nicht korrekt. Weder für das späte Zarenreich, als liberale und sozialistische Kräfte den Sturz des Zaren im Februar 1917 erreichten, noch für die ersten Jahrzehnte der Sowjetunion, bis die Stalin-Führung jede

Opposition, auch in den eigenen Reihen, vernichtete. Das alles kommt bei Frau Krone-Schmalz nicht vor, sie schreibt: „In Rußland folgte auf die autoritäre Zarenherrschaft direkt der totalitäre Kommunismus."[23] Sie unterschätzt den demokratisch gewählten Präsidenten Jelzin und meint stattdessen, der sowjetische Präsident könne mit autoritären Mitteln die Demokratie einführen. Ist das nicht autoritäres Denken?

Fünftes Narrativ:
Der autoritäre Führer bringt die Demokratie

Dem heimischen Publikum rät sie: „Auf jeden Fall sollten wir weniger Liebesbeweise, weniger Ergebenheitsadressen von einem Land verlangen, das wir längst nicht begriffen haben, an das wir höchstens glauben können."[24] Bezeichnend, dass der Buchtitel … *an Rußland muß man einfach glauben* auf Fjodor Tjuttschew zurückgeht. Der Dichter aus dem 19. Jahrhundert übernahm 1848 in St. Petersburg das Amt des Zensors, wie Krone-Schmalz selbst vermerkt.[25] Damit ist klar, worauf sich bei ihm der Glauben bezog: auf die offizielle Linie im Zarenreich. Kritische Geistesgrößen wie der Schriftsteller Fjodor Dostojewskij wurden ins Lager gesperrt.[26] Wie einst Tjuttschew an den guten Zaren glaubte, glaubt Frau Krone-Schmalz an den guten Führer Gorbatschow.

Die These vom autoritären Führer, der Russland die Demokratie bringt, ist in den 2020er-Jahren längst von der Realität widerlegt. Dennoch hält Krone-Schmalz an ihrem Glauben fest, so beispielsweise in ihrer Rede bei einer Friedensdemo in Berlin im November 2023.[27] „Natürlich ist der russische Angriff auf die Ukraine völkerrechtswidrig", sagt sie dort – aber das ist einer der wenigen Sätze, mit denen sie sich kritisch über Moskau äußert. Den überwiegenden Teil der Rede widmet sie der deutschen Regierung und dem Westen. Russland wird indirekt von der Verantwortung freigesprochen, denn es hatte keine andere Wahl, so wird suggeriert, als auf die Aggression des Westens zu reagieren. Damit teilt Krone-Schmalz die russische Interpretation des Krieges. Die Fehler des Westens sind ihrer Ansicht nach der wesentliche Grund für die Verschlechterung der Beziehungen. So lauten auch die Titel ihrer Bücher: *Russland verstehen. Der Kampf um die Ukraine und die Arroganz des Westens* (Neuausgabe 2023) oder *Eiszeit. Wie Russland dämonisiert wird und warum das so gefährlich ist* (2017). Hier ist ein klares Schema zu erkennen: der Westen ignorant und arrogant, Russland gedemütigt, missverstanden, das Opfer.

Im Februar 2024 sagt Krone-Schmalz bei einer Diskussion in Braunschweig, Verstehen solle nicht so negativ ausgelegt werden. „Verstehen hat nicht automatisch mit Verständnis haben zu tun.“ Wenn aber jemand, wie sie es tut, so engagiert Thesen verbreitet, die russischen offiziellen Positionen sehr stark ähneln, ist es naheliegend, von einem gewissen Verständnis auszugehen. Jedoch betont sie, als Journalistin unabhängig zu sein – wobei sie gleichzeitig anderen Journalisten diese Unabhängigkeit abspricht: „Sich auf eine Seite zu stellen, (…) dann degeneriert man zum Sprachrohr der Regierenden.“[28] Ganz genau. Das ist der Grund, warum ich die Expertise von Frau Krone-Schmalz heute nicht mehr schätze: Sie ist de facto ein Sprachrohr der russischen Führung geworden. Ihre Unabhängigkeit wird schon länger infrage gestellt, ihr wird vorgeworfen, mit Vorträgen und Moderationen für kremlnahe Unternehmen tätig gewesen zu sein, u. a. für Wingas, das Joint Venture von Gazprom und Wintershall. Einer ihrer Kritiker, der verstorbene Journalist Jürgen Roth, erklärte 2015 auf Nachfrage der Autorin, er habe diese Information von einem ranghohen Mitarbeiter von Gazprom Germania erhalten.[29] Bei der Diskussion in Braunschweig bestätigte Krone-Schmalz sichtlich genervt ihr Engagement für Gazprom.[30] Der Historiker Ilko-Sascha Kowalczuk bezeichnete Krone-Schmalz als Putin-Propagandistin und geistige Brandstifterin. Sie habe entscheidend dazu beigetragen, „dass in Deutschland bis heute Verwirrung herrscht bei der Einschätzung des diktatorischen Regimes von Putin und der Geschichte und Gegenwart der Ukraine".[31]

Nun stellt sich die Frage, warum ich erst jetzt, 30 Jahre später, das Buch von Frau Krone-Schmalz so kritisch lese. Darauf gibt es drei Antworten: Zum einen fehlte mir damals das Wissen, um die Darstellung einordnen zu können. Zum anderen vertraute ich der Autorin gerade aufgrund ihrer Nähe zum Kreml, was mir heute überaus fragwürdig erscheint. Und das Wichtigste: Damals war ich nicht bereit, meine schönen Vorstellungen von Gorbatschow, dem großen Visionär, so einfach über Bord zu werfen. Die Gewalt gegen Litauer und andere Völker bekam ich natürlich mit, aber das seien bestimmt nur bedauerliche Ausrutscher, beruhigte ich mich. Und in dieser Illusion bestärkte mich Frau Krone-Schmalz. Das Porträt von Gorbatschow in meinem Studentenzimmer blieb an seinem Platz.

Russland ist ein besonderes Land: Dafür gibt es Gründe

Mein Studium eröffnete mir neue Horizonte. Zum einen lernte ich, dass die Sowjetunion ein multinationales Imperium war und dass es auch in der Russischen Föderation zahlreiche Nationalitäten gibt. Schon in meiner Zeit in St. Petersburg bemerkte ich, dass es viele russisch-ukrainische oder russisch-belarussische Ehen gibt. Eine Freundin kam aus Kirgisistan und mein Geschichtslehrer war ein Kasache. In dem orthodoxen Krankenhaus sprach mich nach einigen Monaten Galina, die Köchin, an. Eigentlich heiße sie Gertrud und sei deutsch, erzählte sie mir leise, sodass es keiner hören konnte. Ich konnte damals noch nicht vollständig verstehen, warum jemand seinen Namen ändern muss und sich für seine deutschen Wurzeln schämt.

Später wurde mir klar, dass Gertrud sich aufgrund der Repressionen gegen Russlanddeutsche für den russischen Namen entschieden haben muss. Stalin verurteilte die Deutschen – wie auch Tataren, Polen, Finnen u. a. – pauschal als Kollaborateure und ließ sie teils vor dem Zweiten Weltkrieg, teils während des Krieges nach Sibirien oder Zentralasien deportieren. Die Nationalitätenpolitik in der Sowjetunion leitete nach einer kurzen Phase in den 1920er-Jahren, als die Kultur und Sprache der Völker gefördert wurde, eine lange Zeit der Russifizierung ein, wie ich im Studium lernte. Dennoch wird etwa Frau Krone-Schmalz später behaupten, bei der Krim handle es sich um „ureigenes russisches Land" – ich werde darauf noch genauer eingehen –, und auch russische Medien verbreiten: „Die Krim war schon immer russisch." Dabei ist dies das Ergebnis der Deportation der Krimtataren und der Ansiedelung von ethnischen Russen.[32]

Wenn also heute Präsident Putin die Krim als historisch russisches Territorium deklariert, ist dies überaus fragwürdig. Ebenso könnte der türkische Präsident Recep Erdoğan historische Ansprüche anmelden, da das Khanat der Krimtataren jahrhundertelang zum Osmanischen Reich gehörte. Gerade mit Blick auf die wechselhafte Geschichte der Krim wird deutlich, dass die Veränderung von Grenzen aufgrund historischer Ansprüche nie zu einer „historischen Gerechtigkeit" führen wird. Eine solche Politik führt vor allem zu einem: Krieg.

Wer sich mit der historischen Entwicklung beschäftigt, kommt schnell darauf, dass viele Stereotype der Propaganda, die von den russischen Staatsmedien und häufig von der russischen Führung selbst verbreitet werden, faktisch gesehen falsch sind. Außerdem möchte ich zeigen, dass Russland sicherlich einige Besonderheiten aufweist, sich diese aber durch einen Blick auf die historische Entwicklung erklären lassen. Die Themen kann ich in diesem Buch allerdings nur anreißen und empfehle daher gerne die Lektüre der in den Fußnoten angegebenen Literatur ausgewiesener Experten.

Zum mittelalterlichen Reich der Kyjiwer Rus belegte ich Seminare und erfuhr, dass Kyjiw nicht nur „die Mutter aller russischen Städte“ und die „Wiege Russlands“ ist, sondern ebenso der beiden anderen ostslawischen Völker, der Belarussen und Ukrainer. Sehr interessant fand ich auch, dass es überhaupt nicht zwangsläufig war, dass die ostslawischen Fürstentümer auf dem Gebiet des heutigen Russlands den Weg der autokratischen Herrschaft einschlagen würden. Das Fürstentum Nowgorod und einige andere Gebiete wiesen zum Beispiel mit ihrer Volksversammlung *Veče* demokratische Elemente auf. Als im 12. und 13. Jahrhundert die Fürstenmacht zusehends zerfiel, schreibt der Historiker Günther Stökl in seinem Standardwerk *Russische Geschichte*, wurde das Veče in Nowgorod zu einem „Instrument und Symbol städtischer Selbstbestimmung“. In anderen Fürstentümern überwog die Macht der Fürsten. „Aber was allein in Novgorod Wirklichkeit geworden ist, das war ohne Zweifel als gesamtrussische Möglichkeit überall vorhanden“, konstatiert Stökl.[33] Erst im Laufe des 14. und 15. Jahrhunderts besiegte das Fürstentum Moskau die Rivalen und baute das Gebiet zum Großfürstentum und späteren Zarenreich aus. Die in Deutschland häufig verbreitete Annahme, Russen seien nicht fähig zur Demokratie, stimmt also nicht. Dieses Vorurteil findet sein Äquivalent in der Darstellung der russischen Staatsmedien, der Autoritarismus sei die einzige für Russland mögliche Regierungsform – die dazu noch viel effektiver sei als die Demokratie.

Auch die Entwicklung in der Neuzeit und insbesondere das Jahr 1917 zeigen, dass die sowjetische Diktatur nicht zwangsläufig auf den Zarismus folgen musste: Die Februarrevolution, getragen von Soldaten und Arbeitern, ebnete den Weg zur Abdankung des Zaren. Eine provisorische Regierung, eine Koalition aus bürgerlichen und sozialistischen Kräften, übernahm die Macht, Russland wurde Republik. Der Führer der Bolschewiki, Lenin, kam in dem berühmten, von Deutschland bereitgestellten und plombierten Eisenbahnwaggon erst im April aus seinem Exil in der Schweiz an – also zu spät.[34] Die Bolschewiki ergriffen am 25. Oktober (7. November nach dem gregorianischen Kalender) in einem Putsch die Macht – entgegen der späteren Legende ohne Sturmangriff auf das Winterpalais – und verhafteten die Regierung. Der später von der sowjetischen Propaganda verklärte Massenaufstand als Auslöser der „Großen Sozialistischen Oktoberrevolution“ entspricht nicht den Tatsachen.[35]

Sehr interessant war auch das Seminar zur Goldenen Horde, dem westlichen Teilgebiet des ehemaligen mongolischen Weltreichs. Hier lernte ich, dass schon im Mittelalter die Darstellung in den offiziellen Chroniken und die Realität unterschiedlich sein konnten, da die Mönche, die damals die Chroniken schrieben, die Ereignisse aus ihrer russisch-orthodoxen Sicht beurteilten. Die Tataren und Mongolen eroberten und zerstörten die Kyjiwer Rus Mitte des 13. Jahrhunderts, die ostslawischen Gebiete wurden in der Folgezeit zwischen dem Großfürstentum Litauen und Polen (die heutige Ukraine und Belarus) und den östlichen Gebieten (das heutige Russland) aufgeteilt, die unter die Herrschaft der Goldenen Horde kamen. In der Nestor-Chronik, der ältesten erhaltenen ostslawischen Chronik, wurden die Tataren als wilde, gottlose Horde verteufelt, die Zeit ging als das Tatarenjoch in die Geschichte ein.[36]

Im Seminar lernte ich, dass diese Darstellung aber nur begrenzt der Realität entspricht: Die Ostslawen, vor allem das Moskauer Fürstentum, kooperierten erfolgreich mit den Tataren. Diese „Symbiose zwischen der Rus‘ und den Tataren“, so der Historiker Andreas Kappeler, stand im Gegensatz zum „fundamentalen Antagonismus“ zwischen den rechtgläubigen Russen und den ungläubigen Tataren, den die zeitgenössischen kirchlichen Quellen verkündeten.[37] Die Tataren hatten eine „indirekte Herrschaft“ über die ostslawischen Gebiete errichtet, die es erlaubte, deren religiöse und kulturelle Eigenart zu bewahren.[38] Tatsächlich nutzten die Moskauer Fürsten die Tataren sehr geschickt, um die Vorherrschaft unter den ostslawischen Fürstentümern zu erlangen. So erhielt Iwan I. 1332 vom Khan der Goldenen Horde den Titel eines Großfürsten in der Erwartung, er werde Ordnung unter den zerstrittenen Regionalherrschern schaffen. Diese Entscheidung sollte sich als fatal erweisen, da sie dem Moskauer Fürsten ermöglichte, mit Billigung des Khans seinen Einfluss zu festigen. Später wurden die Tataren von den eigenen Vasallen militärisch geschlagen.[39]

Als das Moskauer Reich Mitte des 16. Jahrhunderts nach Osten expandierte und der junge Zar Iwan IV. die Länder der Goldenen Horde an der Wolga „sammelte“, übernahmen die Moskauer von den Mongolen die Kenntnisse, wie die eroberten Gebiete zu verwalten sind. Mit der Eroberung der Khanate in Kazan und Astrachan legte der Moskauer Staat die Grundlage für das Vielvölkerreich Russland.[40] Die Chroniken stellten die Eroberungszüge jedoch als heroischen Kampf gegen die Ungläubigen dar: „Unser von Gott gekrönter rechtgläubiger Zar und Großfürst Ivan Vasil'evič, Selbstherrscher der ganzen Rus' (kämpfte) mit den Gottlosen … ", hieß es in der offiziellen zeitgenössischen Chronik.[41] Der Eroberungszug wurde mit „oft willkürlich konstruierten Argumenten legitimiert", so Kappeler: als Verteidigungsakt gegen die Raubzüge der Tataren, als Kreuzzug gegen die Ungläubigen oder Befreiung vom Joch der Tataren.[42]

Diese historischen Tatsachen erwähne ich deshalb so ausführlich, weil die Parallelen zur heutigen Situation überdeutlich sind: Auch heute rechtfertigt die Moskauer Regierung ihren Eroberungsfeldzug gegen die Ukraine mit der behaupteten „Befreiung" der Ukraine von Faschisten und der Verteidigung Russlands gegen einen angeblich aggressiven Westen. In den russischen Staatsmedien wird der Krieg zum Kulturkampf gegen den „Satanismus" des Westens stilisiert, während Russland als Bewahrer des orthodoxen Glaubens und traditioneller Werte gilt.[43]

Nach der Annexion der Khanate wurde die landbesitzende tatarische Elite in den Adel kooptiert und erhielt Privilegien, tatarische Reiter dienten nun im Heer des Moskauer Zaren. Die Methoden, mit denen Moskau die Khanate als erste eigenständige Staatswesen außerhalb der Rus eingliederte, dienten als Muster für die spätere Nationalitätenpolitik.[44]

Die Kooptation nationaler Eliten war und ist auch heute noch ein bewährtes Element der Machtpolitik. Vertreter nichtrussischer Nationalitäten erhielten im Russischen Reich Privilegien, wenn sie mit ihren Kenntnissen und Diensten für den Staat nützlich waren. Insbesondere die Deutschen waren als Beamte, Kaufleute, Fabrikanten, Handwerker und Bauern sehr geschätzt.[45]

Die Geschichte zeigt, wie die Moskauer Herrscher seit dem 14. Jahrhundert mit der Eroberung der Fürstentümer der Rus und der Völker des Nordostens das unbedeutende Fürstentum Moskau zum territorial größten Staat Europas ausbauten. Dabei entwickelten sie zahlreiche Methoden der Expansionspolitik: eine geschickte Diplomatie, die häufig nach dem Leitsatz „divide et impera" („teile und herrsche") erfolgte, das Abwerben fremder Eliten, die schrittweise Entwicklung von einem politisch loyalen Protektorat bis zu Annexion, u. a. Diese Methoden lassen sich auch heute noch bei Russlands Annexion von Gebieten der Ukraine und seinem Vorgehen gegen den Westen beobachten. Selbst die politischen Begründungen, wie die „Befreiung" der eroberten Gebiete oder die historische Legitimierung der Ansprüche, sind nicht neu.[46] Auch bei den offiziellen Chroniken unserer Zeit – den russischen Auslandsmedien *RT* und *Sputnik* – ist daher Vorsicht geboten.

Die Methoden der Nationalitäten- und Expansionspolitik zeigen eine erstaunliche Kontinuität vom Fürstentum Moskau über das Russische Reich und die Sowjetunion bis heute. Die russische Führung um Putin weigert sich, die Realität des Zerfalls des multinationalen Imperiums 1991 anzuerkennen. Die Ukraine ist im Denken der Moskauer Elite immer noch Teil des russischen Staates.

Russland ist ein weites, rätselhaftes und geheimnisvolles Land

Während meines Studiums in den 90er-Jahren gab es für mich nur eine Richtung: Russland. Die Semesterferien, immerhin etwa fünf Monate im Jahr, verbrachte ich dort, 1996 legte ich noch ein Auslandssemester ein. Gegen Ende des Semesters stand ich gewöhnlich am Kölner Bahnhof und wartete auf den Zug aus St. Petersburg. Für ein Trinkgeld gaben meine russischen Freunde dem Schaffner die Einladung mit, da auf die Post kein Verlass war. Schon wenn ich die massiven grau-blauen Eisenbahnwaggons sah, packte mich das Fernweh. Mit der Einladung fuhr ich nach Bonn-Bad Godesberg, lief den Berg hinauf und beantragte bei der Botschaft der Russischen Föderation das Visum. Wenige Tage später saß ich dann selbst in einem dieser Waggons, die mich nach Russland befördern sollten. Nach meinem Erlebnis mit dem Überfall nahm ich allerdings auch manchmal das Flugzeug.

Meine Freunde holten mich am Bahnhof oder Flughafen ab und dann ging es mit einem klapprigen orangefarbenen Bus der Marke Ikarus in meine Lieblingsstadt Piter. Dabei wollte ich immer das Besondere meines Gastlandes und seiner Menschen erkunden. Vor allem wollte ich wissen, was es nun mit der geheimnisvollen russischen Seele auf sich hatte. Als ich auf der Krim war und dort die melancholischen, sentimentalen Lieder lernte, dachte ich, dass es sich bei den Russen um ein leidgeprüftes Volk handelt, das jahrhundertelang von Despoten geknechtet wurde, sich aber – trotz allem – seine besondere Seele bewahrt hat.

Heute fällt mir auf, dass ich damals nicht einen Gedanken daran verschwendet habe, dass die anderen Völker der Sowjetunion nicht weniger leidgeprüft waren. Zwar fuhren wir auf Exkursion nach Bachtschyssaraj, der ehemaligen Hauptstadt der Krimtataren. Aber dort erzählte man uns nichts davon, dass Stalin die Tataren 1944 deportieren ließ, ich verbuchte die Krimtataren als Teil der Exotik der Sowjetunion. Ebenso sprach niemand über die Ukrainer, obwohl die Krim zur Ukrainischen

Sozialistischen Sowjetrepublik (USSR) gehörte. Natürlich wusste ich, dass Hitlerdeutschland 1941 die Sowjetunion überfallen hatte, aber die Opfer waren in meinem Kopf die Russen. Erst später lernte ich, dass die Ukrainer und Belarussen gemessen an der Gesamtbevölkerung weit mehr Opfer während der deutschen Besatzung zu beklagen hatten. Von der Ukraine hatte ich in meiner Schulzeit noch nie gehört – geschweige denn von Krimtataren.

Bei meinen Freunden stellte ich fest, dass die russische Seele ein schwammiger Begriff ist, den mir keiner so genau erklären konnte. Deshalb spricht man wohl auch von der rätselhaften russischen Seele. Nichtsdestotrotz wird das Wort häufig verwendet, auch, wenn es darum geht, Russen von den als rational und kühl geltenden Westlern abzugrenzen. Wenn wir mal wieder stundenlang diskutiert hatten und ich ähnlich dachte, dann hieß es: Du hast eine russische Seele.

Für mich äußerte sich die russische Seele vor allem darin, dass meine Freunde immer bereit waren, mich aufzunehmen, egal, wie wenig Geld sie hatten oder wie beengt sie selbst wohnten. Das ist schon ein Unterschied zu Deutschland, wo man mehr auf den eigenen Komfort und Geldbeutel achtet. Bei meiner Freundin Mascha wohnte ich mit ihr, ihrer Mutter, einer Katze und einem Papagei in dem Zimmer einer *Kommunalka*, wie die Gemeinschaftswohnungen heißen. Sie hatte auch eine Schlange, die aber irgendwann durch die Kanalisation geflohen ist. Mascha war Krankenschwester im Lenin-Krankenhaus, sie ist eine Russin aus dem zentralasiatischen Kirgisistan. Das Gehalt reichte nicht aus, daher versuchte sie ihr Glück als Buchhalterin und „kommerzieller Direktor“, was ihr aber auch nicht viel mehr Geld einbrachte. Am schönsten waren die Tage, wenn wir auf den Markt gingen und die Zutaten für die *Manty* kauften, die großen Teigtaschen aus Zentralasien, gefüllt mit Kürbis oder Hammelfleisch. Mascha lud mich nach Kirgisistan ein, wo wir ihr Heimatdorf und den See Yssyk-Köl besuchten. In der *Kommunalka* wohnte noch ein bärtiger Mann, der nicht gesprächig war. Außerdem eine *Babuschka*, wie die älteren Frauen genannt werden, auch wenn man nicht verwandt ist. Sie kam manchmal in Maschas Zimmer und murmelte unverständliche Worte. „Ihr Zimmer ist nebenan", sagte Mascha geduldig, dann schlurfte die Frau in ihren Pantoffeln wieder raus. In der Küche hatte jeder seine Ecke für Töpfe und Küchenutensilien und auch das Bad wurde geteilt. Es war gar nicht so einfach, sich zu duschen, ohne die Wäsche nass zu machen, die über der Badewanne getrocknet wurde. In ihr wurde die Wäsche auch gewaschen – eine Waschmaschine habe ich in den 90ern in Petersburg nicht gesehen.

Manchmal wohnte ich bei meinem Kommilitonen Dima, seiner Mutter und seinem kleinen Bruder in einer Plattenbausiedlung. Seine Mutter kam aus dem ukrainischen Charkiw, der Vater war Belarusse und als Offizier der Sowjetarmee gefallen. Dima musste als Oberhaupt der Familie den Lebensunterhalt verdienen und entlud abends die Frachten aus den Güterwaggons der Bahn. Eigentlich hatte er sich auf eine Karriere in der Partei vorbereitet und daher Geschichte der KPdSU studieren wollen. Aber der Studiengang wurde abgeschafft und hieß nun Neuere Geschichte, dort lernten wir uns kennen. Sein Vater war in Dresden stationiert gewesen, und ich habe bislang noch niemanden so begeistert von Dresden sprechen hören wie Dima. Der Familie ging es wohl nie so gut wie in der ehemaligen DDR. Dima war glühender Patriot und wählte die Kommunisten. Auch bei ihm wurde immer gegessen und getrunken bis zum Umfallen, aber dann war der Kühlschrank leer. Geld

Abb. 5: Meine Lieblingsstadt Piter werde ich wohl nicht so schnell wiedersehen.

lehnte die Familie strikt ab. So ging ich dann regelmäßig in den „Blauen Supermarkt", um den Kühlschrank wieder aufzufüllen. Dima ist wirklich ein sehr stolzer Bürger Russlands. Als ich ihn nach Deutschland einladen wollte, zerriss er vor dem deutschen Konsulat die Einladung. „Ein Russe ist kein Bittsteller bei den Deutschen!", rief er empört.

Kostja ist der Russe, im Sinne der Staatsbürgerschaft, den ich am längsten kenne. Er wohnte mit seiner Mutter in einer kleinen Wohnung in einem Randbezirk von Moskau. Seine Mutter zauberte die schönsten Leckereien, wenn ich zu Besuch war. „Ich mache alles nur für meinen Kostja", sagte sie und strahlte über das ganze Gesicht. Sie sind Tschuwaschen, ein turkstämmiges Volk, das an der Wolga siedelt, erklärte mir Kostja einmal. Er studierte am Institut für Fremdsprachen und kann perfekt Deutsch. Kostja ist froh, dass die Zeiten der Sowjetunion vorbei sind. „Wir mussten strammstehen und marschieren, aber ich war ein schlechter Pionier, habe immer Blödsinn gemacht", notierte ich aus einem Gespräch vom 1. August 1992 in meinem Tagebuch. Zum Komsomol, der Jugendorganisation der KPdSU, musste er wegen der Karriere. Da habe er gar kein schlechtes Gewissen gehabt: „In der Partei waren 80 Prozent der Mitglieder um der Karriere willen." Er meinte, dass der Kommunismus eine dumme Idee war. „Gab es denn in der Sowjetunion nicht mehr Gerechtigkeit als bei uns im Westen?", fragte ich. Doch das hielt er für eine falsche Vorstellung: „Die Führungsschicht hatte ihre Privilegien", sagte er, „wir aber mussten fünf bis zwanzig Jahre auf eine Wohnung warten, für ein Auto ein halbes Leben arbeiten. Das ist Ausbeutung!" Das Geld sei in die Regierung, Armee und Rüstung geflossen. „Und den Kalten Krieg haben wir trotzdem verloren."

Kostja und Mascha haben mich in Deutschland besucht. Bei einer Familienfeier in Münster packte Kostja plötzlich sein Sortiment an Uhren und Taschenmessern aus und bot es den Anwesenden zum Kauf an – da haben alle ziemlich erstaunt geguckt! Die „russische Seele" ist so vielfältig wie die Bewohner der Russischen Föderation. In der Tat haben meine Freunde ein hartes Leben und bewahren sich – trotz allem – ihren Humor und ihre gute Seele. Ihre Mütter nannten mich *Susannotschka* und umsorgten mich wie ihre eigenen Kinder, sie gaben mir ein Zuhause, damit ich mich nicht so allein fühlte im fernen Russland.

Zurück kam ich immer mit einem Koffer voller Bücher vom Dom Knigi (Haus des Buches) am Newskij-Prospekt. Natürlich interessierte ich mich auch weiterhin dafür, was unsere deutschen Russland-Experten veröffentlichten. Insbesondere die *Ballade vom Baikalsee* des Russland-Korrespondenten der ARD, Klaus Bednarz, beeindruckte mich zutiefst. Der 2015 verstorbene Bednarz war bekannt für seinen Einsatz für die Umwelt und die Menschenrechte. Von 1977 bis 1982 war er Korrespondent in Moskau. Auch später drehte er viele Fernsehreportagen und schrieb Bücher zu Osteuropa.[47] Die vom WDR 1998/99 produzierte Dokumentation in drei Teilen wurde ihrem Titel „Ballade" voll gerecht: Es war eine Ode an die Schönheit dieses Sees, der zauberhaften Landschaft und ihrer mutigen Bewohner, die allen Widrigkeiten trotzten. Im Winter kämpfte sich Bednarz wochenlang mit einem Treck von drei Lastwagen durch die oft meterhohen Eisberge. Melancholische Gitarrenmusik und slawische Gesänge unterlegen die „Ballade", Pferdeschlitten ziehen über den verschneiten See, Russland wie aus dem Märchen.[48]

Im Sommer erkundete er den See mit einem Schiff. Berge und geheimnisvolle Schamanenfelsen säumen das „heilige Meer", wie es genannt wird, Sturm und hohe Wellen zeigen den Baikal unberechenbar und gefährlich. Kameramann Maxim gelangen malerische Aufnahmen, die sich gut in einen Bildband zur Kunst der Romantik einfügen würden. Es ist ein See der Superlative: Es ist „der älteste, tiefste, wasserreichste und geheimnisvollste See der Erde. Das Geheimnis werden wir nicht ergründen, aber von seinem Zauber wollen wir erzählen" – mit diesen Worten leitet Bednarz seine Sommerreise ein. Als eines der bedeutendsten Naturphänomene der Erde wurde der Baikal von der UNESCO als Weltnaturerbe anerkannt. Bednarz berichtet auch von Elementen, die diese Idylle stören, insbesondere dem „Monster des Baikalsees", so Bednarz, dem Papierkombinat, das jahrzehntelang mit seinen Abwässern Tiere und Pflanzen gefährdete.

Bednarz hat mit seiner *Ballade vom Baikalsee*, die ich als Film gesehen, aber auch als gleichnamiges Buch gelesen habe, sicher einen bedeutenden Anteil daran, dass Russland zum Sehnsuchtsort vieler Deutscher wurde: die Weite und das Geheimnisvolle im Gegensatz zum oft eng und rational empfundenen Deutschland, Sibirien als Ort, „wo der Mensch zählt und nicht die Politik", wie Bednarz seine eigene Faszination beschreibt, voller Bewunderung für die „magische Kraft" des Baikalsees, der mit seiner „Klarheit und Reinheit auf wundersame Weise die Seele der Menschen bewegt".[49]

Sie haben das Herz auf dem rechten Fleck und eine russische Seele

Der Journalist wird von einem Team begleitet, die Russen werden als zupackende Männer beschrieben, häufig einen Fluch auf den Lippen und dem Nationalgetränk Wodka nicht abgeneigt. Mit ihrer Erfahrung ermöglichen sie die riskante Tour über das Eis, im Sommer manövriert ein junger Kapitän das Team durch die Stürme. Das Leben der Menschen am Baikalsee, der Russen und Burjaten, der sibirischen Ureinwohner, ist hart und entbehrungsreich. Fischer verbringen bei 40 Grad minus zwölf Stunden täglich auf dem Eis, ihre Netze werden mithilfe von Pferden unter dem dicken Eis ausgeworfen, dabei erhalten sie oft keinen oder nur geringen Lohn. Ein russisches Ehepaar, das als Enthusiasten Ende der 70er-Jahre nach Sibirien gezogen ist, um die Eisenbahnlinie zum Pazifik, die Baikal-Amur-Magistrale (BAM) zu bauen, lebt immer noch in einer ärmlichen Hütte, obwohl ihnen schon lange eine Wohnung versprochen wurde. Bednarz zeigt die Armut in den Fischerdörfern. Manche Orte sind ohne Strom und Licht, „wir leben hier wie Steinzeitmenschen", sagt eine Russin. All diesen Menschen ist jedoch gemein, dass sie sich voller Hingabe ihrer Sache widmen, sei es die Fischerei, die Jagd oder der Umweltschutz. Trotz aller Widrigkeiten wollen sie nicht aus Sibirien weg, der Baikal hat „ihr Herz gefangen", sagt die frühere Enthusiastin der BAM vor ihrer Hütte.

Der russische Schriftsteller Walentin Rasputin erklärt das Phänomen des Baikalsees und der Sibirier, er wird als „der bedeutendste russische Schriftsteller des ausgehenden 20. Jahrhunderts" vorgestellt. Rasputin kritisiert, dass Moskau diesen Landesteil wegen seiner Rohstoffe ausbeute. „Um den Baikal verstehen zu können, muß der Mensch eine Seele haben. Und die hat nicht jeder. Einem Menschen mit Seele aber öffnet sich der Baikal."[50]

Bednarz betont die Rolle der Deutschen in der Geschichte Russlands: Deutsche waren seit Langem durch dynastische Verbindungen zum Zarenhaus in der politischen Elite des Russischen Reichs präsent, als Unternehmer und Wissenschaftler trugen sie zum Fortschritt bei. Mit dem „Kolonistenbrief" rief Katharina II. 1763 Bauern und Handwerker ins Land, um neu eroberte oder wenig bevölkerte Gegenden am Schwarzen Meer und an der Wolga zu besiedeln. Russland eroberte Sibirien im 17. Jahrhundert, die Burjaten, Jakuten und andere einheimische Völker sollten Pelze als Tribut zahlen. Deutsche „hatten – und haben bis auf den heutigen Tag – einen ganz besonderen Anteil an der Erforschung Sibiriens und des Baikalsees", schreibt Bednarz. In den 90er-Jahren sei von den Deutschen mehr Geld zur Erforschung und Rettung des Baikalsees geflossen als von der Regierung in Moskau.[51] Für manche ist Sibirien ein Land der unbegrenzten Möglichkeiten. So für den Osnabrücker Professor für Botanik Helmut Lieth, der sich der Rettung der Flora des Baikals verschrieben hat. Lieth ist fasziniert von der Vielfalt der Pflanzen: „Da ist ein Stück Land, das dürfen wir nicht so kaputtmachen wie die Natur in Deutschland."[52] Lieth denkt an die blühenden Wiesen in seiner Kindheit zurück – Russland als Sehnsuchtsort und Ziel für besondere Missionen.

Die Verbundenheit mit dem Baikal und seinen Menschen demonstriert der Autor auch selbst. Im dritten Teil begegnet er ein Jahr später nochmals den Menschen, die er in seinen Filmen befragt hat. Einer Försterin überreicht er eine Tüte – die Zuschauer haben Geld gesammelt, damit sie ihr Feuerwehrauto reparieren und die Waldbrände besser löschen kann. Dem Künstler Jurij Panow, der wegen harmloser Zeichnungen als junger Mann zehn Jahre im Lager in Sibirien verbrachte, überreicht Bednarz einen Brief von seiner Jugendliebe aus der Ukraine, die sich auf den Film hin gemeldet hat. Es ist eine rührende Szene, als der alte Mann den Brief entfaltet. Die Deutschen als Seelenverwandte an der Seite der Menschen in Russland, schon seit Jahrhunderten und zu schwerer Stunde – das ist die Botschaft der „Ballade".

Die drei Episoden sind auf YouTube frei verfügbar, anhand der Kommentare ist zu sehen, dass Bednarz voll ins Schwarze getroffen hat: „Ich war dort, unvergesslich, einmalig. Und die Musik dazu rührt mich fast zu Tränen. Diese unglaubliche Weite ...", schreibt ein Zuschauer. „Nun sagt mal, die Musik geht doch in das Herz oder? Ich liebe Russland!", ein anderer. Der nächste Kommentar lautet überschwänglich: „Ich möchte unbedingt dort hin. Das ist ein Ziel in meinem Leben." Ein weiterer Nutzer ist überzeugt: „Sehr schöner Bericht, ich glaube, dass ich eine russische Seele habe .... "[53]

Auch ich habe mir die Dokumentation sehr gerne nochmal angeschaut, die Landschaftsaufnahmen sind wunderschön und Bednarz hat wirklich beeindruckende Porträts von den Menschen gezeichnet. Aber mir fällt auf, dass es eine Sammlung ausschließlich positiver Protagonisten ist. Schon im Film klingt jedoch an, dass große Teile der Gesellschaft anders denken. Für den Umweltschutz haben die meisten kein Verständnis, entweder, weil sie so arm sind, dass sie buchstäblich um ihr Überleben kämpfen, oder aber sie sind wohlhabend wie die neureichen Russen, die ohne Rücksicht auf den Umweltschutz ihre Häuser am See bauen. Auch die Aufarbeitung der stalinistischen Verbrechen ist bei vielen kein Thema. Im Gegenteil, der Künstler Jurij Panow, der mit seinen Skulpturen an den Gulag und Terror erinnert, wird als Vaterlandsverräter und Faschist beschimpft.[54] Hier deuten sich Probleme an, die sich unter Präsident Putin noch verschärfen werden: eine kritische Aufarbeitung der Vergangenheit ist unerwünscht.

Diese von Bednarz dargestellten Menschen sind offenbar nicht typisch für die Mehrheitsgesellschaft. Entsprechen sie eher einem Bild, das Bednarz selbst im Kopf hatte, sah er das Land durch eine deutsche Brille? Die Vorstellung von den Russen, die leidgeprüft sind, melancholisch, zum Trinken neigend, aber dann wieder mit Bärenkräften Unglaubliches schaffen können, ist in Deutschland weit verbreitet, ebenso die Vorstellung von der russischen Seele. Hat Bednarz bewusst oder unbewusst genau diesen Typus Mensch vor die Kamera geholt? Ist die Reportage nicht in weiten Teilen eine Projektion unserer eigenen Wünsche, dass der Mensch mehr nach höheren Zielen und Idealen streben sollte? Ist mit unserer Vorstellung von der russischen Seele die Menschlichkeit gemeint, die wir bei uns im Land häufig vermissen?

Noch ein anderer Blick auf die russische Seele

Bemerkenswert ist, dass der Schriftsteller Rasputin, der die russische Seele und den Zauber des Baikalsees in so poetische Worte fasste, politisch antiwestlich und nationalistisch auftrat. Etwa mit seiner Forderung, dass die Russen sich vom verderblichen Westen abgrenzen und am Nationalismus gesunden sollten. Raputins Behauptung, dass der „russische Mensch" sich nie über andere Völker erheben wolle und niemandem sein System aufzwinge, wurde auch damals schon von der Realität widerlegt.[55] Im Sommer 1999, als Bednarz am Baikal weilte, hatte Russland bereits den ersten Tschetschenienkrieg (1994–1996) hinter sich und bereitete gerade die zweite Offensive gegen die Kaukasusrepublik vor. Die Fakten sprechen also von Eroberung und Unterwerfung.[56]

Ähnlich stimmt auch das im Film gezeigte Verhältnis zwischen Russen und Burjaten nachdenklich. Sie stehen einmütig als Fischer auf dem Eis, es gibt binationale Ehen und beide Kulturen finden ihre Symbiose darin, dass mit Wodka auf den sibirischen Gott Burchan getrunken wird. Man könnte also meinen, die sowjetische Völkerfreundschaft sei Realität. Die Geschichte Russlands in Sibirien ist jedoch die einer kolonialen Eroberung. Während die europäischen Staaten ihre Kolonien meist in Übersee erwarben, vergrößerten das Zarenreich und später die Sowjetunion stetig das Staatsgebiet. Burjatien wie auch andere Teile Sibiriens lieferten dem Imperium erst Pelze, später Gas, Öl, wertvolle Metalle und Erze. Die Burjaten wurden wie andere Völker Sibiriens russifiziert und zur Minderheit in ihrer Autonomen Republik. Bednarz zeigt ein Russland, das sich im Glanz seiner Kolonien sonnt, der zauberhafte Baikal gehört dazu. Dass Sibirien zu Russland gehört, ist für ihn genauso selbstverständlich wie für Anton Tschechow, über den der Literaturwissenschaftler Bednarz einst promovierte. Der bekannte russische Schriftsteller schrieb 1890 während seiner Reise durch Sibirien: „Die schönste Stadt in Sibirien ist Irkutsk. Ich sehe Chinesen. Ein gutmütiges und gar nicht dummes Volk." Tschechow lobt den guten Service in der Bank und die gefederten Droschken. Die Stadt sei „ganz und gar europäisch".[57] Das ist der Blick des russischen Kolonialherren, der hochmütig, aber wohlwollend auf seine Untertanen herabblickt. Die russische Seele ist nicht nur die des Helden, der gegen Widrigkeiten kämpft, es ist auch die des Eroberers und Imperialisten.

In den 90ern war ich viel unterwegs im zerfallenen Imperium der Sowjetunion, ich war ein großer Fan der russischen Eisenbahn, sie ist ein Kosmos für sich. Vor dem Eingang wartete schon Herr oder Frau Zugbegleiter und prüfte mit strengem Blick die *Dokumenty*. Wenn die Fahrgäste reinkamen, legten sie ihre Straßenkleidung ab und schlüpften in bequeme Haushosen und *Tapotschki*, die Pantoffeln. Im Gang bullerte schon der Samowar. Gläser und Lebensmittel wurden am Fenster auf dem Tisch drapiert und dann ging es los, tagelang, mal nach Zentralasien, mal in den Kaukasus. Mit meinen Freunden bin ich fünf Tage lang von Petersburg in die damalige kasachische Hauptstadt Almaty gefahren. Die Reise durch die kasachische Steppe war besonders beeindruckend. Der Zug zieht sich wie eine Schlange durch die Ebene, links und rechts nur Weite bis zum Horizont. Unterwegs gab es alles zu kaufen: Pelmeni, getrockneten Fisch und kleine Gerichte, die meist älteren Frauen warteten schon an den Haltestellen. Dort war aber längst nicht immer ein Bahnsteig. Der Zug rollte ohne Vorwarnung an, dann hieß es, schnell zurückzurennen und in den Waggon zu klettern. Im Abteil und auf dem Gang entwickelten sich die schönsten Gespräche, alle hatten ja viel Zeit. Die typischen Fragen damals waren: „Was kostet die Butter bei euch?" und „Wen ziehst Du denn groß?", also die Frage nach Kindern. Die erste Frage konnte ich gut beantworten, die zweite nicht. Dann erklärte ich, dass ich vor Kurzem erst die Schule abgeschlossen habe, und erntete erstaunte Blicke. In Russland dauert die Mittelschule nur zehn Jahre. Viele der Passagiere waren Russen, die in Zentralasien wohnten, nun aber nach Russland übersiedeln wollten. „Wir werden herausgedrängt", klagten viele, außerdem beschwerten sie sich, dass sie nun Kasachisch für den Beruf lernen sollten. Wozu, wenn doch alle so gut Russisch sprachen? So sehr ich nachvollziehen konnte, dass dies für die Leute stressig war, konnte ich doch auch verstehen, dass die Kasachen sich nicht mehr von Moskau regieren lassen wollten. Russland annektierte die Steppengebiete der Kasachen im 19. Jahrhundert. Die Nomaden sollten „zivilisiert", also sesshaft, werden. In den 30er-Jahren führte Stalin diese Politik besonders brutal durch, ein Fünftel der Kasachen verlor ihr Leben durch Hunger und Deportationen während der Kollektivierung.[58] Russen besetzten die Führungspositionen in Partei, Staat und Wirtschaft, meist war der Parteivorsitzende ein Russe, der Stellvertreter ein Einheimischer. Nun sollten sich die Verhältnisse ändern, das gefiel nicht jedem. Waren die Russen einst die tonangebende Elite gewesen, sollten sie sich nun anpassen. Die weit verbreitete imperiale Mentalität aber überdauerte die Reformen der 90er – das konnte Putin für seine Politik nutzen.

Von russischen Werten und geschäftstüchtigen Priestern

Eigentlich hätte es immer so weitergehen können. In Russland besuchte ich Freunde oder ging auf Reisen, in Köln las ich historische Quellen und langweilte mich ein bisschen mit Altkirchenslawisch. Bis eines Tages ein Mitarbeiter vom Kölner Arbeitsamt an unserem Institut erschien und uns die Arbeitslosenstatistiken vorlas. Wir sollten schnell das Studienfach wechseln, bevor wir das Heer der Arbeitslosen vergrößern würden, warnte er. Da machte ich mir Sorgen um meine praktische Verwertbarkeit und belegte einen Kurs in Wirtschaftsrussisch. Auf der Suche nach einem Praktikum kam ich nach Moskau, wo die Geschäfte mit ausländischen Firmen in den 90er-Jahren schon ganz rege liefen und ich bei einem Kölner Maschinenbauer als Übersetzerin arbeitete. Aber auch die Zeitungen interessierten mich und ich ging zur Wochenzeitung *Moskowskije Nowosti* (Moskauer Nachrichten). Diese wurde in der Perestrojka berühmt, weil sie Tabuthemen in der Sowjetunion wie die Gewaltexzesse des Stalinismus offenlegte. Die Redakteure nahmen mich sehr freundlich auf, aber die meiste Zeit waren sie nicht da. Erst zwei Tage vor Redaktionsschluss füllten sich die Räume.

So hatte ich viel Zeit für Recherchen und ging wieder der Frage nach, was an Russland so besonders sei. Auch die russischen Werte interessierten mich, *Sobornost‘* und *Duchownost‘*, die sich grob mit Gemeinschaftlichkeit und Spiritualität übersetzen lassen. Die Russisch-Orthodoxe Kirche ist bestimmt der richtige Ansprechpartner, dachte ich mir. Mit der *Elektritschka*, dem Vorortzug, fuhr ich einige Stunden zu einem Kloster, in dem die Nonnen eine besondere Frömmigkeit lebten, fast abgeschieden von der Außenwelt, wie Eremiten. Auch mit orthodoxen Priestern sprach ich. Dabei stellte ich überrascht fest, dass diese sich nicht nur um die Seelen der Gläubigen kümmerten, sondern auch politisch sehr aktiv waren. Im orthodoxen Verständnis sind Staat und Kirche nicht getrennt wie im Westen, sondern agieren nach dem Prinzip der Symphonie miteinander. So war die Orthodoxe Kirche sehr bemüht, das ideologische Vakuum, das nach dem Zerfall der Sowjetunion entstanden war, mit religiösen Inhalten zu füllen. In der Praxis sah das so aus, dass Priester sogar den Abgeordneten der Duma Religionsunterricht erteilten. Auch in der Armee ersetzten die Geistlichen die vormals kommunistische politische Bildung.

Als ich den Moskauer Bischof in seinem prunkvollen Amtssitz zum Interview aufsuchte, schickte er mich zu einer Einheit in Sergijew Possad bei Moskau. Ausländern sei es aber verboten, das Truppengelände zu betreten, sagte er, deshalb solle ich doch mit einem russischen Staatsbürger zur Sonntagsmesse kommen und mich mit einem Kopftuch bedecken, wie es bei orthodoxen Frauen in Kirchen üblich ist. So machten wir es. Mein Freund zeigte seinen Pass vor und ich taperte mit dem Kopftuch hinter ihm her. Wie verabredet erwartete mich ein Priester und zeigte mir die Kirche, die zuvor von den Kommunisten als Kino genutzt worden war. Er erklärte mir, warum es so wichtig sei, die Soldaten zum Glauben und zum Patriotismus zu erziehen, eine Rolle, die jetzt die Orthodoxe Kirche engagiert übernommen habe. Zum Abschied wies er auf die Kuppel der Kirche und sagte, dass diese unbedingt aus Gold sein müsse. Könnte ich nicht in Deutschland nach Sponsoren suchen? Diese Geschäftstüchtigkeit hatte ich nicht erwartet.

Aber auch das Patriarchat, die Kirchenleitung, nutzte die neue Marktwirtschaft und ließ zollfrei Tabak und Hähnchen importieren, ein Privileg, das es vom Staat erhalten hatte. In Moskaus Innenstadt wurde die prachtvolle Christ-Erlöser-Kathedrale gebaut und irgendwo musste das Geld ja herkommen, in Russland gibt es keine Kirchensteuer. Neben der Frömmigkeit schienen mir Prunk und Patriotismus die wichtigsten Werte zu sein. Als Katholikin weiß ich, dass der Prunk auch dem Vatikan nicht gerade fremd ist. Sollten die Kirchenvertreter, die sich in der Nachfolge Christi sehen, nicht bescheidener auftreten? Aber eines haben die katholische und evangelische Kirche aus dem Zweiten Weltkrieg und dem „Gott mit uns", also der Instrumentalisierung des Glaubens für den Krieg, gelernt: Sie halten sich vom Staat weitgehend fern. Nicht so in Russland: Die Kirche steht fest an der Seite der Herrscher. Später sollte die Orthodoxe Kirche Putins Feldzug gegen die Ukraine ihren Segen geben, der als Kampf gegen den dekadenten Westen und den Satanismus gedeutet wurde.

2. Russland, der unersetzliche Energielieferant

Von neuen Russen und einem neuen Premierminister

In Moskau wohnte ich in einer russisch-tatarischen Familie am Stadtrand. Die Mutter Valentina arbeitete als Ingenieurin in einem Forschungsinstitut, der Vater Ruslan in einem Eisenbahndepot. Sehr herzliche und liebe Leute, mit denen ich mich gerne abends in der Küche unterhielt. Beide bereiteten gemeinsam das Abendessen zu, oft einen großen Topf Kohlsuppe, *Schtschi*, der für die ganze Woche reichte. Ihr Sohn Marat war in einer französischen Werbeagentur beschäftigt und verdiente dreimal so viel wie seine Eltern. Sein Geld gab er auch dreimal so schnell aus. Das fand ich schon ziemlich ungerecht, die Eltern sahen abends müde aus nach der vielen Arbeit. Am Wochenende fuhren sie 90 Kilometer mit der *Elektritschka* zu ihrer Datscha und arbeiteten in ihrem Gemüsegarten weiter. Aber so war es mit den „neuen Russen“, dabei war Marat auch nicht übermäßig reich, aber er verdiente eben so viel wie in Westeuropa, seine Eltern so wenig wie zu Sowjetzeiten. Zusammen feierten wir meinen ersten Artikel auf Russisch bei *Moskowskije Nowosti*, meine eigene Russifizierung schritt voran. Eigentlich könnte ich auch ganz in Russland bleiben, dachte ich manchmal. Aber dann kam es doch anders.

Marat und seine Freunde interessierten sich nicht für Politik. „Der Macht“, wie die Regierenden genannt wurden, misstrauten sie. Jelzin und seine „Familie“, zu der neben Tochter und Frau auch der Leibwächter, der Tennislehrer und andere Vertraute gehörten, gerieten immer mehr in den Ruf, sich auf Staatskosten zu bereichern. Abends nach der Arbeit standen die Freunde in ihren Business-Anzügen auf einem der Moskauer Boulevards und tranken Bier aus der Flasche. Am Wochenende waren teure Clubs angesagt, in denen das Bier mehr kostete als in Köln. Oft gab es Ärger mit den sogenannten *Gopniki*, Hooligans, die solchen „neuen Russen“ gerne das Bier oder Geld abnahmen. Bei Widerspruch gab es Prügel, Marat haben sie einmal die Nase gebrochen. Bei Marats Eltern in der Küche lief immer abends der Fernseher, mir gefiel die Satiresendung „Kukly“, in der die Politiker als Puppen dargestellt wurden. Dort wurden Jelzin, sein Tennislehrer und auch Ministerpräsident Wiktor Tschernomyrdin veralbert, letzterer war bekannt für seinen Ausspruch „Es sollte besser werden, aber es wurde wie immer.“ Eigentlich hatten sie sich der Demokratie verschrieben, aber das politische System nahm immer stärker autoritäre Züge an, schon Jelzin räumte sich umfangreiche präsidentielle Vollmachten ein. Als 1999 ein wenig bekannter Wladimir Putin Premier wurde, dachte ich, dass dies einer der „technischen“ Regierungschefs sein würde, von denen Jelzin schon einige verschlissen hatte. Nie hätte ich gedacht, dass er 25 Jahre später immer noch als Präsident das Land lenken würde.

Zwei Jahre später sah ich ihn dann live in Brüssel, damals standen die Zeichen noch auf Kooperation. Nach dem Angriff auf das World Trade Center 2001 war Putin einer der ersten

Staatschefs gewesen, der bei Bush anrief und seine Solidarität bekundete. Als Volontärin einer überregionalen Zeitung wurde ich dank meiner Russischkenntnisse zum EU-Russland-Gipfel geschickt. Beide Seiten wollten gemeinsam den internationalen Terrorismus bekämpfen. Putin sah dies als willkommene Begründung für seinen Feldzug gegen die Tschetschenen, deren Separatismus Moskau mit Gewalt stoppen wollte. Der zweite Krieg Russlands gegen die Kaukasusrepublik war bereits in vollem Gange. Als ich meinen Bericht von damals heraussuche, stelle ich erstaunt fest, dass Putin es in seiner damaligen Ansprache sogar für möglich hielt, dass Russland sich der NATO anschließen könnte. Von einer Bedrohung Russlands durch die NATO, die den russischen Diskurs heute prägt, war damals noch nicht die Rede.[1]

Anders als für Gorbatschow konnte ich damals keine Begeisterung für Putin empfinden, er schien mir unheimlich und rätselhaft wie die Sphinx auf einer der vielen Petersburger Kanalbrücken. Stand er noch in der Tradition des KGB oder war er eher der Reformer, da er beim demokratisch orientierten Bürgermeister Anatolij Sobtschak für Wirtschaft zuständig war? Auch Putins Rede, die er 2001 im Bundestag auf Deutsch hielt, konnte mich nicht so recht begeistern. Er war als KGB-Offizier in Dresden eingesetzt gewesen, aber es war klar, dass er dort nicht war, weil er Land und Leute liebte, sondern er war Teil des Unterdrückungsapparates mit besten Verbindungen zur Stasi.[2] Bei mir zu Hause hing immer noch das Porträt von Gorbatschow und ich dachte nicht daran, es durch diesen blassen Technokraten zu ersetzen. Mir war der Personenkult, der sich in Russland um Putin entfaltete, suspekt. Kalender, T-Shirts, alles war mit dem Konterfei von Putin zu haben. So einen Kult hatte ich zuvor nur beim Papst in Italien gesehen, und der ist immerhin der Stellvertreter Jesu.

Abb. 6: Die Sängerin Natalie besingt Putin voller Bewunderung – ein Beispiel des Personenkults um den Präsidenten.

Einige Popstars singen über Putin, wie zum Beispiel Natalie: „So einen wie Putin“ will sie, ein Mann „voller Kraft, so einen wie Putin, der nicht trinkt“.[3] Im Russischen klingt das schöner, weil es sich reimt. Der Song scheint sehr populär zu sein, bei Youtube erreichten alle Versionen zusammen mehr als neun Millionen Aufrufe.

Die Satiresendung „Kukly“, die ich so mochte, gab es bald nach Putins Wahl zum Präsidenten im März 2000 nicht mehr. Er brachte als erstes die landesweiten TV-Sender auf Linie und drängte die Besitzer, oppositionelle Oligarchen, ins Ausland. Putin duldet keine Satirepuppen, für ihn tanzen die Menschen. Das übertrifft zuweilen die beste Satire.

Bloß keine Kritik!

In den 2000er-Jahren war ich als Wirtschaftsjournalistin in Russland unterwegs, dabei besuchte ich deutsche Unternehmen, um über neue Investitionen zu berichten. Solche Besuche liefen üblicherweise so ab, dass zuerst die Produktionshallen präsentiert wurden, dabei schrieb ich die unternehmerischen Erfolge eifrig in mein Notizbuch und machte Fotos. Im anschließenden Gespräch mit dem Manager kam ich mir oft vor wie ein Arzt in der Sprechstunde: Der Patient berichtet über seine Schmerzen, und das waren nicht wenige. Manchmal bauten die Deutschen eine Halle auf der grünen Wiese und entdeckten, dass es weder eine Zufahrtsstraße noch Wasser- oder Stromanschluss gab. Oft klagten die Unternehmer über fehlende russische Zulieferer. Dann mussten die Komponenten teuer importiert werden, lagen aber oft wochenlang beim Zoll. Gesetze und Steuerbestimmungen änderten sich häufig und widersprachen sich noch dazu. Eigentlich konnte niemand vernünftig wirtschaften, ohne dabei Gesetze zu verletzen. Das kümmerte in der Regel keinen, denn alle machten es so. Zum Problem wurde es nur, wenn es Konflikte mit den Behörden oder Politikern gab. Dann meldeten sich plötzlich die Finanzbehörden oder der Brandschutz und stellten Gesetzesverstöße oder Mängel fest. So etwas konnte dem Unternehmer das Leben richtig schwer machen. Und es konnte bis zur Enteignung gehen, wie der prominente Fall des Ölunternehmens Jukos und seines politisch ambitionierten Chefs Michail Chodorkowskij 2003 zeigte.[4] Es gab also keine Rechtssicherheit und keinen Schutz des Eigentums und dementsprechend verunsichert waren die Unternehmer häufig.

All das hörte ich mir an, durfte aber auf keinen Fall detailliert darüber schreiben. Erlaubt war eher allgemein gehaltene Kritik. Die Unternehmer wollten in der Regel ihre Interviews autorisieren und strichen dabei die kritischen Stellen raus. Die Vorsicht ging so weit, dass mir eine deutsche Handelskette mit zahlreichen Filialen nicht einmal sagen wollte, welche Region

Russlands ihr bester Standort sei. Der Manager hatte Angst, es sich mit den Behörden zu verscherzen, die nicht als Favorit genannt wurden.

Die Folge waren Berichte, die häufig schöner waren als die Wirklichkeit. Ein Beispiel: Zum 300-jährigen Stadtjubiläum durfte ich nach St. Petersburg reisen, um ein Standortporträt zu schreiben. Zuerst besuchte ich die Bierbrauerei Baltika, seinerzeit die größte des Landes. „Die Herrscher über den russischen Biermarkt sitzen vor einer Weltkarte und räsonieren über die Expansion ihres Konzerns", schrieb ich damals. „Unsere Devise: Wir sind ehrlich, wir sind die Besten", sagten die russischen Manager selbstbewusst. Sie sahen sich ganz auf einer Linie mit dem Präsidenten: „Wir unterstützen den Führer Putin, wir identifizieren uns mit seiner Wirtschaftspolitik." Man könnte annehmen, dass es sich bei Baltika um ein Staatsunternehmen handele, aber nein: Die Mehrheitseigner waren Carlsberg und Scottish & Newcastle – die westlichen Eigentümer hatten sich offenbar perfekt dem Zeitgeist angepasst.

Deutschland war im Jahr 2003 der wichtigste Handelspartner der Stadt, die deutschen Investitionen stockten aber. Im informellen Kreis ließen die Unternehmer ihrem Ärger freien Lauf, zum Beispiel über ausufernde Bürokratie. „Die Petersburger müssen begreifen, dass sie im Wettbewerb stehen", sagte ein Manager wütend, „Sollen sie doch in ihrer Schönheit sterben."[5] Der Vize-Bürgermeister Sergej Wetlugin, zuständig für Wirtschaftsentwicklung der Stadt, behauptete dennoch selbstbewusst: „Wir sind dynamischer als die Deutschen."[6] Russische Politiker und Wirtschaftsvertreter strotzten immer vor Selbstbewusstsein und verkündeten oft gigantische Investitionsprojekte. Die Umsetzung ließ indes häufig lange auf sich warten. Für die deutschen Unternehmer hieß es aber, bloß nicht zu viel kritisieren, denn das hörten die örtlichen Entscheidungsträger gar nicht gern – schließlich wollte man keinen Ärger. Und ich schrieb die Wirklichkeit in Russland schön und wusste genau, dass das so nicht stimmte.

Der König der deutschen Wirtschaft in Russland

Bei dem Magazin, für das ich die Russlandreisen unternahm, begegnete ich auch Klaus Mangold, er war langjähriger Vorsitzender des Ost-Ausschusses der Deutschen Wirtschaft. Bei Veranstaltungen im Haus der Deutschen Wirtschaft in Berlin war der ehemalige Vorstand von Daimler stets umringt von hochrangigen Managern und Politikern. Mangold war wie ein König der deutschen Wirtschaft in Russland, er kannte die Mächtigen – in beiden Ländern – und wusste, die Fäden zum Wohle der deutschen Unternehmer zu spinnen, so schien es mir damals. Mir wäre nicht in den Sinn gekommen, ihn überhaupt anzusprechen, er schwebte in anderen Sphären und ich gehörte eher zum Fußvolk. Trotzdem war ich bestens mit seinen Äußerungen vertraut, zumindest den öffentlichen, denn als Redakteurin war ich für die Ost-Ausschuss-Informationen zuständig, die dem Wirtschaftsmagazin beigelegt waren. Oft wunderte ich mich über seine stets optimistische Einschätzung der Lage in Russland, aber es war nicht meine Aufgabe, Inhalte zu diskutieren oder gar infrage zu stellen, ich war nur für den sprachlichen Feinschliff der Texte zuständig.

Nun, etwa 20 Jahre später, habe ich mir die Tätigkeit des Ost-Ausschusses zur Amtszeit von Mangold (2000 – 2010) nochmals angeschaut. Dabei habe ich die verfügbaren Pressemitteilungen mit Russland-Bezug in den Jahren 2008 bis 2010 ausgewertet, insgesamt 36 Veröffentlichungen, und die wichtigsten Narrative zusammengefasst. Diese waren nicht nur prägend für die Wirtschaftscommunity, sie beeinflussten auch den öffentlichen Diskurs in den Medien – bis zum großen Angriff Russlands auf die Ukraine im Jahr 2022. Dies ist wichtig, um zu verstehen, warum die deutsche Wirtschaft sich so auf Russland fokussierte und wie es passieren konnte, dass sich Deutschland in hohem Maße von russischer Energie abhängig machte. Natürlich sind dafür noch andere Akteure verantwortlich, allen voran die Regierungen von Gerhard Schröder und Angela Merkel. Aber Mangold ist ein einflussreicher Lobbyist mit guten Verbindungen zu Schröder, Putin und den Chefs großer russischer Konzerne und der Ost-Ausschuss der Deutschen Wirtschaft ist eine wichtige Vertretung deutscher Unternehmen in Osteuropa.

Erstes Narrativ: *Russland ist Deutschlands wichtigster Wirtschaftspartner in Osteuropa*

Die Förderung der „Deutsch-Russischen Wirtschaftspartnerschaft“ genießt die höchste Priorität im Ost-Ausschuss. Diese sollte sich „noch dynamischer entwickeln“. „Es gibt weltweit keinen Markt, der zuletzt so an Bedeutung für die deutsche Wirtschaft gewonnen hat wie Russland“, betonte Mangold 2008, das deutsche Handelsvolumen mit Russland habe sich seit dem Jahr 2000 fast verfünffacht.[7] In anderen Mitteilungen wird Russland als „Wachstumsmarkt der Zukunft“ bezeichnet, Russland habe „einen wesentlichen Anteil daran, dass Deutschland auch im Jahr 2008 noch einmal den Titel des Exportweltmeisters verteidigen konnte“. Wiederholt heißt es, Russland sei die „wichtigste Volkswirtschaft im osteuropäischen Raum“.[8]

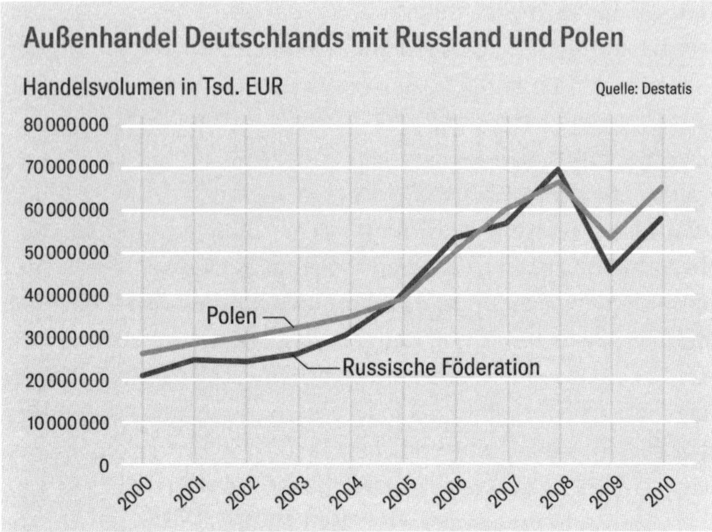

Abb. 7: Polen war in den meisten Jahren von Mangolds Amtszeit Deutschlands wichtigster Handelspartner in Osteuropa, dennoch wurde Russland mehr Bedeutung beigemessen.

Sicher entwickelten sich die deutsch-russischen Handelsbeziehungen dynamisch. Tatsache ist aber, dass während der Amtszeit Mangolds überwiegend Polen der wichtigste Handelspartner Deutschlands in Osteuropa war, nur in drei Jahren (2005, 2006, 2008) war das Handelsvolumen der Russischen Föderation und Deutschland größer als das von Polen und Deutschland. Fraglich ist, warum Russland als wichtigster Wirtschaftspartner gesehen wird und nicht Polen.

Der Vorsitzende Mangold führte einmal im Jahr Gespräche mit Ministerpräsident Putin und setzte sich persönlich für die Verbesserung der Beziehungen ein. Vermeldet wurden drei Treffen mit Putin und seinen Ministern in den Jahren 2008 bis

2010, bei denen Mangold die Delegationen des Ost-Ausschusses leitete.[9] Mit keinem anderen Staat wurden in dieser Häufigkeit Gespräche geführt.

Zweites Narrativ: *Deutschland und Russland verbindet eine Modernisierungspartnerschaft*

Im Mai 2008 prägte Bundespräsident Frank-Walter Steinmeier bei einem Besuch in Russland den Begriff der „Modernisierungspartnerschaft" zwischen Russland und Deutschland: Deutsche Firmen sollten zum technischen Fortschritt in Russland beitragen, Russland wiederum könne mit seinen Rohstoffen die „Sicherheit der deutschen und europäischen Energieversorgung" erhöhen.[10] Die Idee sollte die Wirtschaftsbeziehungen beflügeln: Der deutsche Mittelstand habe alle Chancen, zum Motor für die Modernisierung Russlands zu werden, so Mangold: „Russland braucht deutsche Technik und deutsche Innovationen, um eine stabile, nicht nur von Rohstoffen abhängige Volkswirtschaft aufzubauen. Und wir benötigen im Gegenzug eine sichere Rohstoffversorgung. Beides ergänzt sich ideal", so der Ost-Ausschuss-Vorsitzende.[11]

Drittes Narrativ: *Deutsche Unternehmen blicken optimistisch in die Zukunft*

Deutsche Unternehmen schätzten nach Darstellung des Ost-Ausschusses ihre Lage in Russland überwiegend positiv ein, gab es eine Krise, wurde diese immer recht schnell überwunden. Wie bei der Finanzkrise 2008/2009. Anfang 2009 vermeldete der Ost-Ausschuss: „Deutsche Unternehmen trotzen der Krise". Im Juli hieß es dann bereits „Trendwende in Russland bis Mitte 2010". „Fast alle deutschen Unternehmen halten am Zukunftsmarkt Russland fest. Viele suchen in der Krise die Chance, die eigene Position in Russland auszubauen", erklärte Mangold unter Verweis auf eine Umfrage unter den Mitgliedsunternehmen. Weiter heißt es: „69 Prozent der Unternehmen sehen sich in Russland derzeit in einer befriedigenden bis sehr guten Situation, 31 Prozent der Unternehmen bewerten ihre augenblickliche Lage als schlecht." Hier wurden also die Beurteilungen „sehr gut", „gut" und „befriedigend" zusammengefasst und betont, dass sie gegenüber der Beurteilung „schlecht" ein deutliches Übergewicht bilden – das ist die vermeintliche Trendwende.[12]

Schaut man sich aber die Umfrageergebnisse im Einzelnen an, so sieht man, dass die Beurteilung „schlecht" auf Platz zwei nach „befriedigend" landet. „Gut" und „sehr gut" liegen mit 17 bzw. zwei Prozent auf den hinteren Plätzen.[13] Hier ist eher eine Tendenz von gemäßigt bis schlecht zu sehen als eine positive Trendwende. Es kommt also immer auf die Interpretation der Ergebnisse an – und die war bei dem Vorsitzenden Mangold grundsätzlich positiv.

Auch und gerade in Krisen sieht der Ost-Ausschuss seine Aufgabe ganz offensichtlich darin, die Partnerschaft mit Russland weiter zu pflegen. Kurz nachdem Russland im August 2008 Krieg gegen Georgien geführt hatte, lobte der stellvertretende Vorsitzende Burckhard Bergmann beim „Industrietag Russland" in Dresden, dass die Wirtschaftsbeziehungen „so gut, wie noch nie zuvor" seien. Unterstützt wurde er vom ehemaligen Bundeskanzler Gerhard Schröder, der dazu aufrief, die „wechselseitigen Verflechtungen mit Russland zu vertiefen". Auch der russische Botschafter Wladimir Kotenjow war anwesend.[14] Auch Mangold warnte, nicht in die „Rhetorik des Kalten Krieges" zurückzufallen und „den Dialog mit Russland weiter intensiv zu führen". Grundsätzlich seien Russland und der Westen

Abb. 8: Der Ost-Ausschuss sah mit Blick auf eine Umfrage eine positive Trendwende nach der Finanzkrise – die Ergebnisse belegen dies jedoch nicht.

auf Partnerschaft angewiesen.[15] Das Signal an Moskau war: Die deutsche Wirtschaft steht zu Russland – unabhängig von dessen aggressiver Außenpolitik.

Viertes Narrativ:
Russland ist als Energielieferant unersetzlich

Dennoch kamen zu dieser Zeit in Deutschland Zweifel auf, ob sich das Land nicht zu abhängig mache von russischen Energielieferungen. Diese Bedenken versuchte Mangold zu entkräften: „Die EU bezieht 40 Prozent ihrer Gas- und 30 Prozent ihrer Ölimporte aus Russland. Umgekehrt gehen 90 Prozent der russischen Öl- und 70 Prozent der Gasexporte in die EU", hier gebe es also gegenseitige Abhängigkeiten. „Die zukünftige Energiesicherheit ist nur mit Russland zu erreichen."[16]

Der Ost-Ausschuss setzte sich zudem für eine rasche Realisierung der Ostsee-Pipeline „Nord Stream 1“ ein, um die es einen langen Streit zwischen Polen, der Ukraine und der EU gab, da die Transitstaaten damit umgangen werden sollten. Als die Pipeline schließlich Anfang 2010 genehmigt wurde, sprach Mangolds Stellvertreter, der frühere Vorstandsvorsitzende der EON Ruhrgas AG Burckhard Bergmann, von einem „wichtigen Durchbruch“. Russland werde auch in Zukunft der wichtigste Erdgaslieferant bleiben.[17] EON wie auch Wintershall Dea waren mit jeweils 16 Prozent der Anteile an Nord Stream 1 beteiligt, Gazprom war der Mehrheitseigner mit 51 Prozent.[18]

Der Ost-Ausschuss blieb auch in der Zeit nach Mangold seiner Linie treu. Zu den Koalitionsverhandlungen im September 2021 schrieb der Verband: „Russland bleibt Deutschlands wichtigster Energielieferant.“ Die zweite Ostseepipeline „Nord Stream 2“ solle „nicht in Frage“ gestellt werden. Noch ein halbes Jahr, bevor Russland in der großen Offensive in die Ukraine einmarschierte, empfahl der Ost-Ausschuss, die Bundesregierung müsse einen „Entspannungsprozess im Verhältnis der EU mit Russland organisieren“.[19] Auch hier das Signal: Der bereits seit 2014 andauernde Krieg gegen die Ukraine kann die Wirtschaftsbeziehungen nicht erschüttern.

Nach dem Einmarsch in die Ukraine im Februar 2022 zeigte sich der Vorstand des Energiekonzerns EON erschüttert, hielt aber an „Nord Stream 1“ fest. Die Konzerne Uniper und Wintershall stiegen aus dem zweiten Pipeline-Projekt „Nord Stream 2“ als Finanzinvestoren aus.[20] Im Laufe des Jahres passierte dann genau das Gegenteil von dem, was der Ost-Ausschuss jahrelang propagiert hatte: Russland drosselte die Lieferungen, im August stellte der russische Konzern Gazprom sie ganz ein. Vermutlich wollte die Putin-Führung damit erreichen, dass die Pipeline

Nord Stream 2 doch noch in Betrieb genommen wird.[21] Russland – jahrzehntelang gelobt als Garant für Deutschlands Energiesicherheit und als wichtigster Wirtschaftspartner in Osteuropa – stürzte die Deutschen und viele andere Europäer in eine schwere Wirtschaftskrise.

Der unerschütterliche Glaube an Russland

Warum waren der Ost-Ausschuss-Vorsitzende Mangold und seine Kollegen in den Energieunternehmen sich so sicher, dass Russland seine Position als wichtigster Energielieferant nicht missbrauchen und Deutschland erpressen würde? Und das, obwohl es genug Warnungen gab: In den 2000er-Jahren konnten alle beobachten, wie Russland in den sogenannten Gaskriegen insbesondere die Ukraine zu politischen Zugeständnissen zwingen wollte. Von den Lieferstopps der Jahre 2005/2006 sowie 2008/2009 waren auch Staaten in der EU betroffen. Moskau demonstrierte, dass es bereit war, Gas als geopolitische Waffe einzusetzen.

Russland wollte damals die Subventionierung der Nachbarstaaten durch günstige Energie beenden und kündigte einen Übergang zu Weltmarktpreisen an. Dies war marktwirtschaftlich gesehen vernünftig und grundsätzlich ein Vorteil für die Nachbarn, da dadurch die wirtschaftliche Abhängigkeit von Russland reduziert wurde. Der Konzern Gazprom erhöhte die Preise aber in kurzer Zeit um ein Vielfaches, was die wirtschaftlich schwache Ukraine und Belarus nicht leisten konnten. Durch die Preiserhöhungen und Importstopps für Lebensmittel wurden diese unter Druck gesetzt, ihre Pipelineinfrastruktur an Russland abzutreten. Der Druck wurde nochmals erhöht, als Gazprom an Silvester 2005 im Beisein von Putin vor laufenden

Kameras die Gaszufuhr an die Ukraine stoppte. Belarus wurde ein Jahr später die Ölzufuhr über die *Druschba*-Pipeline abgedreht. Diese Strategie funktionierte im Fall von Belarus, das Russland an seinem Pipeline-Netz beteiligte und somit Mitsprache beim Transit nach Westeuropa einräumte.[22]

Die Ukraine konnte sich jedoch behaupten, da sie als Transitland für Gas größte Bedeutung für Russland hatte und nicht so stark vom russischen Absatzmarkt abhängig war. Russland musste auf einen Kompromiss eingehen, um sein Ansehen als zuverlässiger Lieferant nicht weiter zu beschädigen, Polen, die Slowakei und Ungarn erhielten damals nur einen Teil der zugesagten Gasmengen. Das Problem des Transits sollte mit den Nord Stream-Pipelines durch die Ostsee gelöst werden. Dabei ging es aber nicht nur um den Transit, sondern auch um geopolitische Interessen. Die Ukraine sollte ihren wichtigsten Trumpf verlieren, aufgrund dessen sie bislang relativ erfolgreich ihre Unabhängigkeit gegenüber Russland verteidigt hatte. Diese Energiekriege dienten auch dem geopolitischen Ziel, Russland als Großmacht zu stärken.[23]

Gegenüber Deutschland wurde 2022 dieselbe Strategie angewandt: Über Lieferstopps sollte ein Einlenken in der Pipeline-Frage erzwungen und die umstrittene Nord Stream 2-Leitung in Betrieb genommen werden. Damit hätte Russland Deutschlands Abhängigkeit von russischem Gas weiter ausgebaut.

Warum hielt Mangold es für ausgeschlossen, dass Russland gegenüber Deutschland Energie als Waffe einsetzen würde?

Der Blick auf die Ost-Ausschuss-Pressemitteilungen zeigt, wie die Gaskriege Russlands gegenüber der Ukraine interpretiert wurden. Genau diese Interpretation führte zum nächsten Narrativ, das bis 2022 häufig in der deutschen Öffentlichkeit zu hören war:

Fünftes Narrativ:
„Russland war immer ein verlässlicher Energielieferant".

Der Ost-Ausschuss setzte sich Anfang 2009 bei der EU für eine Lösung des „ukrainisch-russischen Gaskonflikts" ein. Ein Gastransportkonsortium zwischen der EU, der Ukraine und Russland sollte den Transit verlässlicher gestalten, forderte Mangold, denn: „Russland war für uns immer ein verlässlicher Energie-Lieferant. Und ich bin sicher, dass dies auch in Zukunft so sein wird." Seiner Ansicht nach lag das Problem darin, dass die Ukraine ihre Zahlungsverpflichtungen nicht erfüllen könne, der Westen solle das Land deshalb mit weiteren Finanzhilfen stabilisieren.[24] Sein Kollege, der frühere EON-Manager Bergmann, meinte ebenfalls, dass Russland der wichtigste Erdgaslieferant bleiben solle: „Die Probleme der vergangenen Jahre lagen nicht an einer mangelnden Lieferbereitschaft Russlands, sondern an Transit-Schwierigkeiten mit der Ukraine."[25] Diese Äußerungen zeigen, dass die Probleme einseitig bei der Ukraine gesehen wurden – Russlands Rolle als zuverlässiger Energielieferant wurde jedoch nicht infrage gestellt.

Mangolds unerschütterlicher Glaube an Russland führte dazu, dass er sich von 2005 an neben seinem Vorsitz im Ost-Ausschuss auch als Honorarkonsul der Russischen Föderation in Baden-Württemberg betätigte. Dies stellte für ihn offenbar keinen Interessenkonflikt dar, da sich deutsche und russische Interessen seiner Meinung nach ideal ergänzten. 2005 war auch das Jahr, in dem der ehemalige Bundeskanzler Gerhard Schröder, kaum war er abgewählt worden, den Aufsichtsratsvorsitz der Nord Stream AG übernahm. Damit verknüpfte Schröder sein Netzwerk „mit Putins autokratischer Macht und übernimmt mit seiner exponierten Lobbyistentätigkeit eine Rolle, die man von seinen Amtsvorgängern nicht kannte", so Reinhard Bingener und Markus Wehner in ihrem Buch *Die Moskau-Connection*. Schröder könnte mit seinem „Pakt mit Putin“[26] ein Vorbild für andere Akteure sein.

Schröder, den Genossen der Bosse, und Mangold, „Mister Russland der deutschen Wirtschaft“, verbindet laut *F.A.Z.* eine enge Freundschaft. Mangold hat mit seinen Ost-Kontakten ein Vermögen aufgebaut, „Kontakte sind mein Knowhow“, sagt er selbst. Putin kennt er schon seit Anfang der 90er-Jahre, als dieser noch beim Bürgermeister von St. Petersburg tätig war. Das Etikett „Russenversteher“ trägt Mangold mit Würde: Er habe nun mal „viel Verständnis“ für die Russen.[27]

Falsche Signale an Moskau

Mangold zeigt sich krisenfest: Schon der Krieg gegen Georgien 2008 konnte ihn nicht erschüttern und auch nach der Annexion der Krim 2014 mahnte er, „zur Normalität mit Russland zurückzukehren“ und die Sanktionen gegen Russland zu lockern.[28] Der Honorarkonsul übte sein Amt engagiert aus.

Dabei haben Mangold und der Ost-Ausschuss die Putin-Führung in ihrem aggressiven Kurs bestätigt. Ein Beispiel: der Besuch einer Delegation des Ost-Ausschusses in Sotschi in Putins Residenz im Dezember 2019: Eine vertraute Runde trinkt zusammen Tee. Dabei machen die Besucher den Eindruck, dass sie die Sanktionen gegen Russland noch schneller abschaffen wollen als Putin selbst. „Es war beeindruckend, mit welchem Enthusiasmus die deutschen Geschäftsleute sich von den Wirtschaftssanktionen gegen Russland verabschieden wollten, sogar vor der vollen Erfüllung der Minsker Vereinbarungen“, schrieb der bekannte russische Journalist Andrej Kolesnikow in der Zeitung *Kommersant*. Ziel der Abkommen war, den von Russland entfachten Krieg in der Ostukraine zu beenden.[29] Beim Treffen lachen die Deutschen freundlich über Putins Bemerkungen auf Deutsch. „Warum sollten solche alten Freunde auch nicht lachen", meint Kolesnikow.[30]

Die deutschen Investitionen betrugen zu dem Zeitpunkt 20 Milliarden Dollar, auch der bilaterale Handel war – trotz Sanktionen – auf hohem Niveau, Deutschland belegte Platz zwei hinter China. Russland habe 2018 ein „Rekordvolumen an russischem Gas von 55,5 Milliarden Kubikmeter" an Deutschland geliefert, berichtete Putin.[31] Das vermittelt den Eindruck, dass die Putin-Führung überhaupt keine Zugeständnisse an die Ukraine machen muss, sie bekommt auch so das Geld und die Unterstützung von den Deutschen.

Geschäfte mit russischen Oligarchen

Wegen seiner Russland-Erfahrung wurde Mangold in den Aufsichtsrat des Tourismuskonzern TUI gerufen, bis 2019 war er dessen Vorsitzender, seine Tätigkeit wurde mit Summen in sechsstelliger Höhe vergütet. Der russische Stahlunternehmer Aleksej Mordaschow wurde Großaktionär bei TUI, Mangold lobte ihn im Gespräch mit der *F.A.Z.* als Manager mit der höchsten Affinität zu Deutschland unter den Russen und findet es unpassend, den Milliardär einen Oligarchen zu nennen.[32] Diese Art von Imagepflege für Oligarchen, die oft auf zweifelhafte Weise zu ihrem Reichtum gekommen sind, dürfte in Russland gut angekommen sein.

Auch den Oligarchen Oleg Deripaska kennt Mangold „seit vielen Jahren", wie er dem verstorbenen Journalisten Jürgen Roth 2012 bestätigte. Mangold war als Honorarkraft für Deripaska unterwegs, wie Roth unter Berufung auf das *Manager*

Magazin schrieb. Mangold saß einst im Aufsichtsrat des österreichisch-kanadischen Automobilzulieferers Magna. Magna wollte Ende der 2000er-Jahre zusammen mit der russischen Sberbank und dem Autohersteller GAZ den Automobilkonzern Opel übernehmen. GAZ gehörte mehrheitlich Deripaska.[33] Dieser soll nach Medienberichten auf Anweisung Putins gehandelt haben, der Russlands Präsenz in Deutschland erhöhen wollte – zunächst mit Erfolg.[34] Als im September 2009 General Motors, zu denen Opel damals gehörte, die Entscheidung bekanntgab, Opel an ein kanadisch-russisches Konsortium unter Führung von Magna abzugeben, lobte der Ost-Ausschuss dies als „wichtigen Beitrag zu den deutsch-russischen Wirtschaftsbeziehungen". Mangold verband also seine Funktion im Ost-Ausschuss und als Vertreter eines russischen Oligarchen geschickt: Seine Tätigkeit für Deripaska verkaufte er zugleich als Vorteil für die deutschen Unternehmer.[35]

Anfang 2013 wurde Elena R., die im Honorarkonsulat der Russischen Föderation in Stuttgart als Mangolds Sekretärin tätig war, verhaftet. Der Vorwurf: Sie und weitere Mitstreiter sollen für die russische kriminelle Vereinigung „Ismailowskaja" in Baden-Württemberg Millionen Euro gewaschen haben. Deripaska wurden von internationalen Polizeibehörden enge Beziehungen zu dieser Mafiaorganisation vorgeworfen. Elena R. und ihre Mitstreiter wurden zu mehrjährigen Haftstrafen verurteilt, da sie Gelder aus Russland transferiert haben sollen, die der „Ismailowskaja" gehörten. Roth beendet seinen Bericht mit der Feststellung: „Ungeklärt bleibt, warum Beamte des LKA Stuttgart, die den Computer des russischen Honorarkonsuls Mangold in Stuttgart durchsuchten, große Angst haben, darüber zu sprechen, auf wen und was sie dabei gestoßen sind."[36] In der Tat bleibt die Frage: Was wusste Mangold von den Aktivitäten seiner Sekretärin Elena R.? Jedenfalls belegt dieser Vorfall, dass Mangold für einen recht dubiosen Oligarchen tätig war.

Mangold ist europaweit als Türöffner für die russische Wirtschaft aktiv, wobei er aber gern im Hintergrund wirkt. So spielte er als Berater der ungarischen Regierung eine Schlüsselrolle bei der Erweiterung des Atomkraftwerks Paks, den Zuschlag erhielt das russische Atomenergieunternehmen Rosatom. Diese Entscheidung wurde im August 2013 bei einem Treffen zwischen dem als russlandfreundlich geltenden Ministerpräsidenten Viktor Orbán und dem Chef von Rosatom, Sergej Kirijenko „in völliger Geheimhaltung" getroffen, schrieb der ungarische Investigativ-Journalist András Szabó.[37] Mangold spielte eine Schlüsselrolle bei der Vorbereitung des Treffens zwischen den beiden, schrieb Szabó unter Berufung auf einen Regierungsbeamten. Mit der Verleihung des Ungarischen Verdienstordens im August 2022 wurde Mangolds Einsatz als Regierungsberater gewürdigt.[38]

Deutlich wird anhand der genannten Beispiele auch, dass Mangold bei seinem Einsatz für Dialog selbst üppig von diesen Kontakten profitierte. In den mehr als 120 Seiten Material, die ich über Mangold ausgewertet habe, findet sich kein Wort des Bedauerns angesichts der tausenden Opfer, die Russlands Kriege gegen die Ukraine oder in Syrien forderten. Doch als die russische Armee im Februar 2022 im großen Stil in die Ukraine einmarschierte, legte Mangold sein Amt als russischer Honorarkonsul plötzlich nieder. „Ich habe mich in Putin geirrt", erklärte er dem *Handelsblatt*. Er gestand, Fehler bei der Einschätzung des Systems Putin gemacht zu haben und forderte, die Rolle der Wirtschaft müsse aufgearbeitet werden.[39]

Mangolds Distanzierung vom Putin-Regime wirkt jedoch wenig glaubwürdig, da er weiter als Berater der Eastsib Holding tätig ist. Diese Holding umfasst Firmen in der sibirischen Gas- und Ölindustrie. Außerdem ist er Aufsichtsrat bei der Moskauer Rating-Agentur ACRA.[40]

Vor 20 Jahren war ich mit Mangolds Mission einverstanden, ich war auch dafür, dass Deutsche und Russen auf möglichst vielen Feldern kooperierten und die Grenzen des Kalten Krieges überwanden. Allerdings hatte ich das diffuse Gefühl, dass Mangolds professionellem Dauer-Optimismus nicht zu trauen ist. Nun weiß ich, dass dies seine Begleitmusik ist, wenn die Kassen klingeln – für ihn selbst und für russische Oligarchen. Dabei ist der geschickte Netzwerker offenbar unbeeindruckt von den dunklen Seiten des Putin-Regimes, den zahlreichen ermordeten Kritikern, den Repressionen und den Kriegen. Sollte jemand, der nach der Maxime „Wandel durch Handel" agiert, sich nicht gelegentlich fragen, wie es mit dem Wandel aussieht?

In Russland habe ich viele deutsche Unternehmen besucht und mir war nie ganz klar, wie der Wandel durch Handel funktionieren sollte. Zwar war die Unternehmenskultur meist liberaler als in russischen Firmen, aber es gab immer eine klare Hierarchie. In der Produktion und auf der mittleren Managerebene waren meist lokale Kräfte eingesetzt, nur der Direktor war aus Deutschland. Natürlich waren diese Manager wie überall daran interessiert, dass das Unternehmen gut lief und Gewinn machte. Wie sollte da der Geist der Demokratie verbreitet werden? Mir kam bereits damals der Verdacht, dass dieses Konzept überschätzt wurde. Im Gegenteil, oft hatte ich den Eindruck, dass der „Wandel durch Handel" als Feigenblatt diente, wenn es Bedenken gab, mit autoritären Regimen wie in Belarus und Russland Geschäfte zu machen. Oft genug hörte ich von deutschen Unternehmern, dass sie die Stabilität in Belarus und Russland – im Gegensatz zum revolutionären Chaos in der

Ukraine oder Georgien – sogar schätzten. Hat die deutsche Wirtschaft eher das System gestützt als es zu verwandeln?

3. Die russische Scheindemokratie

Der harte Fall des neuen Sterns

Er ist der neue Stern am Polithimmel Russlands: jung, reich und modern. Mit einem Vermögen von 18 Milliarden Dollar ist Michail Prochorow im Jahr 2011 laut dem Magazin *Forbes* der zweitreichste Mann Russlands. Beim Parteitag der „Prawoje Delo" (Rechte Sache) am 15. September in der Akademie der Wissenschaften in Moskau ist er umringt von Journalisten und etwa 300 Parteimitgliedern, aber Prochorow hat seine Selbstsicherheit verloren. Denn als Parteiführer wurde er gerade abgesetzt – von den eigenen Delegierten. Einer der Männer tritt ans Mikrofon und informiert die Anwesenden, dass der Parteitag ganz woanders stattfindet und auch der Parteiführer ein anderer ist. Die Verwirrung ist perfekt, aber zur Sicherheit mache ich noch ein paar Fotos von dem gefallenen Helden. Seit einem Jahr bin ich in Moskau als freie Korrespondentin unterwegs und will über die neue Partei und ihren Chef berichten.[1]

Prochorow ist wütend, er beschuldigt den Kreml, illegal die Macht in seiner rechtsliberalen Partei an sich gerissen zu haben. Er beschimpft den stellvertretenden Präsidialamtschef: „In unserem Land gibt es einen Marionettenspieler, der das gan-

Abb. 9: Der gefallene Oligarch Michail Prochorow (Mitte) beim Parteitag, auf dem plötzlich seine Absetzung verkündet wurde.

ze politische System privatisiert hat. Das ist Surkow." Im Juni zum Parteiführer ernannt, drei Monate später schon wieder abgesetzt – das ist eines der polittechnologischen Manöver, für die Wladislaw Surkow bekannt ist. Er holt neue Götter auf den Olymp und stößt sie hinab, bevor sie den Thron besteigen können. Surkow ist bekannt geworden als Erfinder der „souveränen" und „gelenkten Demokratie" in Russland: Er lenkt souverän und sorgt dafür, dass keiner dem Kremlherrscher zu mächtig wird.

Vor dem Parteitag hatte Prochorow noch öffentlich mit Präsident Medwedew über die besten Wege zur Modernisierung Russlands debattiert. *Modernisazija* war das absolute Lieblingswort von Medwedew. Putins Lieblingswort war *effektivno*. Nachdem Putin effektiv die Machtvertikale mit sich an der Spitze geschaffen hatte, sollte diese einen modernen Anstrich bekommen. Das war die Aufgabe Medwedews, der 2008 als liberaler Reformer angetreten war. Da war der junge, erfolgreiche Unternehmer Prochorow der passende Kandidat für eine neue Partei, die die Unternehmer und den neuen Mittelstand ansprechen sollte. Diese neue Partei war gedacht als „systemische Opposition", das heißt, sie darf wie die Kommunisten und die Rechtsextremen der LDPR im Parlament zwar andere Ansichten äußern, aber sie dürfen nie die Macht der Regierungspartei „Jedinaja Rossija" (Einiges Russland) infrage stellen. Surkow erweckte mit seiner Schöpfung der „Rechten Sache" den Anschein von Parteienpluralismus, ohne an den bestehenden Machtverhältnissen zu rütteln. Autoritarismus im Gewand der Demokratie, das ist sein Erfolgsrezept.

Prochorow war in der Tat ein guter Magnet für Unternehmer, die mit ihm in die Partei strömten. Mit Banken, Gold- und Nickel-Unternehmen hatte sich Prochorow zum Milliardär hochgearbeitet. Mediengruppen wie das multi-mediale Projekt „Snob" rundeten seine Aktiva ab. Der 2,04 Meter große Hüne stand vor allem für Fortschritt: Sein Projekt des „Jo-Awto", die Produktion eines Elektroautos, verkörperte eine der neuen Technologien, die Russland nach vorne bringen sollen.

Offen benennt seine Partei die Probleme des Landes: „Unsere Ressourcen bezahlen den Prunk der Beamten, das Land wird nicht entwickelt", heißt es kritisch im Programm. Dazu der herausfordernde Titel: „Die Macht – das sind wir selbst". Prochorow fordert eine Kontrolle der Exekutive und eine Regierung, die von den Parteien in der Duma gebildet werden soll. In Russland ernennt der Präsident den Regierungschef, zwar auf Vorschlag der Duma, aber er hat das letzte Wort. „Er will keine Marionette des Kremls sein", sagt ein Parteifreund Prochorows über ihn. „Wir sind gekommen und haben erklärt, dass wir die

Macht auf legitime Weise erobern wollen." Das erklärt Prochorow auch unverblümt gegenüber Medien: „Unser Ziel ist es, Russland zu regieren", zitiert ihn die Zeitung *Russia Now*.[2]

Damit fordert Prochorow den Kreml heraus, der ambitionierte Milliardär muss gestoppt werden. Ein Vertreter der Präsidialverwaltung tauscht kurzerhand einen Teil der Delegierten aus, diese erklären Prochorow für abgesetzt. Zur Begründung heißt es: „Mit Prochorow kann man nicht arbeiten." So habe er sich geweigert, die Kandidaten in die Liste aufzunehmen, die die Präsidialadministration vorgeschlagen habe.[3] Aber nun ist nicht nur die politische Karriere beendet, auch Prochorows Geschäfte leiden. Unbekannte in Polizeiuniform stürmen eine Bank, die zu seiner Investitionsgruppe Oneksim gehört. Die Maskierten durchsuchen das Büro. Wenige Tage nach dem Parteitag verkündet das russische Kartellamt, dass eine staatlich finanzierte Straße zu seinem Petersburger Automobilwerk nicht mehr gebaut werden könne. Der Grund: „Fehler in der Dokumentation." Schließlich schließt ihn Medwedew aus seiner Modernisierungskommission aus. „Ich war sicher, dass man sich mit Innovationen und neuen Technologien beschäftigt und dass sich die Kommission außerhalb der Politik befindet", schreibt Prochorow in seinem Blog[4] – doch offenbar irrt er sich.

Demokratie als Show

„Um halb eins nachts hat Surkow Bogdanow (Andrej Bogdanow, Mitglied von Prawoje Delo, Anm. d. Autorin) angerufen, er soll einen neuen Parteitag organisieren und die Partei übernehmen", berichtet Grischa über den Hintergrund der Aktion, „in einer Nacht haben sie Prochorow abgesetzt." Prochorow habe nicht auf seine Berater in der Partei hören wollen, „er dachte, dass er selbst schlau ist". Grischa möchte nicht mit seinem richtigen Namen genannt werden, denn er ist ein ehemaliger Mitarbeiter Surkows. Seit zwei Jahren ist er in Berlin, wir treffen uns im Februar 2024 in einem vietnamesischen Restaurant. Kurz nach der großen Invasion ist er über die Türkei nach Deutschland geflohen. Prochorow sei zuvor nie in der Politik gewesen, aber er sei für die neue Partei der ideale Kandidat gewesen: „Modern, innovativ, mit viel Geld – die Verkörperung des russischen Traums". Surkow wollte eine Partei für kleine und mittlere Unternehmer schaffen, „so eine wie die FDP", erklärt Grischa. „Der Plan war, dass diese Partei etwa zwölf Prozent der Stimmen erhalten sollte, sogar ehrlich", also ohne Manipulation der Wahlergebnisse. Aber Prochorow habe nicht einlenken wollen. Da der Milliardär kein „Schwergewicht" in der Politik war, habe Surkow ihn leicht ausschalten können. Grischa ist nach wie vor von Surkows Polittechnologien überzeugt: „Ich glaube nicht an die Demokratie. Das Volk kann nicht für sich selbst entscheiden."

Grischa ist ein stattlicher Mann, gekonnt fischt er mit Stäbchen die Nudeln aus der Schüssel, dabei spritzt die Suppe über den Tisch. Dazu ein kleines Bier. Nach dem Essen geht er raus zum Rauchen. Als Grischa wiederkommt, tritt eine Frau an den Tisch. „Ich habe Ihrem Gespräch zugehört", sagt sie, „noch nie habe ich so ein schönes Russisch gehört wie von Ihnen", da kenne sie sich aus. Aber warum er denn rauchen müsse, fragt sie. „So ein Mann wie Sie hat das doch gar nicht nötig!", meint sie voll Bewunderung. Ich übersetze die Komplimente ins Russische. Grischa nickt verlegen „Ja, ja!" Grischa ist immer noch Feuer und Flamme für seinen früheren Chef in der Präsidialadministration. „Bei den Sitzungen ist Wladislaw Jurjewitsch (Surkow, Anm. der Autorin) sehr professionell, höflich und sogar charmant, überhaupt ein angenehmer Mensch.“ Welche Idee denn hinter der „souveränen Demokratie“ steht, möchte ich wissen. Das sei ein klares Signal an den Westen gewesen, meint Grischa: „Ihr könnt eure Technologie nach Russland bringen, hier Geld machen, aber mischt euch nicht in die inneren Prozesse ein.“

Dennoch sei Surkow dem Westen sehr zugewandt gewesen. „Er liebt die Amerikaner und wollte ein Zweiparteiensystem wie in Amerika schaffen.“ Dazu hätte er die Regierungspartei spalten wollen. Putin, die Geheimdienstler und konservative Kreise hätten die „Republikaner“ gebildet, die liberalen Reformer die „Demokraten“. „In Amerika kann der Präsident aber abgewählt werden“, werfe ich ein, „war das auch vorgesehen?“ Nein, natürlich nicht, erklärt Grischa. Als Putin 2008 zwei Amtszeiten hinter sich hatte, wurde überlegt, wie er an der Macht bleiben kann. Da habe es eine „harte Variante“ gegeben, aber Surkow habe Putin überzeugt, dass es auch „schön“ und „weich“ gehe. So wechselte Putin als Premierminister in die Regierung, Medwedew ließ sich zum Präsidenten wählen.

In den folgenden Jahren habe es jedoch viele Spannungen zwischen den Eliten um Putin und Medwedew gegeben, berichtet Grischa. Medwedew wollte noch für eine zweite Amtszeit bleiben, das passte nicht in das geplante Szenario. Vor der Sommerpause 2011 kam es zum entscheidenden Gespräch Putins mit Medwedew. „Die Truppen um Moskau waren in Bereitschaft versetzt“, berichtet Grischa. „Wer Präsident sein will, braucht die Unterstützung Moskaus“, aber Sobjanin, der Moskauer Bürgermeister, sei für Putin gewesen. „Medwedew wusste, dass er festgenommen würde, er riskierte es nicht.“

So kam es zum bekannten Ämtertausch am 24. September 2011 – neun Tage, nachdem Surkow den liberalen Aufsteiger

Prochorow abgesetzt hatte, ging sein Szenario von 2008 in Erfüllung und beerdigte den liberalen Hoffnungsträger Medwedew. Auf dem Parteitag von „Einiges Russland" spricht der Noch-Präsident vor einem ganzen Heer an Delegierten: „Ich meine, es wäre richtig, wenn der Kongress die Kandidatur des Parteivorsitzenden Wladimir Putin für das Amt des Präsidenten des Landes unterstützen würde."[5] Alle begrüßen Putin stehend, mit langem Applaus. „Was wir dem Kongress vorschlagen, ist eine gut durchdachte Entscheidung, sogar mehr, wir haben diese Variante der Entwicklung der Geschehnisse wirklich schon damals besprochen, noch in der Zeit, als sich unsere kameradschaftliche Union bildete", so Medwedew. Damit bestätigte er, dass die Ämterrochade schon zu Beginn seiner Amtszeit abgesprochen war. Surkow wechselt mit Medwedew in die Regierung und wird Vize-Ministerpräsident. 2013 wird er als Berater Putins zuständig für Georgien und die Ukraine, wo er die abtrünnigen Regionen Abchasien und Südossetien unterstützt und die Abspaltung der „Volksrepubliken" Donezk und Luhansk maßgeblich organisiert.[6] Im Februar 2020 entlässt Putin seinen Marionettenspieler ohne Angabe von Gründen, vermutlich, weil sich der Kurs gegenüber der Ukraine ändert.[7] In Russland gilt er als der „wichtigste Ideologe des Kremls".[8] Unser Gespräch beim Vietnamesen nähert sich dem Ende. Grischa spricht von Surkows Rolle in der Geschichte: „Sein historisches Verdienst ist, dass er den Totalitarismus verzögert hat." Seine Polittechnologien bleiben jedoch lebendig. Der Oppositionelle Boris Nadeschdin etwa wollte Putin bei den Präsidentschaftswahlen 2024 Konkurrenz machen, eine Zeit lang ließ man ihn gewähren, doch dann wurde ihm die Registrierung verweigert. Wozu das gut sein soll, möchte ich von Grischa wissen. „So ist es interessanter! Das ist eine Show!"

Die scheinbare Modernisierung Russlands

Doch zurück nach Moskau in das Jahr 2011. Da weiß ich natürlich noch nicht, wie sich das System entwickeln wird und bin täglich konfrontiert mit der Rhetorik einer Modernisierung Russlands, die Medwedew, Putin und andere Köpfe der politischen Führung über die Medien verbreiten. Die staatlichen und staatsnahen Fernsehsender – die wichtigste Informationsquelle der Bevölkerung – sind bereits weitgehend gleichgeschaltet, das ist ebenfalls ein Verdienst Surkows. Abends in den Nachrichten läuft immer die „Putin-Medwedew-Show“: Präsident Medwedew zeigt Einsatz und kümmert sich um die Probleme des Landes, Putin zieht derweil die Minister zur Rechenschaft. Am nächsten Abend ist es umgekehrt: Putin hat den Ortstermin und präsentiert sich als effektiver Manager, Medwedew räsoniert über den Fortschritt in Russland. Der Eindruck: Das führende Tandem hat alles unter Kontrolle, die Modernisierung schreitet erfolgreich voran.

In Moskau untersuche ich den Fortschritt in der Praxis, indem ich die deutschen Unternehmen befrage. Anfang 2011 berichte ich noch von einem Boom in Russland. Die Wachstumschancen und der Gewinn auf dem großen Absatzmarkt mit 143 Millionen Menschen sind hier die treibenden Kräfte. Auch das Konsumverhalten der Russen begeistert, sie kaufen auch Luxusartikel, für die sich in Deutschland kaum Kunden finden. Die Unternehmer berichten aber auch, dass ohne Beziehungen und gute Kontakte zu den Behörden überhaupt nichts läuft. Anfang des Jahrzehnts sind etwa 6000 Unternehmen mit deutschem Kapital in Russland engagiert, sie haben kumuliert 17 Milliarden Euro investiert – die Jahre von 2010 bis 2012 gehören zu den besten für die deutsche Wirtschaft in Russland.[9]

Im Laufe des Jahres 2011 verstärken sich die Probleme, denn anstelle von Marktwirtschaft erleben die Unternehmen eine zunehmend dirigistische, staatlich gelenkte Wirtschaftspolitik. Lokalisierung heißt die neue Losung, mit der Ministerpräsident Putin den Konflikt mit ausländischen Investoren riskiert. Mehr Firmen sollen in Russland fertigen, bereits präsente Unternehmen den Anteil lokal hergestellter Komponenten erhöhen. In manchen Branchen wie der Automobilindustrie wurde der Anteil auf 60 Prozent erhöht. Putin spricht gern in der Sprache der Superlative: Der russische Automarkt sei der „potenziell größte in Europa" – „Deshalb brauchen wir keine mittlere, sondern gigantische Produktion." Andere Branchen sollen folgen. Auch Siemens könne den Schnellzug „Sapsan", die russische Version des ICE, doch demnächst in Russland herstellen, fordert Putin. Das stellt die Unternehmen vor zahlreiche Probleme, vor allem weil die Qualität der russischen Zulieferer zu wünschen übrig lässt. Die Deutsch-Russische Außenhandelskammer in Moskau beschwert sich über Intransparenz bei den Regeln und Benachteiligung deutscher Unternehmen.[10]

Außerdem errichtet Russland neue Zollmauern um sich und die beiden Nachbarstaaten Belarus und Kasachstan. Anfang 2010 tritt die Zollunion in Kraft, Medwedew spricht von dem „bedeutendsten Projekt in Russlands jüngerer Geschichte". Eigentlich soll der größere gemeinsame Markt auch Investoren Erleichterungen bringen, denn der Zoll ist ein häufiges Ärgernis, das gibt auch Medwedew zu. Doch wieder gibt es Chaos und Unsicherheit. „In Russland sind die Einführung und Erfüllung von Gesetzen zwei verschiedene Paar Schuhe", sagt Mark Kordonski, Leiter von Kaeser Kompressoren. Die Gesetze widersprächen sich und änderten sich ständig, klagt er, deshalb sei es praktisch unmöglich, sie einzuhalten. „So werden wir alle zu

Abb. 10: Der Schnellzug „Sapsan" ist ein Vorzeigeprojekt der deutsch-russischen Wirtschaftskooperation.

Gesetzesbrechern." Vom Binnenmarkt profitieren die Firmen zunächst nicht, denn obwohl die Kontrollen wegfallen sollen, bestehen sie in der Praxis weiter.[11]

Besonders gefördert werden Prestigeobjekte wie Skolkowo bei Moskau, ein Technologiepark nach dem Vorbild des Silicon Valley in Kalifornien. In die russischen Regionen wie beispielsweise nach Nowosibirsk, wo ebenfalls ein Hightech-Zentrum entstehen sollte, fließen wenig föderale Gelder.[12] Auch zahlreiche Fußballstadien werden gebaut oder modernisiert, denn während der WM 2018 soll der Welt ein modernes Russland präsentiert werden.

Die Modernisierung ist vor allem Rhetorik, mit der Medwedew im In- und Ausland punkten will. Russland sei ein Land, in dem sich Investitionen lohnen, sagt der Präsident etwa beim Weltwirtschaftsforum in Davos im Januar 2011. Doch die Fakten sprechen eine andere Sprache: Russland ist alles andere als sicher. Terroristen richteten kurz vor Medwedews Auftritt in der Schweiz ein Blutbad mit 35 Todesopfern am Moskauer Flughafen Domodedowo an, ein Jahr zuvor war eine Bombe in der Moskauer Metro hochgegangen. „Moskau kann den Terror nicht stoppen", sagt der Sicherheitsexperte Alexander Golz, die Lage im Kaukasus sei weiter explosiv, die Sicherheitsorgane arbeiteten nicht effektiv.[13] Die Bilanz der technischen Neuerungen ist dünn. Talentierte Forscher wie der Physik-Nobelpreisträger Andre Geim arbeiten lieber im Ausland. In Russland herrsche ein inakzeptables „Niveau an Bürokratie, Korruption und Ideokratie", sagt er der *Moscow Times*.[14] Geschätzte 0,9 Prozent seines Bruttoinlandsprodukts gibt Russland jährlich für Forschung und Entwicklung aus und hinkt damit im internationalen Vergleich hinterher. 2009 führten gerade einmal 9,4 Prozent der russischen Unternehmen neue Technologien ein – in Deutschland waren es fast 70 Prozent. Modernisierung ist ein Zauberwort Medwedews, dem nur wenige Taten folgen. In Davos verbittet er sich aber – ganz im Stil der souveränen Demokratie – jede Kritik aus dem Ausland: „Wir brauchen keine Lehrmeister."[15]

Unter Putin bildete sich ein Staatskapitalismus, der in erster Linie nach politischen, weniger nach marktwirtschaftlichen Prinzipien funktioniert. Die Leitungsfunktionen der großen staatlichen oder staatsnahen Holdings sind mit Putins Vertrauten aus dem Sicherheitsdienst, seiner Datschen-Kooperative oder sonstigen Weggefährten besetzt, es zählt Loyalität, nicht die wirtschaftliche Kompetenz. Ähnlich wie zu Sowjetzeiten wird dort investiert, wo es aus politischen und geostrategischen

Gründen vorteilhaft ist: in Prestigeobjekte, einige große Städte, in die Förderung von Ressourcen, die Rüstungsindustrie.

Putin verspricht zwar regelmäßig, die Armut zu bekämpfen, Gesundheit und Bildung zu fördern und präsentiert sich medial als ranghöchsten Patrioten und Ombudsmann des Volkes. Aber die Versprechen werden nur halbherzig umgesetzt. Bei meinen Besuchen in Dörfern in der Provinz, wie in Karelien an der Grenze zu Finnland, sehe ich Verfall, Armut und Alkoholismus, auch die Versorgung mit Strom und fließendem Wasser ist nicht immer gegeben. In Moskau glänzen dagegen die verspiegelten Fassaden der Hochhäuser und auf den Straßen stauen sich die *Inomarki*, die ausländischen Autos. Nach wie vor bildet der Export von Öl und Gas die wichtigste Einnahmequelle des Staates, der Boom der 2000er-Jahre beruht auf den hohen Preisen dieser Rohstoffe. Insbesondere städtische Mittelschichten leben besser. Einen großen Teil der Einnahmen schöpft die Elite aber ab und bringt Milliarden ins Ausland. Putin, Medwedew und einige andere Gefolgsleute bauen sich nicht nur Schlösser, sondern ganze Areale mit Hubschrauberlandeplätzen, Weinbergen, Sportanlagen und anderen Einrichtungen für ihren persönlichen Komfort. Diese Exzesse hat das Team des kürzlich verstorbenen Oppositionellen Alexsej Nawalnyj dokumentiert und damit den Zorn der Führungsriege auf sich gezogen. Das Video über Medwedews Reichtümer haben bislang fast 47 Millionen Zuschauer gesehen, die Dokumentation über das Schloss von Putin erzielte mehr als 130 Millionen Zugriffe.[16]

In der Regierung dürfen zwar einzelne reformorientierte Politiker wie der Finanzminister Alexej Kudrin mitwirken, aber ihre Erfolge sind begrenzt. Ein anderer liberaler Wirtschaftspolitiker ist Michail Kassjanow, in Putins erster Amtszeit von 2000 bis 2004 war er Ministerpräsident. „Es gab zweifelsohne

Erfolge, Reformen", sagt Kassjanow im Gespräch mit der Autorin. Diese seien aber wieder zunichte gemacht worden, kritisiert er. „Der Wettbewerb wurde ganz abgeschafft. Die Staatsunternehmen haben heute praktisch ein Monopol über unsere Volkswirtschaft errichtet. Die Grundlagen der Marktwirtschaft sind heute faktisch zerstört." Wir treffen uns im Büro der Oppositionspartei „Parnas", Kassjanow ist 2011 einer der wichtigsten Führer der Opposition. Der resolute Mann mit der schwarzen Brille macht den Eindruck eines effektiven Managers, so einer, als der Putin sich gerne präsentiert. Aber Kassjanow will sich nicht in Putins Machtvertikale einfügen.[17] Das Engagement der Reformer findet da seine Grenzen, wo sie an der Macht des Präsidenten rüttelt. Das ist der Grund, warum das System Putin nicht reformierbar ist.

Endlich wachen die Menschen auf

Der Scheindemokratie steht eine Staatswirtschaft zur Seite, in der sich alle einem Ziel unterordnen: die Macht der herrschenden Elite abzusichern. In Russland bildete sich eine Kleptokratie, in der diese Elite den Staat zur persönlichen Bereicherung missbrauchte. In Russland gab es seit der Unabhängigkeit 1991 keinen Elitenwechsel, woher sollte das neue Denken also auch kommen? Im Gegensatz dazu sind in der Ukraine, ebenso in Georgien und Kirgisistan Machtwechsel an der Staatsspitze durch Volksbewegungen erzwungen worden. Diese sogenannten Farbrevolutionen sind ein rotes Tuch für die Putin-Führung. Insbesondere die Orangene Revolution in der Ukraine im Herbst 2004, als Massenproteste gegen die Wahlfälschungen eine Wiederholung der Präsidentenwahl erzwangen, empfand Moskau als Niederlage. Es siegte der westlich orientierte Wiktor Juschtschenko. Mit Polittechnologie und Geldzuwendungen hatte der Kreml aber Wiktor Janukowitsch unterstützt, Putin selbst sprach sich für ihn bei gemeinsamen Auftritten aus[18] – aber in der Ukraine hat die „gelenkte Demokratie" nicht funktioniert. Seitdem warnen Putin und seine Mitstreiter vor dem Chaos der Farbrevolutionen. Gerade bei den ostslawischen Brüdern und Schwestern in der Ukraine darf kein erfolgreicher demokratischer Staat entstehen, der in Russland als Vorbild dienen könnte.

Im Dezember 2011 wird jedoch Putins Albtraum Wirklichkeit: Die Menschen in Moskau, Petersburg und mehr als 40 weiteren Städten gehen massenweise auf die Straßen und protestieren gegen die Fälschungen bei der Dumawahl am 4. Dezember. Sie tragen weiße Schleifen als Zeichen der Solidarität,

Abb. 11: Das Team der unabhängigen Wahlbeobachter von Golos am Tag der Wahl in ihrem Pressezentrum. Auf der Tafel die Verstöße gegen die Wahlordnung, die Bürger aus ganz Russland melden.

es scheint, als würde auf die Orangene Revolution in der Ukraine nun die Schneerevolution in Russland folgen. Das ist aufregend, der TV-Sender *Doschd'* berichtet live von den Protesten und natürlich befrage ich die Menschen. Sie sind wütend. Die Dreistigkeit der Fälschungen schockiert. Die unabhängige Wahlbeobachtungsorganisation „Golos" (Stimme) registriert tausende von Verletzungen der Wahlordnung: Da macht der Leiter der Wahlkommission selbst die Kreuzchen bei der Regierungspartei und schiebt die Wahlzettel unter die Stapel, Wahlbeobachter werden bei ihrer Arbeit gestört oder erst gar nicht ins Wahllokal gelassen. Wahllisten werden manipuliert: Es erscheinen „tote Seelen", Menschen, die noch nach ihrem Ableben für die Regierungspartei „Jedinaja Rossija" (Einiges Russland) gestimmt haben – eine groteske Situation. Diese Tricks sind nicht neu, aber die Menschen können mit ihren Handys die Verstöße aufnehmen und an „Golos" schicken oder ins Internet stellen. „Die Führungsriege um Putin ist von der sowjetischen Mentalität geprägt", sagt der unabhängige Politologe Dmitrij Oreschkin. „Sie sieht sich als Elite, die die Volksmassen unter Kontrolle hält. Die hohe Zustimmung wird als Zeichen der Konsolidierung der Macht benötigt."[19]

Seit dem Wahltag protestieren die Menschen jeden Abend, die *Omonowzy*, die Polizisten der Sondereinheit, gehen immer brutaler gegen die Demonstranten vor. Viele werden mit gebrochenen Nasen und Armen in die Polizeistationen gebracht, Hunderte werden festgenommen. Nun zeigt sich die ganze Brutalität der „gelenkten Demokratie": Dabei nehmen die Protestierenden lediglich ihre in der Verfassung verbrieften Bürgerrechte wahr.[20] Boris Nemzow, mit Kasjanow der Ko-Vorsitzende von „Parnas", ist gerade aus der Haft entlassen worden, als wir telefonieren. Er war überrascht über das plötzliche Eingreifen der *Omonowzy*: „Sie haben mich eingekesselt und ohne jede Erklärung in den Polizeibus abgeführt", berichtet er. Er sei weder öffentlich aufgetreten noch habe er laut protestiert.[21] Wegen angeblicher Formfehler wurde der liberalen Partei „Parnas" die Registrierung verweigert.[22] Ernsthafte Konkurrenten werden so schon im Vorfeld aus dem Rennen genommen. 2015 wird Nemzow von Unbekannten in der Nähe des Kremls erschossen.

Die „Bolotnaja Ploschtschad", der Sumpfplatz, wird zum Zentrum der Proteste in Moskau. Als ich am 10. Dezember 2011 von dort berichte, platzt er aus allen Nähten. Die Menschen haben die Brücke über den Kanal besetzt, sie drängen sich am gegenüberliegenden Ufer, sie versperren die anliegenden Straßen. Eigentlich sollten nur 30.000 Demonstranten zu der Kundgebung auf der Moskwa-Insel kommen, nun drängen sich bis zu 100.000 Menschen dort. Sie fordern Neuwahlen und die Absetzung des Leiters der Zentralen Wahlkommission. Viele junge Menschen stehen da, aber auch Rentner und offensichtlich wohlhabende Leute mittleren Alters, unter ihnen Grigorij Zerdlin. „Es ist klar, dass es eine Fälschung ist. Auch früher wurden die Wahlen gefälscht, aber jetzt zeigen die Menschen ihre eigene Würde, sie schweigen nicht mehr", sagt Zerdlin, der Direktor einer Wohltätigkeitsorganisation ist. Putin ist in seinen Augen „ein Verbrecher". Er „soll vor Gericht, für die Wahlfälschung, die Niederschlagung friedlicher Demonstrationen, die Morde an der Journalistin Anna Politkowskaja und anderen, die auf seine Anweisung oder zumindest mit seiner Billigung geschahen". Andere sind empört über die Abmachungen zwischen Putin und Medwedew und haben Angst, dass Putin zum Diktator werden könnte – eine Angst, die 2011 durchaus berechtigt war.

Das Ausmaß der Fälschungen bei der Duma-Wahl am 4. Dezember war nicht viel größer als bei der letzten Abstimmung, stellen die unabhängige Wahlbeobachter von „Golos“ fest. Aber die Manipulation fällt diesmal stärker ins Gewicht, weil die Unterstützung des Volkes für die Regierung schwindet. Nur noch 16,2 Millionen Menschen, etwa halb so viele wie vor vier Jahren, haben „real“ für die Regierungspartei gestimmt, wie „Golos“ errechnete. Statt der offiziellen 49 Prozent hat „Jedinaja Rossija“ tatsächlich nur knapp 34 Prozent der Stimmen erreicht. „Die Wahlen spiegeln nicht den Willen des Volkes wider“, folgern die Beobachter von „Golos“.[23]

Putin lässt sich im März 2012 zum Präsidenten „wählen“: wieder Fälschungen und Proteste, es sind die größten in der Geschichte des unabhängigen Russlands. Es folgen Repressionen bisher unbekannten Ausmaßes, hunderte Aktivisten werden festgenommen. Im „Bolotnoe Delo“, dem „Sumpf-Prozess“, werden mindestens 25 Teilnehmer und Organisatoren der Proteste zu Haftstrafen verurteilt und kommen ins Straflager.[24]

Dmitrij Gudkow und sein Vater Gennadij, beide einst Abgeordnete der Partei „Gerechtes Russland“, waren die einzigen Duma-Abgeordneten, die sich den Protestierenden anschlossen. Denn im Parlament sitzt die „System-Opposition“, die zwar ein wenig kritisieren darf, aber alle Vorhaben des Kremls absegnet.[25] Als ich Dmitrij Gudkow im Februar 2024 anrufe, ist er im Ausland, emigriert. „Wir wurden aus der Partei ausgeschlossen, mein Vater verlor das Mandat, ich blieb noch als parteiloser Abgeordneter“, berichtet Gudkow von der Zeit der Proteste. „Sie nahmen uns auch das Familienunternehmen weg.“ Gudkow blieb noch bis 2016 in der Duma, er war einer von vier Abgeordneten, die sich bei der Abstimmung über die Annexion der Krim enthielten. „Danach durfte ich eine Zeit lang nicht die Duma betreten.“ Später machte er außerhalb des Parlaments weiter, wurde mehrfach verhaftet. Nachdem er 2019 mehr als einen Monat in einer speziellen Isolationszelle gesessen hatte, emigrierte er. „Sie haben mich gewarnt: Du hast eine Woche, um das Land zu verlassen." Andere bezahlten ihre Oppositionsarbeit mit dem Leben, wie Boris Nemzow.

Es gibt keine Zweifel, die „harte Variante" der Machtergreifung Putins ist nun aktiviert. Die Show der „gelenkten Demokratie" ist vorbei. Eine Show, die viele Opfer gekostet hat. Dank Surkows Scheindemokratie konnte Putin bis 2020 scheinbar legitim mit insgesamt vier Amtszeiten an der Macht bleiben. Dann lässt Putin die Verfassung ändern, er darf nun bis 2036, also auf Lebenszeit, auf seinem Thron im Kreml sitzen. Die Fassade der Scheindemokratie ist endgültig gefallen.

Grischa ist in der Zeit noch in Moskau und dient seinem Chef Surkow. Er hat recht, der Wandel zur Diktatur wurde um einige Jahre hinausgezögert. Aber Putins Marionettenspieler hat seinem Land keinen Dienst erwiesen. Er hat die Demokratie ad absurdum geführt und Russlands Talfahrt in die Diktatur nur verzögert, es sind verlorene Jahre.

Warum ich keine Russlandversteherin mehr sein kann

Mein Aufenthalt in Moskau 2010/2011 war für mich ein Schock. Als gutgläubiger und vielleicht auch etwas naiver Mensch fühlte ich mich ausgetrickst, alles erschien mir wie ein abgekartetes Spiel – das es ja auch war: Mit Medwedew und Prochorow spielte man ein bisschen Demokratie, aber der Machthaber war und blieb Putin. Mit Reformern wie dem Finanzminister Kudrin und dem Wirtschaftspolitiker Kassjanow spielte man ein bisschen Marktwirtschaft, aber an den Rohstoffquellen saßen

Putins Getreue, und darauf kam es an. Mit wenigen unabhängigen Medien spielte man Pressefreiheit, aber auf allen TV-Sendern lief die Putin-Medwedew-Show. Ein zynisches Machtspiel, erdacht vom Marionettenspieler Surkow, der alle wie Puppen tanzen ließ und wenn sie aus der Reihe tanzten, die Fäden ganz schnell abschnitt. Dann kam der Absturz. Klar ist, dass der Präsidialbeamte Surkow nicht eigenmächtig handeln konnte, sondern diese Show im Auftrag Putins veranstaltet hat.

Mein bisheriges Russlandbild wurde völlig auf den Kopf gestellt. In Deutschland hörte ich immer von den Transformationsstaaten in Osteuropa, zu denen auch Russland gehöre. Ja, Russland transformierte sich, aber ganz sicher nicht zur Demokratie, das war mir klar, nachdem ich die zynische Show der „gelenkten Demokratie“ in der Praxis gesehen hatte. Ich hatte eher den Eindruck, dass sich die russische Führung an dem Leitsatz orientierte, mit dem Bildungsminister Sergej Uwarow das Zarenreich Anfang des 19. Jahrhunderts prägte: „Orthodoxie, Selbstherrschaft, Volkstum“. Das war als russische Antwort auf die Prinzipien „*Freiheit, Gleichheit, Brüderlichkeit*“ der Französischen Revolution von 1789 zu verstehen.[26] Putins autoritäre und nationalistische Restauration war die Antwort auf die demokratische Wende in der Ukraine und andere Farbrevolutionen, vor allem aber auf eine mögliche Schneerevolution im eigenen Land. Würde die Welle auf Russland überschwappen, bedeutete das das Ende von Putins Kleptokratie.

Putin baute das Land immer weiter zur Autokratie um, auch die Orthodoxie befand sich als eine Art Staatsreligion im Aufwind. Der Trend, den ich bereits in den 90er-Jahren beobachtet hatte, verstärkte sich. Der Patriarch war bei offiziellen Anlässen im Kreml stets in der ersten Reihe dabei und verlieh dem Präsidenten eine Aura der von Gott gegebenen Macht. Umgekehrt zeigten sich Putin und Medwedew regelmäßig tiefgläubig in der Kirche. Natürlich kann ich mich irren, aber ich habe dem KGB-Mann Putin und seinem Zögling Medwedew ihre zur Schau gestellte Religiosität nicht abgekauft. Nachdem die Modernisierung nicht viele nachhaltige Ergebnisse hervorgebracht hatte, setzte Putin auf die traditionellen Werte: Damit waren die klassische Familie und die Orthodoxie gemeint – im Gegensatz zur Toleranz gegenüber sexuellen Minderheiten im Westen. Europa wird regelmäßig als „Gayropa“ verspottet, als dekadent und im Verfall begriffen. Die ruhmvollen Seiten der russischen Geschichte, allen voran der Sieg im Großen Vaterländischen Krieg 1945, sollten dem Putin-Regime zu neuem Glanz verhelfen, dies ging einher mit einem zunehmenden russischen Nationalismus. Zwar betont Putin in Reden immer den multinationalen Charakter der Russischen Föderation, aber die Russen sind die staatstragende Nation der Weltmacht Russland – wie zu Sowjetzeiten.

Im Alltag äußerte sich ein zunehmender Rassismus, der besonders gegen Migranten aus Zentralasien und dem Kaukasus gerichtet war. Zahlreiche Schimpfwörter sind im Umlauf, von denen „die Schwarzen“ noch eines der harmloseren ist. Eine Bekannte beispielsweise weigert sich, in ein Taxi zu steigen, wenn sie sieht, dass „ein Schwarzer“ am Steuer sitzt. Drei bis fünf Millionen Gastarbeiter arbeiten Anfang der 2010er-Jahre in Russland, sie verrichten überwiegend schwere Arbeiten wie auf dem Bau. Sie hausen in Containern auf der Baustelle, haben meist keine gültigen Papiere und bekommen nicht immer den Lohn ausgezahlt. Der Hass gegen Fremde entlädt sich im Herbst 2013 in Ausschreitungen gegen Händler auf Märkten. Zwei Drittel der Bürger Russlands unterstützen laut Umfragen des Lewada-Zentrums von November 2013 die Losung „Russland den Russen" der Nationalisten.[27] Die Gesellschaft war ideologisch gesehen bereit für den Feldzug gegen die Ukraine und die Rückeroberung angeblich zu Russland gehörender Gebiete.

Dieses zunehmend autoritäre, intolerante und nationalistische Russland war genau das Gegenteil von dem, was ich mir seit der Perestrojka erhofft hatte. Der Rassismus im Alltag ist nur ein Beispiel dafür, dass die Politik sich in der Gesellschaft widerspiegelte, auch wenn die meisten meiner Bekannten sich nicht für Politik interessieren. Putins Lautsprecher im Fernsehen waren eben überall zu hören, in den Cafés und Restaurants, in den Wohnzimmern und Küchen. Russland muss dem Westen nicht gefallen, höre ich immer wieder in den Staatsmedien – bis heute. Das ist richtig. Aber gefällt es sich denn selbst? Bei den Patrioten in der Regierung und im Staatsfernsehen habe ich oft den Eindruck, dass sie sich die Rückständigkeit des Landes mit einem „besonderen Weg" und einer „eigenen Zivilisation" schönreden, ihre vermeintliche Stärke ist Gewalt – gegenüber den Nachbarstaaten und den eigenen Mitbürgern.

Der Alltag in Moskau war vom Recht des Stärkeren und Reicheren geprägt – ebenfalls ein Spiegel dessen, was Putin und seine Mannen täglich in der Politik vorlebten. Das äußerte sich besonders deutlich im Verkehr. In der Metro war *davka*, also drängeln und reinquetschen, angesagt. Die Züge fahren zu Stoßzeiten alle paar Minuten, aber trotzdem sind die Waggons in der 13-Millionen-Stadt Moskau oft völlig überfüllt. Beim Ausgang aus der Metro habe ich manchmal gesehen, wie Kinder einfach in den Schnee geschubst wurden, weil sie im Weg standen. Auch die Straßen sind überfüllt, wobei die Fahrer großer Wagen meinen, immer Vorfahrt zu haben. Als Fußgänger sollte man sich nicht einbilden, dass Autos am Zebrastreifen halten, sie rasen vielmehr mit einem Tempo auf einen zu, dass man sich wie ein

Häschen in der Schusslinie fühlt. Rübergehen kann man erst, wenn sich eine kritische Masse von 15 bis 20 Leuten gebildet hat, für die sich das Halten „lohnt". Die großen SUV parken überall, gerne auf dem Bürgersteig direkt vor dem Eingang in ein Restaurant oder Geschäft. Dass sonst keiner vorbeikommt, interessiert nicht. Überhaupt ist es angesagt, den Reichtum zu zeigen. *Elitno* ist das Zauberwort: *Elitnye* Häuser im Grünen, elitäre Kleidung, elitäre Autos und Wohnungen. Im Park der Oktoberrevolution gegenüber von unserem Wohnhaus laufen elitäre Hunde, geschoren und in glänzende Mäntelchen verpackt. Bei unseren Nachbarn hängt ein so großer Lüster mit Kristallen, dass ich Angst habe, die Decke kracht bald ein. Das teure Handy und die Autoschlüssel mit der elitären Automarke legt der Nachbar, ein russischer Geschäftsmann, bei Treffen unübersehbar auf den Tisch.

Dreistigkeiten gehören zum Alltag. Bei der denkwürdigen Pressekonferenz mit dem Oligarchen Prochorow gab es danach ein Buffet für die Journalisten. Ich holte mir das Essen und stellte den Teller ab, um nach den Getränken zu schauen. Als ich zurückkomme, steht eine Journalistin vor meinem Teller und isst mein Essen. Als ich sage „Das habe ich mir eigentlich geholt", antwortet sie: „Jetzt ist es meins, so ist das Leben!"

Im Gesundheitswesen kann man nun auch in Privatkliniken gehen. Dort soll ich direkt am Eingang 200 Dollar zahlen. Der Arzt ist nicht sehr motiviert und sagt, ich solle nach ein paar Tagen anrufen und nach dem Ergebnis der Analyse fragen. Mehrmals rufe ich an und höre: „Er ist gerade nicht da / in der Sitzung / auf Dienstreise" usw. „Wann kann ich ihn denn erreichen?", frage ich. „Da müssen Sie nochmal kommen", sagt die Dame am Telefon. „Und wieder 200 Dollar zahlen?", frage ich. „Ja, genau!"

Es sind viele solcher Situationen, die mein Bild von der russischen Seele und dem rätselhaften Land infrage stellen. Als ich meine Freunde in Petersburg besuche und von meinem Moskauer Leben erzähle, sagen sie leicht abfällig: „Die Kulturhauptstadt ist eben Petersburg!"

Natürlich gibt es auch in Moskau viele Menschen, die für Gerechtigkeit und ihre Sache kämpfen: unabhängige Journalisten und Politiker für Medienfreiheit und gegen Korruption, Aktivisten von „Golos" für freie und faire Wahlen, Memorial für die Aufarbeitung der sowjetischen Vergangenheit. Besonders der von Memorial ausgerichtete Geschichtswettbewerb war eine wichtige Aktion: Die Schüler befragten ihre eigenen Verwandten und es zeigte sich, dass fast jede Familie unter Repressionen zu leiden hatte: die Opfer der Kollektivierung und Säuberungen, „feindliche" Nationalitäten wie die Deutschen, Kriegsgefangene und Dissidenten: Millionen wurden deportiert und verschwanden in Lagern. Das Putin-Regime knüpft an die Gewaltpolitik der Sowjetzeit an, indem es unabhängige Akteure als „ausländische Agenten" kriminalisiert und Andersdenkende in Gefängnisse und Straflager steckt.

Doch es wäre falsch, die Menschen nur als Opfer des Staatsapparats zu sehen. Das Regime wird von der breiten Mehrheit der Bevölkerung getragen. Surkow und andere Polittechnologen haben diese Zustimmung systematisch aufgebaut: über regierungstreue Organisationen wie „Naschi" (Die Unsrigen), über die Inszenierung einer Scheindemokratie, über die Kontrolle der Medien.[28] Mir ist klar, dass meine schlechten Erfahrungen im Alltag nichts gegen das Leid der Andersdenkenden und Oppositionellen sind, die oft mit ihrer Gesundheit und ihrer Freiheit zahlen. Aber auch der Rassismus, die Dreistigkeiten und Abzocke, das Recht des Stärkeren auf Straßen und Wegen, das elitäre Gehabe und aufdringliche Demonstrieren von Reichtum, all das passt nicht zu meinen Vorstellungen von der „russischen Seele".

Mir wird klar, dass ich überzogene Erwartungen hatte, genährt durch Bednarz' Buch und Film, aber auch andere Russland-Publikationen dieser Art. In Russland gibt es genauso viele gutmütige und böse, selbstlose und gierige, romantische und rationale Menschen wie anderswo auch. Ist dieser Kult um die „russische Seele“ nicht ein wohlklingendes Märchen, das wir Deutschen besonders gerne hören? Die Russen als vermeintlich bessere Menschen, auf die wir all unsere Wünsche projizieren können? Mein Russlandbild ist 2010/2011 in einer schweren Krise.

Von der Putin-Führung fühle ich mich immer wieder getäuscht, nicht nur wegen der Demokratie-Show. Das Leben in Moskau widerlegt Putins Reden von der Stabilität im Lande, die ja seine große Errungenschaft sein soll – im Gegensatz zu den chaotischen 90er-Jahren. Im März 2010 gehen Bomben in der Moskauer Metro hoch, zwei Frauen aus der russischen Teilrepublik Dagestan sprengen sich in die Luft und reißen 41 Menschen mit in den Tod. Das ist nicht der einzige Anschlag auf die Metro, die Züge werden immer wieder von Terroristen ins Visier genommen, häufig aus Tschetschenien.[29] Im Januar 2011 folgt das Selbstmordattentat auf den Flughafen Domodedowo. Die Anschläge zeigen: Der Nordkaukasus ist nicht befriedet, Gewalt ist die Antwort auf die Gewaltpolitik Moskaus. Im zweiten Krieg gegen Tschetschenien (1999 bis 2009) wurde der Separatismus brutal und ohne Rücksicht auf Zivilisten niedergeschlagen, die Hauptstadt Grosnyj fast völlig zerstört. Jeder konnte sich davon überzeugen, wie brutal und ohne Rücksicht auf Zivilisten Moskau Krieg führt. Die Methoden sind in der Ukraine heute dieselben, auch die Hafenstadt Mariupol wurde größtenteils dem Erdboden gleichgemacht.

Bereits in den 2000er-Jahren waren die Kriegsmethoden und die Repressionen gegen Andersdenkende auch im Ausland bestens bekannt – aber der deutsche Bundeskanzler Gerhard Schröder lobte Putin als „lupenreinen Demokraten“ und die Regierung von Angela Merkel und Bundespräsident Frank-Walter Steinmeier pflegten die „Modernisierungspartnerschaft“. Schönreden und verdrängen – das war die Devise vieler verantwortlicher Akteure hierzulande. In der Politik wie in der Wirtschaft. Es hat 22 Jahre gedauert, bis Kanzler Olaf Scholz die Zeitenwende erklärte und eine neue Politik gegenüber Russland ankündigte.

Meine persönliche Zeitenwende fand schon acht Jahre früher statt, 2014, als Russland die Krim annektierte und im Donbas militärisch intervenierte. Dabei habe ich immer unterschieden zwischen der russischen Führung und dem Land. Dem KGB-Mann Putin stand ich von Anfang an skeptisch gegenüber, seine zunehmend aggressive und autoritäre Politik habe ich nicht billigen können. Aber für das Land, mein geliebtes Russland, hatte ich schon viel Verständnis. Die Demokratie muss sich eben erst entwickeln, dachte ich, bei den Deutschen in der Weimarer Zeit hat es auch nicht auf Anhieb funktioniert. Russland hat mich schon sehr geprägt. Zu Hause erinnern Fotos, Bücher und das schöne weiß-blaue Teeservice an Russland, aber auch mein Verhalten hat es beeinflusst. Zu Schulzeiten bin ich zu Hause mit Schuhen herumgelaufen, seit meiner Russland-Zeit gibt es für alle, die die Wohnung betreten, Pantoffeln. Wenn Gäste kommen, bin ich erst zufrieden, wenn sie ordentlich getrunken und gegessen haben. Wenn etwas nicht klappt, denke ich „Das ist nicht das Schicksal“. Wenn ich nicht möchte, dass etwas passiert, klopfe ich auf den Tisch und spucke über die linke Schulter. Auf keinen Fall halte ich mich mit anderen Menschen auf einer Türschwelle auf, denn dann gibt es Streit, so der russische Aberglauben. Als ich aus Moskau zurückkam, habe ich keinen Sinn mehr im Trennen von Müll gesehen – bis mir der Nachbar ganz dezent ein paar gelbe Säcke vor die Tür legte. Am wichtigsten für mich sind die tollen Menschen, die ich in Russland kennengelernt habe, die schönen Erlebnisse. All das trug dazu bei, dass ich schon sehr viel Geduld und Verständnis aufbrachte, auch wenn ich die Politik der Putin-Führung nicht billigte.

Meine Toleranzgrenze war aber 2014 endgültig überschritten, als die russische Führung zu einer eindeutig imperialen Politik überging, fremde Gebiete eroberte und das Ziel verfolgte, die Ukraine zu zerstören. Das Schlimme war, dass die überwältigende Mehrheit der Bevölkerung – mehr als 80 Prozent – konstant die Annexion der Krim unterstützte.[30] Mein Russlandbild war schon vorher in der Krise, aber nun konnte ich mir endgültig nicht mehr einreden, dass die Menschen in Russland anders, menschlicher, eben „russische Seelen" seien. Ein Teil meiner Freunde in Russland fand die Annexion sogar richtig toll. Mein ehemaliger Kommilitone Dima, der ja eigentlich Karriere in der KPdSU hatte machen wollen, wäre die Sowjetunion nicht zerfallen, schickte mir eine Postkarte von seinem Urlaub auf der Krim und schwärmte vom „imperialen Geist" der Halbinsel. Die Karte warf ich umgehend in den Mülleimer. „Ist er jetzt völlig verrückt geworden?", fragte ich mich.

Das traurige Ende

Wegen des Krieges und der politischen Situation fahre ich schon seit einigen Jahren nicht mehr nach Russland. Manchmal lege ich noch die russischen Rockbands auf oder blättere in alten Fotoalben. Wie neu und aufregend damals alles war, als ich dachte, die Grenzen wären endlich gefallen – doch nun sind sie schon fast wieder geschlossen. Es bleibt nicht viel Zeit für Nostalgie, schaue ich aufs Handy, ploppen wieder die Nachrichten über den Vernichtungsfeldzug in der Ukraine auf. Zu meinen Freunden in Russland ist der Kontakt schwierig geworden. Was ist aus ihnen geworden?

Mascha wohnt mit Hunden, Katzen, Gänsen, Kaninchen und anderen Tieren mitten im Wald an der Grenze zu Estland. Ihr Mann bewacht als Sicherheitskraft die Leitung des Gaskonzerns Gazprom. Sie versorgen sich weitgehend selbst, wenn sie in die Stadt wollen, nehmen sie eine Kettensäge mit, um die Bäume zu zersägen, die auf den Wegen liegen. Mascha ist glücklich mit ihrem Landleben, was in der Stadt und in der Welt passiert, interessiert sie nicht besonders. Zum Telefonieren muss sie wegen der schlechten Verbindung auf die Wiese gehen, bitte nur tagsüber, denn im Dunkeln kommen die Wölfe. Von ihr habe ich schon lange nichts mehr gehört, ich weiß nicht, ob es an der Technik oder den Wölfen liegt.

Dima ist Dozent für Geschichte, für eine Vorlesung bekommt er nur sechs Dollar pro Stunde. Das reicht nicht, um seiner Mutter Medikamente zu kaufen, sie ist sehr krank. Natürlich habe ich Medikamente geschickt und mich nochmal für die tolle Gastfreundschaft bedankt, die ich bei ihnen erleben durfte. Dima ist voller Hass – gegen die Regierung, die Oligarchen und den Westen. Insbesondere den Westen hasst er, seine Schimpftiraden nehmen kein Ende. Der Westen habe Russland nur ausbeuten wollen, jetzt füttere er die russischen Oligarchen, die das Land ebenfalls ausbeuteten. Dima ist geschieden und hat eine hübsche Tochter, die in der Schule nur die besten Noten hat. Sie lernt fast den ganzen Tag, weil sie es mal besser haben möchte. Dima wählt immer noch die Kommunisten. Das letzte Mal habe ich ihn im Februar 2022 gesprochen: „Soll Putin den faschistischen Dreck in der Ukraine beseitigen!", schnaubte er aufgebracht ins Handy. Wegen Selenskyj und „seiner blöden Politik" könnten sie nicht mehr nach Charkiw. „Aber deine Mutter ist doch auch Ukrainerin", entgegnete ich. „Nein, sie ist Südrussin! Putin befreit Südrussland von den Faschisten!"

Der geschäftstüchtige Kostja hat zwei Häuser im Umland von Moskau gebaut, eins für sich und seine Familie, eins für die Mama. Leider ist die Mama vor einigen Jahren gestorben. Kostja ist selbstständig und verkauft Sanitärtechnik. Mit Deutschland hat er nichts mehr zu tun, er handelt mit der Türkei und China. Jeden Tag kämpfe er mit „Idioten und der russischen Mentalität", schreibt er mir. „Du glaubst gar nicht, wie viele gebildete ‚normale' Leute unserem ‚unsterblichen Koschtschej' vertrauen!" (Das ist eine Gestalt aus der russischen Mythologie, er erscheint als hässlicher alter Mann, der andere Menschen bedroht). „Ich erkläre den Leuten überall, sogar in der Sauna, dass sie falsch liegen, wenn sie unsere Führung der Räuber und Heuchler unterstützen", klagt er. „Das ist einfach … (Kostja gebraucht einen Fluch)!" 80 Prozent der Leute seien von der Propaganda im Fernsehen infiziert, schätzt er. Nach den mutmaßlichen Kriegsverbrechen der russischen Armee in Butscha schreibt er: „Das ist unglaublich! Vielleicht ist es besser auszuwandern?" Als ich ihm zu seinem 50. Geburtstag gratuliere, antwortet er: „Sonst ist alles schlecht. Putin lebt. Der Krieg dauert an. Wir leben wieder in der wunderbaren Sowjetunion, reden über die Preise von Eiern und bald ist überhaupt der volle (Fluch)."

Was bleibt, ist Traurigkeit.

Wie ich zum Feind Russlands gemacht wurde

Nach der Annexion der Krim 2014 erhielt ich von einer politischen Stiftung den Auftrag zu untersuchen, wie bestimmte Stereotype über die Ukraine wie „Die Ukraine ist kein richtiger Staat" in den öffentlichen Diskurs gelangten. Recht schnell stieß ich auf die russischen Staatsmedien und verfasste meine erste Studie über das Ukrainebild in Deutschland und die Rolle der russischen Medien. Russland startete vor dem Hintergrund des Kriegs gegen die Ukraine die globale Medienkampagne *Sputnik International*, diese kam auch in Berlin an. In Deutschland waren *RIA Novosti* und das Radio *Stimme Russlands* seit Jahren aktiv, sie fusionierten zur Medienagentur *Rossija Segodnja* und starteten *Sputnik Deutschland*. Im November 2014 folgte die deutsche Version des Auslandssenders *RT*, zunächst als Nachrichtenplattform unter dem Namen *RT Deutsch*.

Die Europäische Akademie Berlin lud mich 2016 zu einer Ukraine-Diskussion ein, im Anschluss war ein Austausch in informeller Runde geplant. Dabei näherte sich mir ein dunkelhaariger Mann mit Brille und sagte: „Also Ihr erstes Buch, das ging ja noch, aber das jetzt, das geht ja gar nicht!" Der Mann stellte sich als Reporter von *RT Deutsch* vor, Wladislaw Sankin der Name. Mit dem ersten Buch meinte er meine Dissertation zu Russlands Außenpolitik, aber warum gefiel ihm denn meine Studie nicht? „Haben Sie das Buch gelesen?", fragte ich. „Nein, das sieht man doch schon am Titel", meinte er, außerdem sei er nicht einverstanden mit dem, was ich bei der Diskussion gesagt habe. So kamen wir ins Gespräch.

Am nächsten Tag erschien der Artikel von Sankin bei *RT Deutsch*. Susanne Spahn – „russophob" und „eine Freundin der Ukraine", war dort zu lesen. An der Europäischen Akademie herrsche Apartheid, niemand rede mit den Russen, behauptete Sankin – obwohl nicht nur ich, sondern auch andere Anwesende mit dem *RT*-Reporter gesprochen hatten. Weiter zitierte Sankin frei aus meiner Studie, die er nach eigenen Angaben nicht vorliegen hatte – und die Zitate waren falsch. Sankins Verständnis von journalistischer Sorgfaltspflicht hinterließ bei mir einen bleibenden Eindruck. Seit dieser Veranstaltung begegnete ich Sankin häufiger, mal bei Veranstaltungen in Berlin, mal schriftlich, wenn er über meine Arbeit berichtete. Einmal sprach ich ihn auf seinen Artikel über die Europäische Akademie und die dort angeblich herrschende Apartheid an. Da habe er wohl etwas übertrieben, gab er zu.

Obwohl er es selbst mit der Wahrheit nicht genau nahm, warf Sankin mir vor, ich würde Unwahrheiten verbreiten. Meine Arbeit war ihm offensichtlich ein Dorn im Auge. Über die nächste, 2018 erschienene Studie erschienen bei *RT* und *Sputnik* Rezensionen. „Ein Propagandawerk voller Verdrehungen, Auslassungen und Falschbehauptungen", hieß es bei *RT*.[31] Reporter Sankin sah ich in den nächsten Jahren häufiger, zu Corona-Zeiten war er auch bei Online-Veranstaltungen dabei und flutete den Chat mit so vielen Kommentaren, dass andere Teilnehmer den Eindruck hatten, die Trollfabrik aus St. Petersburg sei aktiv.[32] Das Resümee seiner jahrelangen Beobachtungen: „Frau Spahn und ich kennen uns. Schließlich habe ich vielen ihrer öffentlichen Expertenaufritte beigewohnt. Persönlich macht sie einen freundlichen Eindruck. Aber mittlerweile liegen wir auch persönlich im Streit." Er warf mir „Manipulationen" vor, ich sei ein „Stichwortgeber für politische Scharfmacher"[33].

Auch *Sputnik* bemühte sich, mich in der Öffentlichkeit zu diffamieren. Vor Veranstaltungen warnte *Sputnik* schon mal vor der „dreisten Lüge Spahns", mit der sie bald wieder „in ihren

Vorträgen hausieren" gehe.[34] Besonders kreativ war *Sputnik* mit seiner „Enthüllung" einer angeblichen Verschwörung, die von dem mittlerweile verstorbenen Politikwissenschaftler Hannes Adomeit geplant worden sei. Adomeit, ein anerkannter Russland-Experte, der lange Zeit beim Berliner Think Tank Wissenschaft und Politik beschäftigt und zu dem Zeitpunkt Senior Fellow am Institut für Sicherheitspolitik der Universität Kiel (ISPK) war, wurde beschuldigt, Kopf einer Verschwörungszelle zu sein und antirussische Operationen zu planen. Hintergrund war seine Mitarbeit bei der Integrity Initiative, einem von Großbritannien initiierten europäischen Netzwerk von Experten, das den Einsatz von Desinformation als Instrument des hybriden Krieges untersuchen sollte. Adomeit plante im Januar 2019 eine Konferenz in Berlin zu dem Thema. Kurz vor der Konferenz wurden jedoch in einer Hack-and-Leak-Operation die internen Berichte aus dem federführenden Londoner Institute for Statecraft von Hackern gestohlen und von einer anonymen Gruppe veröffentlicht.[35] *Sputnik* griff die gestohlenen Dokumente auf und startete gleich eine ganze Serie von Artikeln, in denen behauptet wurde, Adomeit plane eine anti-russische Verschwörung im Auftrag des britischen Geheimdienstes.

Wegen der Sanktionen der EU gegen Inhalte von *Sputnik* sind die entsprechenden Seiten zurzeit nicht abzurufen. Das Portal *Nachdenkseiten* nahm jedoch das Thema von *Sputnik* auf und verbreitete die Vorwürfe weiter. Neben Adomeit und dem Direktor des Kieler Instituts Joachim Krause wurde die Grünen-Politikerin Marieluise Beck als das „dritte Mitglied der deutschen Zelle" ausgemacht. Zu mir hieß es: „Ins gleiche Horn stößt auch Susanne Spahn, die als Osteuropa-Historikerin und freie Journalistin dieser Linie offenbar eine ‚akademische Note' verleihen soll."[36] In der Tat hatte Hannes Adomeit mich in dem

Zwischenbericht erwähnt, der von den Hackern ins Netz gestellt wurde: Susanne Spahn „ist ein wissenschaftlicher Spezialist für russische Medien in Deutschland, Autorin der einzigen systematischen und detaillierten Studie über die russischen Kampagnen zur Beeinflussung der deutschen öffentlichen Meinung im allgemeinen und spezifisch zur Ukraine".[37] Meine Rolle bestand darin – neben der Teilnahme an der Konferenz –, meine Studie zu aktualisieren und sie auf Englisch zu publizieren. Im Mai 2019 erschien das Paper auf der Seite von *Medium.com*.[38]

Der Direktor des Kieler Instituts Prof. Joachim Krause veröffentlichte nach diesen zweifelhaften Publikationen von *Sputnik* eine Stellungnahme: „Das Institute for Statecraft baut im Rahmen der Integrity Initiative ein internationales Netzwerk an unabhängigen Forschungseinrichtungen und Personen auf, die über einzelne Aspekte russischer Desinformationspolitik eigenständige Analysen vornehmen. Ziel ist es, einen Gesamtüberblick über die Forschungslandschaft zu gewinnen, Ergebnisse auf der Webseite des Instituts vorzustellen und den Austausch unter den Wissenschaftlern und Wissenschaftlerinnen zu verbessern. Das ist ein völlig legitimes, im Übrigen weltweit praktiziertes wissenschaftliches Vorgehen."[39]

Genau wie Prof. Krause hatte auch ich eine E-Mail von dem *RIA Novosti*-Redakteur Armin Siebert erhalten, *RIA Novosti* gehört zur Agentur *Rossija Segodnja*, die *Sputnik* betreibt. Ich erinnere mich, dass ich die Mail damals aus Entsetzen gelöscht habe. Aber Krause dokumentierte das Schreiben in seiner Stellungnahme.[40] Es hatte folgenden Inhalt:

„Sehr geehrter Herr Krause,
Sicher haben Sie von der „Integrity Initiative" gehört, auch wenn bisher wenig darüber berichtet wurde. Am 4. Januar wurde von der Hackergruppe Anynymous (sic) ein Zwischenbe-

richt des Kopfes der Deutschen Zelle dieser Initiative, Hannes Adameit (sic) geleakt. Diesen finden Sie hier im Anhang.

Können Sie bestätigen, dass Sie von Hannes Adameit im Namen der „Integrity Initiative“ kontaktiert wurden? Kam es zu einem Treffen, bei dem Adameit Ihnen die Mitarbeit bei dieser Initiative anbot? Arbeiten Sie jetzt bei der „Integrity Initiative“ mit? Ist dies vertraglich fixiert worden?

Vielen Dank im Voraus.

Ich beabsichtige, Ihre Antwort in der von Ihnen genehmigten Form in einem Artikel für unsere Website zu zitieren. Sollten Sie nicht antworten, werde ich entsprechend schreiben müssen, dass wir auf Nachfrage keine Antwort erhalten haben.

Mit besten Grüßen,
Armin Siebert
Moderation und Redaktion“

Darauf antwortete ich nicht, denn mir war klar, dass ich den von der „Verschwörungszelle“ überzeugten Redakteur ohnehin nicht vom Gegenteil überzeugen würde. Aber Prof. Krause antwortete: „Ich weiß nicht, wie Sie oder andere auf die Idee kommen, dass die Integrity Initiative eine Geheimdienstoperation oder eine staatlich gelenkte Beeinflussungsoperation sein soll. Dazu gehört schon sehr viel Phantasie – oder vielleicht kennen Sie nichts Anderes.“[41]

Aber *Sputnik* war erfolgreich mit seiner Kampagne: Es erschienen nicht annähernd so viele Experten zu der Konferenz, wie eingeladen worden waren. Die Geheimdienstgeschichte von *Sputnik* ist als Verschwörungstheorie zu qualifizieren, ich bin niemals vom britischen Geheimdienst kontaktiert worden.

Als ich in meinem E-Mail-Postfach nach dem Schreiben des Redakteurs Siebert suchte, entdeckte ich einen Briefwechsel von

2013. Da hatte mich Siebert zum Interview mit Radio *Stimme Russlands* eingeladen. Als Thema hatte ich die Außenpolitik Russlands gegenüber der Ukraine und Belarus vorgeschlagen, denn darüber hatte ich promoviert. Als Antwort schrieb Siebert: „Wow! Solche Interviewpartner lobe ich mir!". Das Interview wurde gesendet und erschien auf der Webseite.[42] Die Kollegen waren sehr zufrieden mit meinem Interview und boten mir sogar eine redaktionelle Mitarbeit an, die ich allerdings nicht annahm.

Nur drei Jahre später bin ich vom Freund zum Feind geworden. Dabei hat sich meine wissenschaftliche Arbeit im Prinzip nicht geändert. Mit meiner Kritik an Russlands Informationspolitik habe ich aber offenbar eine Linie überschritten. Der Krieg gegen die Ukraine führte dazu, dass alle nach der Devise „Wer nicht für uns ist, ist gegen uns" in zwei Lager geteilt wurden: Freunde und Feinde. Mit der Zeit wurden die Attacken intensiver, Einschüchterungsversuche und Störungen von Veranstaltungen folgten. Margarita Simonjan, Chefredakteurin von *RT* und *Sputnik* in Moskau, hat meine Arbeit im Blick, wie ich ihren Tweets entnehme.[43]

Anfang 2022 kündigte das russische Außenministerium an, eine Liste der „Vertreter Deutschlands" zu erstellen, die an der „Begrenzung des Sendebetriebs von *RT DE* und anderen Formen des Drucks auf den russischen Medienbetreiber beteiligt" sind. Ihnen wird die Einreise in die Russische Föderation verboten. Die Liste wird jedoch nicht veröffentlicht.[44] Das war's dann wohl mit meiner Liebe zu Russland. Aber ich bin kein Einzelfall, zahlreiche westliche Medien, Stiftungen und Think-Tanks sind als „unerwünschte Organisationen" eingestuft worden, wonach ihnen jegliche politische Aktivität in Russland untersagt ist.[45] Kritiker passen nicht mehr in das patriotische Russland.

Teil 2:

Russlands Netzwerk in Aktion

4. *RT* und *Sputnik* in Deutschland

Ein Gruß aus Moskau an die Bundeswehr

„Etwas seeeehr (sic) Interessantes haben mir die Genossen mit Schulterklappen ausgerechnet an dem Tag übergeben, als Scholz sagte, dass die NATO am Ukraine-Konflikt nicht beteiligt ist und nicht beteiligt sein wird. Ein so unterhaltsames Lese- und Audiomaterial, dass ich es sehr gerne veröffentlichen möchte. Die Abonnenten erfreuen." – schreibt *RT*-Chefredakteurin Simonjan am Morgen des 1. März auf ihrem Telegram-Kanal, als würde sie ein spannendes Hörbuch ankündigen.[1] Nachmittags liefert sie es dann: „Wie ich versprochen habe, veröffentliche ich das Audio vom Gespräch der Bundeswehroffiziere, die erörtern, wie sie die Krim-Brücke bombardieren", schreibt sie, dazu postet sie den Mitschnitt, der offenbart, wie Offiziere der deutschen Luftwaffe den möglichen Einsatz des umstrittenen Marschflugkörpers Taurus in der Ukraine diskutieren. Das Audio schlägt ein wie eine Bombe, in kurzer Zeit ist es eine Million Mal aufgerufen worden. In der Hauptrolle die deutschen Offiziere, ertappt wie Schüler beim Lästern über den Lehrer. Denn die strenge Aufsicht auf dem Schulhof hat alles mitbekommen und führt die Schüler vor. Nur dass die „Auf-

Geleakte Aufnahme: Hochrangige Bundeswehroffiziere diskutieren Angriff auf Krim-Brücke

1 Mär. 2024 17:41 Uhr

Die Bundeswehr soll einen Angriff auf die Krim-Brücke erörtert haben. Dies wurde durch eine durchgesickerte Aufzeichnung eines Gesprächs bekannt, das zwischen deutschen Militäroffizieren stattgefunden haben soll. Der Mitschnitt wurde heute von der RT-Chefin Margarita Simonjan in ihrem Telegram-Kanal veröffentlicht.

Abb. 12: Die Veröffentlichung des Gesprächs der deutschen Luftwaffe über einen möglichen Taurus-Einsatz in der Ukraine ist eine klassische Hack-and-Leak-Operation Russlands.

sicht“ mutmaßlich der russische Geheimdienst ist und die Vorführung beim russischen Auslandssender *RT* stattfindet, erst auf Simonjans Telegram-Kanal, keine zwei Stunden später auch für das deutschsprachige Publikum bei *RT DE*.[2] Die Mitschrift des Gesprächs vom 19.2.2024 veröffentlicht Simonjan auf der Plattform Vkontakte[3], dem russischen Äquivalent zu Facebook.

Die Bundeswehr ist blamiert, Deutschland ist blamiert. Russland hat die Deutschen bloßgestellt und genau das demonstriert, was seine Staatsmedien auch in Deutschland schon seit zehn Jahren täglich zeigen: umfassende Präsenz, Überlegenheit und Kontrolle. Die Marionettenspieler im großen Staatstheater sitzen immer noch in Moskau, so die Botschaft, nicht etwa in Washington oder Brüssel und schon gar nicht in Berlin. In Moskau werden die Fäden gezogen, während das deutsche Verteidigungsministerium diese Peinlichkeit erklären muss. Verteidigungsminister Boris Pistorius sieht die Abhöraffäre als Teil eines „Informationskrieges", den der russische Präsident Putin führe. „Es handelt sich um einen hybriden Angriff zur Desinformation – es geht um Spaltung, es geht darum, unsere Geschlossenheit zu untergraben", sagt Pistorius. „Wir dürfen Putin nicht auf den Leim gehen."[4]

Die westlichen Gesellschaften zu spalten und die Unterstützung für die Ukraine zu schwächen, das sind zwei der wichtigsten Ziele der russischen Staatsmedien schon seit der Annexion der Krim 2014. Und das geht am besten, indem Unsicherheit und Angst geschürt werden. Der Abhörskandal ist der Startschuss für eine ganze Kampagne, in Russland und über seine Auslandsmedien weltweit. Der bekannte Moderator Dmitrij Kiseljow – bereits seit 2014 auf der Sanktionsliste der EU – schaut sich bei Rossija 1 die Brücken in Deutschland genauer an und stellt mögliche Ziele für die Vergeltung eines Taurus-Angriffs in Aussicht, dies erscheint bei *RT DE* auf Deutsch.[5] In Videos zerstören russische Drohnen erfolgreich westliche Waffentechnik und demonstrieren militärische Überlegenheit.[6] Der Vize-Vorsitzende des Föderationsrats, Konstantin Kossatschow, prophezeit laut *RT DE* „Deutschland und seine Verbündeten werden das gleiche Schicksal erleiden wie im Zweiten Weltkrieg."[7] Der Duma-Sprecher Wjatscheslaw Wolodin warnt vor der „Entfesselung eines umfassenden nuklearen Dritten Weltkriegs".[8]

Flankiert wird die Agitation in den sozialen Medien. Russlands einstiger liberaler Hoffnungsträger Medwedew, nun Putins Stellvertreter als Vorsitzender des Nationalen Sicherheitsrats, schreibt bei Telegram von „geplanten Attacken auf unser

Land“, die Deutschen hätten sich wieder in „eingeschworene Feinde verwandelt“. Er meint, der Ruf des Großen Vaterländischen Kriegs sei wieder aktuell: „Tod den deutschen, faschistischen Besatzern!“[9] Tatsache ist aber, dass die Bundeswehr nicht, wie einst die Wehrmacht, russisches Territorium besetzt hält. Medwedew und Simonjan präsentieren den möglichen Einsatz der Taurus-Marschflugkörper außerdem als beschlossene Sache. Dies ist aber nicht korrekt, da Bundeskanzler Scholz mehrfach eine Lieferung ausgeschlossen hatte mit der Begründung, dass Deutschland sonst Gefahr laufe, in den Krieg verwickelt zu werden.[10] So wird gezielt Desinformation verbreitet, um das gewünschte Ziel zu erreichen: das Publikum einschüchtern.

In Deutschland verursacht der Skandal erheblichen Ärger und Misstrauen: gegenüber der Bundeswehr und der Regierung, auch der NATO-Partner untereinander.[11] Bundeskanzler Scholz bleibt beim „Nein“ zu den Lieferungen, ein Antrag der CDU/CSU-Fraktion im Bundestag wird Mitte März von einer Mehrheit im Bundestag abgelehnt.[12] Im ARD-Deutschlandtrend spricht sich kurz nach dem „Taurus-Leak“ eine große Mehrheit von 61 Prozent gegen die Lieferung aus.[13] Russland hat sein Ziel, diese Art der Unterstützung für die Ukraine zu verhindern, erreicht. Das ist natürlich nicht eindeutig der Einflussnahme Russlands zuzuschreiben, auch andere Faktoren können eine Rolle bei der Meinungsbildung gespielt haben. Da aber so gut wie alle namhaften deutsche Medien – von den überregionalen Zeitungen und Nachrichtenagenturen bis zu den TV-Sendern[14] – über den „Taurus-Leak“ berichteten, ist davon auszugehen, dass der „Gruß aus Moskau an die Bundeswehr“ bei großen Teilen der Gesellschaft angekommen ist.

Dieser Vorfall ist eine klassische Hack-and-Leak-Operation, wie sie russische Geheimdienste und Staatsmedien seit Langem in westlichen Staaten praktizieren, ich habe sie bei der Aktion „Verschwörung des britischen Geheimdienstes“ selbst erlebt. Neu ist, dass im März 2024 mit Pistorius ein deutsches Regierungsmitglied das erste Mal in der Öffentlichkeit von einem Informationskrieg und hybriden Angriff Russlands spricht. Der hybride Krieg Russlands, der sich aus verschiedenen Elementen wie Hackerangriffen, Spionage und Informationskampagnen zusammensetzt, wird seit spätestens 2014 geführt, aber in Deutschland scheint das Problem immer noch nicht ausreichend ernst genommen zu werden. Die sicherheitstechnischen Lücken der Bundeswehr wurden deutlich. Der Bundestag, militärische Einrichtungen und das Nachrichtennetz der Bundesregierung wurden zwischen 2015 und 2021 wiederholt Ziel von russischen Hackergruppen.[15] Deutschland steht im Fokus des russischen Informationskrieges.

„Wir spucken auf eure Sanktionen.“

Der „Taurus-Leak“ hat auch gezeigt, dass die russischen Staatsmedien in Deutschland weiter frei agieren – obwohl sie täglich den Angriffskrieg gegen die Ukraine rechtfertigen. Die EU belegte *RT* und *Sputnik* direkt nach dem Einmarsch in die Ukraine im März 2022 mit Sanktionen, sodass die Inhalte nicht mehr verbreitet werden dürfen. „Der Kreml setzt systematische Informationsmanipulation und Desinformation bei seinem Angriff auf die Ukraine als operatives Mittel ein. Zudem sind sie eine erhebliche und unmittelbare Bedrohung für die öffentliche Ordnung und Sicherheit in der Union“, sagte der Hohe Vertreter für Außen- und Sicherheitspolitik Josep Borrell.[16] *RT DE* ist noch aus einem anderen Grund verboten: Die Medienbehörde Berlin-Brandenburg untersagte deren TV-Programm, weil keine Lizenz für Deutschland vorhanden ist, das Verwaltungsgericht Berlin bestätigte die Entscheidung im März 2022.[17] Nichtsdestotrotz sind die Inhalte weiter frei im Internet verfügbar und auch das Fernsehprogramm kann im Livestream angesehen werden. „Wir spucken auf eure Sanktionen“, sagte *RT*-Chefin Simonjan nach Angaben von Bloomberg. Auch die Muttergesellschaft ANO TV Novosti wurde im November 2023 sanktioniert. Die Antwort aus Moskau: Die internationale Ausgabe erschien nur drei Tage später mit der umgekehrten URL Swentr.site. Insgesamt 19 Spiegelseiten wurden für die Nutzer in der EU errichtet.[18] Swentr.site ist auch zum Zeitpunkt, als dieses Buch lektoriert wird, am 3. Juli 2024, verfügbar. Ebenso die Ausgaben in arabischer, spanischer, russischer, deutscher, französischer und serbischer Sprache – alle unter ihren Originalwebseiten. *RT* expandiert trotz des Krieges, es wurde noch eine portugiesische Ausgabe für Brasilien geschaffen, sodass es nun acht Programme gibt. Die internationale Ausgabe auf Englisch, Rt.com, ist ebenfalls zugänglich.[19] Im Mai 2024 verzeichneten alle Versionen von *RT* insgesamt 149 Millionen Zugriffe, diese allein über die Originalwebseiten. Die internationale Ausgabe liegt mit 81,6 Millionen Aufrufen an der Spitze, gefolgt von den russischen (33 Mio.), arabischen (15 Mio.) und spanischen (11 Mio.) Programmen. Die deutsche Seite liegt mit 5,6 Mio. Zugriffen auf Platz 4.[20] In Deutschland ist es offenbar vom Internet Service Provider abhängig, ob die *RT*-Seiten zugänglich sind oder nicht.[21]

In Berlin verkündete die *RT DE Productions* im Februar 2023, sie werde die journalistischen Aktivitäten in Deutschland einstellen. Im selben Atemzug wurde jedoch erklärt, dass die Inhalte und die Berichterstattung auf der Homepage von *RT DE* erhalten bleiben.[22] Im Impressum ist nicht mehr die *RT DE Pro-*

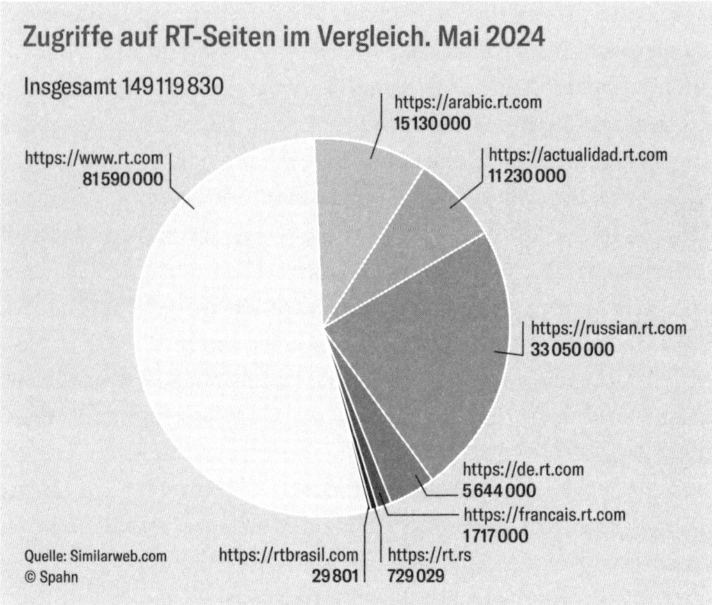

Abb. 13: Wegen der Sanktionen müssten die *RT*-Programme in EU-Sprachen eigentlich gesperrt sein, dennoch erreicht *RT* 149 Millionen Zugriffe im Monat.

ductions GmbH, sondern die Muttergesellschaft *TV-Novosti* in Moskau angegeben.[23] *RT DE* stellt sich als Opfer der Zensur dar, „die Pressefreiheit existiert in Deutschland nicht mehr", wird behauptet.[24] Das ist ein Argument, das auch deutsche Kritiker der EU-Sanktionen gerne verwenden, verbunden mit dem Vorwurf, durch diese Zensur gebe man Russland nur weitere Argumente an die Hand. Hier muss allerdings differenziert werden. Keiner verbietet den russischen Staatsmedien, alternative Meinungen zu äußern oder will eine „kritische, nicht prowestliche Informationsquelle zum Schweigen" bringen, wie es *RT DE* auf seiner Webseite behauptet.[25]

Die Meinungs- und Pressefreiheit findet aber dort ihre Grenzen, wo strafrechtliche Inhalte betroffen sind. Dazu gehört die falsche Tatsachenbehauptung, die vorliegt, wenn eine unwahre Tatsache bewusst verbreitet wird.[26] Ebenso ist die öffentliche Billigung von Straftaten nach Strafgesetzbuch § 140.2. untersagt.[27] Die Invasion Russlands in die Ukraine erfüllt den Tatbestand des Angriffskrieges. Deshalb wurde beispielsweise ein Autofahrer verurteilt, der das Symbol Z – ursprünglich eine Kennzeichnung für russische Militärfahrzeuge, das mittlerweile als Symbol für die Billigung des russischen Angriffskrieges verwendet wird – auf seine Heckscheibe geklebt hatte.[28] Im „Liveticker Ukraine-Krieg" bei *RT DE* wird der Krieg täglich öffentlich gebilligt – damit ist auch hier eine Verbotsgrundlage vorhanden.[29] Im Oktober 2022 beschloss der Bundestag zudem eine Verschärfung des Strafrechts, nach der öffentliche Befürworter von Putins Kriegsverbrechen in der Ukraine wegen Volksverhetzung verurteilt werden können.[30]

RT und *Sputnik* inszenieren sich als Opfer der Zensur, sind gleichzeitig aber sehr kreativ, wenn es darum geht, Sanktionen zu umgehen. *RT DE* hat zahlreiche Spiegelseiten geschaffen, auch die Originalseite de.rt.com ist im Juli 2024 zugänglich. Sie verzeichnete im Mai 5,6 Millionen Aufrufe.[31] Der TV-Livestream kann auf der Seite gestartet werden.[32] 2023 konnte ich insgesamt zwölf Webseiten identifizieren (elf Spiegelseiten und die Originalwebseite); sie kamen nach Angaben der Analyseagentur für Datenverkehr Similarweb im August 2023 auf insgesamt sechs Millionen Zugriffe.[33] Ein halbes Jahr später, im Februar 2024, sind alle Spiegelseiten noch aktiv, insgesamt verzeichnen sie 6,3 Millionen Zugriffe.[34] Im Juli 24 sind zwei der Spiegelseiten inaktiv, dafür wurden mit rtnewsde.tech und rtnewsde.pro zwei neue Seiten geschaffen. Alle zwölf Seiten kom-

Abb. 14: Über diverse Spiegelseiten und die Originalseite erzielt *RT DE* rund sechs Millionen Zugriffe monatlich.

men auf 6,2 Millionen Zugriffe (Daten für den Monat Mai verfügbar).[35] Die Reichweite von *RT DE* liegt also seit fast einem Jahr (August 2023 bis Mai 2024) bei etwa sechs Millionen Zugriffen monatlich. Dieser Befund wirft die Frage auf, warum die Behörden nicht aktiver für die Durchsetzung der Sanktionen sorgen.

Dazu ist *RT DE* zwar bei vielen sozialen Medien blockiert, aber bei einigen, wie Odysee oder Minds, nicht.[36] Außerdem gibt es eine ganze Reihe von Seiten, die aussehen wie Telegram, aber nicht Telegram sind. Erst wenn man die Seite herunterscrollt, ist zu lesen „This site is not affiliated with Telegram".[37]

Hier wird das Label „Telegram" genutzt, um Inhalte von *RT* und anderen Kanälen zu verbreiten, aber auch Unterhaltung, Spiele und Musik werden geboten.

Sputnik International läuft aktuell über die Spiegelseite sputnikglobe.com und wie *RT DE* über die Fake-Telegram-Seite „Tlgrm.eu".[38] Im Netz finden sich noch weitere Seiten, die den Namen Telegram nutzen, aber keine Verbindung zu dem Original-Messenger haben. Bei der Domäne „tlgrm.ru" heißt es unten im Abspann auf Russisch „Seite über Telegram auf Russisch (nicht offiziell)", die „Telegram-Channels" sind ebenfalls „not affiliated with Telegram", die Seite „Telegram.im" wird als „unofficial version of Telegram" vorgestellt.[39] Mit den Fake-Seiten werden Nutzer gezielt getäuscht, um die Inhalte von *Sputnik* und anderer Staatsmedien weiter zu verbreiten. Auch *RT DE* ist auf weiteren Fake-Telegram-Seiten präsent wie „Telegram Store", ebenfalls eine „Non official site about Telegram".[40] Bei der deutschen Version der „Telegram Kanäle" tritt *RT DE* unter seinem vorigen Namen *RT Deutsch* auf, unten ebenfalls der Hinweis: „Diese Seite gehört nicht zu Telegram".[41]

Für das deutschsprachige Publikum hat *Sputnik* seinen Namen geändert und ist unter „Satellit", der deutschen Übersetzung des Wortes „Sputnik", weiter bei Telegram (der Original-Seite!)[42] und Odysee[43] aktiv. Besonders erfolgreich war der Auftritt bei Youtube, wo Satellit mit seinen Videos „Bloß mit Biss" 32 Millionen Aufrufe in einem Jahr erzielte – im September 2022 wurde die Seite blockiert.[44] *Rossija Segodnja*, das ist die Agentur, die *Sputnik* betreibt, beendete im März 2022 offiziell die Tätigkeit von *Sputnik/SNA* in Berlin. Doch einige Vertreter sind weiter in einer Villa im Berliner Stadtteil Steglitz tätig, wie ein Team des TV-Senders OstWest herausfand, als sie mit einer Interviewanfrage dort erschienen. Chefredakteur Sergej Feoktis-

Abb. 15: *Sputnik*-Chefredakteur Sergej Feoktistow arbeitet weiter in der „Höhle des Feindes" in Berlin-Steglitz – obwohl das Medium wegen der EU-Sanktionen nicht weiter tätig sein dürfte.

tow trat heraus und drohte den Journalisten mit der Polizei. In ihrer Sendung zeigte das OstWest-Team, wie Feoktistow in einer orangenen Weste mit dem Logo von *Sputnik* auf dem Balkon der Villa sitzt und Interviews gibt. In einer Online-Sendung berichtet er „direkt aus der Höhle der feindlichen Kräfte", also Deutschland. Sein Mitarbeiter Alexander Boos ist ebenfalls dort. In einem weiteren Video sagt Feoktistow zur Aufforderung seines Gesprächspartners, er solle „in die Heimat zurückkehren": „Die Angelegenheit muss zu Ende gebracht werden."[45] Die Recherchen von OstWest Telekanal waren offensichtlich unerwünscht. Ende Februar 2024 berichtete einer der Reporter der Autorin, dass sie von den *Sputnik*-Vertretern verklagt worden seien.

Auch *RT DE* arbeitet weiter mit dem in Deutschland ansässigen Personal. Die Berichterstattung über die Bundeswehr-Affäre zeigt, dass die journalistischen Aktivitäten in Deutschland nicht, wie behauptet, eingestellt wurden: Im TV-Liveprogramm befragte Moderator Ulrich Gohlke den *RT DE*-Korrespondenten Deniz Karabag, der vor Giebelhäusern in Osnabrück seine Kommentare abgab.[46] Karabag betrieb bis Oktober 2022 den Podcast „Kontrovers“ bei *RT DE*[47] und ist bei vielen Social Media mit eigenen Profilen vertreten (Facebook, X, Instagram, TikTok, Pinterest, Youtube). Bei Youtube beispielsweise ist „Kontrovers“ weiter zu sehen, ohne dass eine Verbindung von Karabag zu den russischen Staatsmedien angezeigt würde.[48] Inhalte auf Influencer im Internet zu verlagern ist eine weitere Möglichkeit, Sanktionen zu umgehen.

Auch der langjährige *RT DE*-Mitarbeiter Wladislaw Sankin, der die Autorin seit Jahren „begleitet“, berichtet weiter aus Berlin.[49] Die bewährten Autoren aus dem Spektrum der alternativen Medien, wie die frühere Linke-Politikerin im Stadtrat München Dagmar Henn[50] oder der vormalige DDR-Agent Rainer Rupp[51], sind ebenfalls weiter präsent. Das Studio von *RT DE* in Berlin-Adlershof wurde zwar nach einem Bericht von *Pioneer Media* im September 2023 geräumt, aber dass zumindest ein Teil des Programms und der Seiteninhalte in Deutschland produziert werden, ist offensichtlich. Im Innenministerium scheint man davon nichts zu wissen. Ein Sprecher sagte: „Das Verbreitungsverbot wird in Deutschland in weiten Teilen eingehalten.“[52] Die Realität ist jedoch eine andere: *RT DE* bedient allein über seine Webseiten ein Publikum mit sechs Millionen Zugriffen im Monat, *Sputnik* agiert weiter als „Satellit“ und die Journalisten beider Medien arbeiten unbehelligt weiter.

Wie ist es zum hybriden Krieg gekommen?

In den russischen Staatsmedien wird der Krieg gegen die Ukraine als Abwehrkampf gegen den Westen beschrieben. Nicht

Russland, sondern der Westen sei der Aggressor, er wolle Russland zerstören. Für diese Behauptung werden häufig keine Belege angeführt oder es wird auf die Russophobie verwiesen und unterstellt, der Hass auf Russland sei eine Art unveränderliches Kennzeichen der Westeuropäer und Amerikaner. In der Rolle des Aggressors treten die USA, die NATO, die EU und die Bundesregierung auf.[53] Insbesondere die These von der NATO, die mit ihrer Erweiterung Russland bedrohe, ist häufig zu lesen und hören.

Um die Entwicklung zum hybriden Krieg zu verstehen, hilft ein Blick in die Zeitgeschichte. Bereits Mitte der 90er-Jahre bestimmte geopolitisches Denken die Außenpolitik der Russischen Föderation. Der postsowjetische Raum wurde als „Sphäre lebenswichtiger Interessen" deklariert. Die ehemaligen Sowjetrepubliken galten als „nahes Ausland", in dem Russland als Hegemonialmacht eine dominante Rolle zu spielen habe.[54] Insbesondere die Unabhängigkeit der Ukraine und von Belarus war für die politischen Eliten und weite Teile der Bevölkerung schwer zu akzeptieren, da diese nach russischer Auffassung zur ostslawischen Gemeinschaft mit Russland gehören. Damit war das gemeinsame Erbe der Kyjiwer Rus gemeint sowie die gemeinsame Vergangenheit im Russischen Reich und in der Sowjetunion. Diese Idee hat aber auch eine ethnische Komponente: Viele Russen – dazu gehört auch die russische Führung um Putin – sehen Ukrainer und Belarussen als Teil ihrer eigenen Nation.[55]

Bereits in den 90er-Jahren belastete der Streit um die territoriale Zugehörigkeit der Krim und den Status Sewastopols das Verhältnis zur Ukraine schwer. Sewastopol als Basis der Schwarzmeerflotte und die Krim haben für Russland strategische Bedeutung. Die Duma stellte mit ihren Resolutionen zum Status der Krim und Sewastopols die territoriale Integrität der

Ukraine infrage, schon damals wurde behauptet, diese gehörten zu Russland. Angesichts andauernder revanchistischer Ansprüche Russlands begründete die NATO mit der Ukraine 1997 eine „besondere Partnerschaft". Die Kooperation mit der NATO war eine Reaktion auf die andauernde Bedrohung der Ukraine durch Russland, nicht die NATO bedrohte Russland, wie es die russischen Staatsmedien behaupten.[56] Gleichzeitig wurden mit der Grundakte Russland-NATO die Beziehungen zu Russland ausgebaut, Russland erhielt als einziges Nicht-Mitglied eine Repräsentanz in Brüssel und mit dem NATO-Russland-Rat ein Gremium für Konsultationen. Die Beziehungen Russlands zur Ukraine normalisierten sich, im Freundschaftsvertrag von 1997 wurden die Grenzen der Ukraine anerkannt, auch der Status der russischen Schwarzmeerflotte wurde geregelt.

In der zweiten Hälfte der 2000er-Jahre begann die Putin-Führung dann, stärker eine Weltmachtrolle Russlands einzufordern. Nach der Orangenen Revolution 2004 verfolgte die Ukraine einen aktiveren Westkurs, Russland hatte jedoch seine Ansprüche auf den postsowjetischen Raum als exklusive Einflusssphäre nicht aufgegeben. Die sogenannte Medwedew-Doktrin von 2008 bezeichnete ihn als Sphäre „privilegierter Interessen" und rechtfertigte den Einsatz von Gewalt zur Verteidigung der Rechte von Landsleuten – damit sind Russen und Russischsprachige gemeint.[57] Den Staaten in diesem Einflussgebiet wird de facto nur eingeschränkte Souveränität zugestanden und das Recht der freien Bündniswahl verwehrt. Mit der Ukraine unterhalte Russland „besondere Beziehungen", die sich aus den engen historischen, sprachlichen und religiösen Verflechtungen herleiteten, erläuterte der zuständige Direktor des Außenministeriums Wiktor Sorokin der Autorin. Die Bestrebungen der Ukraine und Georgiens, der NATO beizutreten, riefen den Widerstand Russlands hervor. Der Politologe Dmitrij Trenin warnte, die Ukraine sei für Russland so bedeutsam, weil viele Russen sie als ein anderes Land, aber nicht wirklich als Ausland betrachten würden.[58] Diese Äußerungen zeigen, dass die NATO für Russland als Bedrohung wahrgenommen wird, aber weniger im militärischen Bereich, sondern weil die Allianz die Rolle Russlands als Hegemon in Eurasien in Frage stellt.

Das war aber aus ukrainischer Sicht gerade das Ziel, die Kyjiwer Führung wollte einen Schlussstrich unter ihre Vergangenheit als Teil des russischen und sowjetischen Imperiums ziehen. Da die EU keine Mitgliedsperspektive bot, stellte die NATO eine Lösung dar, die schneller zu verwirklichen schien. Für Russland hingegen hatte es absolute Priorität, diesen Beitritt zu verhindern.

Es lohnt sich, einen genauen Blick auf den NATO-Gipfel in Bukarest im April 2008 zu werfen, wo diese Frage entschieden werden sollte. Putin drohte seinem ukrainischen Amtskollegen Wiktor Juschtschenko im Vorfeld des Gipfels, Russland werde als Antwort auf einen möglichen Beitritt seine Raketen gegen die Ukraine richten. In Bukarest stellte Putin die Staatlichkeit der Ukraine infrage, als er gegenüber George Bush sagte: „Ukraine – das ist nicht einmal ein Staat." Der russische Präsident drohte, die Ukraine würde im Falle der Aufnahme in die NATO aufhören zu existieren.[59]

So vereinbarten die NATO-Mitglieder zwar grundsätzlich, dass die Ukraine und Georgien Mitglieder werden sollten, sie wurden aber nicht in den Vorbereitungsplan MAP aufgenommen. Dieser Formelkompromiss war auf Drängen Deutschlands und Frankreichs zustande gekommen und bedeutete faktisch eine Absage. Für die Ukraine jedoch war der Schutz durch die Allianz angesichts der Drohgebärden des russischen Präsidenten dringlicher denn je.[60] Für die Putin-Führung war der NATO-Gipfel ein voller Erfolg: Jetzt hatte sie freie Hand, die Interessen Russlands im postsowjetischen Raum – getreu der Medwedew-Doktrin – auch militärisch durchzusetzen. Kurze Zeit später, im August 2008, setzte Russland dies im Krieg gegen Georgien in die Tat um, sechs Jahre später in der Ukraine. Außerdem lieferte die NATO das benötigte westliche Feindbild. Die Klagen über eine vermeintliche Bedrohung waren weiterhin möglich, denn grundsätzlich, wenn auch in ferner Zukunft, wurde der Beitritt der Ukraine und Georgiens zur NATO weiter angestrebt.

Die NATO sei tatsächlich eine Bedrohung, schrieb die bekannte Politologin Lilija Schewzowa: „Nachdem sie es nicht gelernt hatte, unter den Bedingungen der Konkurrenz und Freiheit zu leben, kehrte unsere Elite zu dem traditionellen Schema zurück: der Alleinherrschaft, der staatlichen Kontrolle der Wirtschaft und der antiwestlichen Mobilisierung der Gesellschaft." Ein solcher Staat könne nur als Großmacht überleben, der Vasallen hat und sich als belagerte Festung legitimiert. Gäbe es die NATO nicht, würde sich ein anderer Feind finden. Die Ukraine spielt nach Ansicht Schewzowas eine Schlüsselrolle: „Der Anschluss (der Ukraine) an den westlichen Umkreis kann dem System, das heute den Kreml festigt, einen zerstörerischen Schlag versetzen."[61]

Aber Russland unternahm auch aktive Schritte, um den postsowjetischen Raum zu integrieren. Der Einheitliche Wirtschaftsraum EWR (2003) und die Zollunion (2010) sahen einen gemeinsamen Binnenmarkt vor und waren ein Gegenentwurf zur Europäischen Union. Die Organisation des Vertrags über kollektive Sicherheit OVKS (2002) war die russische Antwort auf die NATO. Die Ukraine war aufgrund der starken wirtschaftlichen Verflechtungen mit Russland an der Freihandelszone interessiert, lehnte aber eine Zollunion und die Übertragung nationaler Kompetenzen an die russisch dominierten Gemeinschaftsorgane ab. Auch unter den als prorussisch geltenden Präsidenten Leonid Kutschma und Wiktor Janukowitsch gelang die Einbindung der Ukraine nicht. Russland verfügte über kein attraktives Integrationsmodell, das der Konkurrenz mit der EU hätte standhalten können.[62] Der EWR sei eine „geopolitische Anti-EU", schrieb die Kyjiwer Zeitung *Zerkalo Nedeli*, „der EU äußerlich ähnlich, außer dem Wichtigsten – ohne Demokratie und Rechtssicherheit als Fundament der Zusammenarbeit".[63]

Die Integration unter russischer Ägide verlief nach dem Prinzip des Eintauschens von politischer Loyalität gegenüber Moskau gegen Handelsvorteile und Subventionen in Form günstiger Energiepreise. Diese Politik funktionierte gegenüber Belarus, Kasachstan und Armenien, weniger jedoch bei der Ukraine, Georgien und der Republik Moldau. Bei seiner Integrationspolitik setzte Russland massiv wirtschaftliche Druckmittel ein: Erhöhung der Energiepreise, Lieferstopps und Handelsembargos.[64] Die Integration war für die Ukraine nur nach dem Modell der Wiederherstellung der Hegemonie Russlands und in der Rolle des „jüngeren Bruders" möglich. Diese Machtkonstellation galt bis zum Zerfall der Sowjetunion 1991, wurde nun von der Ukraine aber nicht mehr akzeptiert. Russland wollte sich jedoch von seiner Rolle als ostslawische Führungsnation und Hegemonialmacht nicht verabschieden.

Mit dem Euro-Maidan Ende 2013 erlitt Russland eine ähnliche Niederlage wie schon 2004 bei der Orangenen Revolution. Die russische Strategie, mit einigen Milliarden US-Dollar die Ukraine von der Assoziierung mit der EU abzubringen, ging nicht auf, der korrupte Präsident Janukowitsch floh nach Russland. Mit der Annexion der Krim 2014 und der Entfesselung des Krieges im Donbas sollten die Ansprüche dann mit Gewalt durchgesetzt werden. Das Jahr ist deshalb eine Zäsur, die den Übergang von der hegemonialen zu einer imperialen Außenpolitik markiert. Die Intervention war eine Reaktion auf das Scheitern der Integrationspolitik, so sollte zumindest die Westbindung der Ukraine verhindert werden. Innenpolitisch feiert Russland die Wiederherstellung des Weltmachtstatus, dies wird zur zentralen Legitimationsquelle des Regimes Putin, nachdem die wirtschaftliche Modernisierung gescheitert ist.[65] Die Annexion der Krim bescherte ihm in Umfragen Zustimmungswerte von mehr als 80 Prozent. Dasselbe Phänomen lässt sich nach der großen Invasion von Februar 2022 beobachten: Die Kriege bringen ihm einen Zuwachs der Popularität von jeweils rund 20 Prozent – Putins Strategie geht also auf.[66]

Der hybride Krieg hat also mehrere Gründe: die geopolitische Rivalität mit dem Westen im postsowjetischen Raum, das Scheitern einer friedlichen Integrationspolitik gegenüber der Ukraine, die Feindschaft zum Westen als Instrument der innenpolitischen Mobilisierung sowie – ganz wesentlich – die Restauration des Imperiums als eine Säule der Macht des Regimes. Von der „Wiederherstellung der historischen Gerechtigkeit" sprechen Putin und die politische Elite häufig und davon, dass „Russland sich von den Knien erhebt".[67] Doch was bedeutet das? Russland hat mit dem Zerfall der Sowjetunion 1991 sein Imperium verloren, 14 Sowjetrepubliken, Gebiete, die im Russischen Reich baltische, kaukasische und zentralasiatische Kolonien waren. Die Bolschewiki schrieben sich zwar das Selbstbestimmungsrecht der Völker auf die Fahnen, aber die Rote Armee eroberte diese Gebiete zurück, so zerstörte sie auch den ukrainischen Staat, der von 1918 bis 1920 bestanden hatte.[68] Mit dem Verlust des Imperiums – von Putin als größte geopolitische Katastrophe des 20. Jahrhunderts bezeichnet – sollte

Russland den Weg beschreiten, den zuvor schon andere europäische Staaten gegangen waren: die Habsburger Monarchie zerfiel, das Deutsche Reich, Großbritannien und Frankreich verloren ihre Kolonien. Auch die Ukraine holt mit dem Aufbau ihres Nationalstaats die Entwicklung in Europa im 19./20. Jahrhundert nach.[69] Die empfundene Demütigung Russlands besteht in der imperialen Nostalgie, dem Unwillen, sich mit der europäischen Normalität abzufinden. Deshalb wählt die Putin-Führung den Weg zurück in die Vergangenheit.

Was sind die Ziele des hybriden Krieges?

Anders als bei konventionellen Kriegen wird der Krieg nicht offiziell erklärt, so begann etwa die Annexion der Krim mit der Entsendung von Soldaten ohne Hoheitsabzeichen, der sogenannten grünen Männchen. Dies stiftet Verwirrung und verschafft dem Angreifer einen zeitlichen Vorsprung. Der Krieg ist hybrid, weil er eine Kombination aus verschiedenen Maßnahmen ist. Generalstabschef Walerij Gerasimow sprach Anfang 2013 von der wachsenden Bedeutung nichtmilitärischer Mittel, „die in einer Reihe von Fällen wesentlich effektiver sind als militärische Mittel. Sie werden durch verdeckte militärische Maßnahmen ergänzt, unter anderem durch Maßnahmen der nachrichtendienstlichen Abwehr, Spezialkräfteoperationen und die Nutzung des Protestpotenzials der Bevölkerung“.[70] Der hybride Krieg wurde zunächst in der Ukraine und in Georgien erprobt. Verantwortlich war dafür der Schöpfer der russischen Scheindemokratie Surkow. Seit 2014 war Surkow Putins Berater für die besetzten Gebiete in der Ukraine und Georgien. Dank des von einer ukrainischen Hackergruppe veröffentlichten Schriftverkehrs Surkows weiß man mehr über die Instrumente: von

Medien, Soft Power und PR über wirtschaftliche Druckmittel bis hin zu Protestaktionen und militärischen Einsätzen.[71] Das russische Instrumentarium in westlichen Staaten konzentriert sich auf Spionage, Informationskrieg, Cyber-Attacken, Wahlbeeinflussung und Ermordung von Regimegegnern.[72]

Russlands führender Polittechnologe organisierte maßgeblich die Invasion Russlands in der Ostukraine. Die militanten Separatisten kontrollierte er telefonisch und persönlich, wie ein Foto von Surkow im Kreis der Donbas-Kämpfer dokumentiert.[73] Die Mails von Surkow und seinen Mitarbeitern sind als „Surkov Leaks" bekannt geworden.[74] Russische Mitarbeiter des Militärgeheimdienstes GRU und lokale prorussische Akteure wurden in Stellung gebracht. Mit dem Einsatz von Medien, Provokateuren, bezahlten Demonstranten und gewaltsamen Aktionen sollte so der gesamte Südosten der Ukraine destabilisiert werden. Ziel war die „Balkanisierung" der Ukraine, ein Zerfall in mehrere Landesteile. Dauerhaft konnten allerdings nur die beiden „Volksrepubliken" Luhansk und Donezk im Donbas der russischen Kontrolle unterworfen werden – bis zur großen Invasion vom Februar 2022.[75] Die hybride Kriegsführung knüpft an die schon zu Sowjetzeiten bekannten „aktiven Maßnahmen" politischer Kriegsführung an. Dabei versuchte der KGB, durch gezielte Aktionen den Feind vor der Weltöffentlichkeit in Misskredit zu bringen. Desinformation wurde schon damals verbreitet, neu ist der Einsatz moderner Technologien.

Die Auslandsmedien spielen dabei eine entscheidende Rolle. Der „informative Einfluss auf die öffentliche Meinung im Ausland" ist in der vom Präsidenten bestätigten Konzeption der Außenpolitik verankert.[76] Das Ziel ist, den Gegner so zu manipulieren, dass er Zweifel an seinen Positionen bekommt und im besten Fall russische Interessen verfolgt. Die Taurus-Affäre ist das beste Beispiel: Die Unterstützung der Ukraine erscheint als Katastrophe für das eigene Land und Leben, ängstliche Menschen würden die Lieferung der Raketen kaum befürworten, so das Kalkül. Solche Katastrophenszenarien werden seit zehn Jahren systematisch von den russischen Staatsmedien verbreitet, um die Bevölkerung einzuschüchtern.

Der Euro-Maidan in der Ukraine Ende 2013 gab den Startschuss für eine internationale Medienoffensive, die Putin selbst anordnete. So verfügte er per Erlass die Gründung der Internationalen Informationsagentur *Rossija Segodnja*, die das Nachrichtenportal *Sputniknews* betreibt. Die andere Säule der Auslandsberichterstattung ist das 2005 gegründete Auslandsfernsehen *RT* (vormals *Russia Today*). Der Fernsehsender solle das „angelsächsische Monopol im weltweiten Informationsfluss" brechen, so Putin.[77] *Rossija Segodnja* sieht seine Aufgabe ähnlich.[78] Hauptgegner der Berichterstattung sind die USA, weil sie als wichtigster geopolitischer Gegner und Drahtzieher des Machtwechsels in Kyjiw Anfang 2014 gelten.[79]

Die russischen Auslandsmedien wollen eine in ihrem Sinne „objektive Wahrnehmung in der Welt" erreichen. Führende Medienvertreter betonten, dass sie sich in einem Informationskrieg befinden: *RT*-Chefin Simonjan bezeichnete ihren Sender in einem Interview als eine „Informationswaffe".[80] Simonjan und der Generaldirektor von Rossija Segodnja, Dmitrij Kiseljow, sind als Kommentatorin und Moderator auch im Inland sehr bekannt. Simonjan ist eine eifrige Vertreterin russischer Großmachtansprüche. Russland solle wieder so einflussreich werden wie es die Sowjetunion und das Russische Imperium unter Alexander III. waren, sagte sie in einer Talkshow im russischen Fernsehen. „Das wollen wir sehr und verspüren Nostalgie danach", so Simonjan. Zur Regierungszeit von

Zar Alexander III. im 19. Jahrhundert reichte das Russische Reich vom heutigen Finnland und Polen im Westen bis Zentralasien im Süden und Alaska im Norden.[81] *RT* unterstützt also die Weltmachtansprüche Russlands im Ausland.

Deutschland steht im Fokus der Desinformationskampagnen aus Russland. „Kein anderer EU-Mitgliedsstaat wird heftiger angegriffen als Deutschland", konstatierte die East Stratcom Taskforce des Europäischen Auswärtigen Dienstes im März 2021: Deutschland war mehr als 700-mal Ziel von Angriffen russischer Medien. Im Vergleich: Zu Frankreich wurden 300, Italien 170 und Spanien 40 Fälle seit Ende 2015 dokumentiert.[82] Deutschland ist der größte und bevölkerungsreichste Staat in der EU, dazu war es bis 2022 wichtigster Handelspartner Russlands und Abnehmer von russischer Energie in Europa. Im Jahr 2020 kaufte Deutschland 56 Milliarden Kubikmeter Gas – das ist etwa ein Drittel aller Importe aus Russland nach Europa.[83]

In der Berichterstattung geht es auch darum, die Interessen Russlands als einem der weltweit größten Öl- und Gasexporteure zu befördern. Der Ausbau erneuerbarer Energien in Deutschland wird als unrealistisch dargestellt und die Klimabewegung lächerlich gemacht. Ohne russische Energielieferungen könne Deutschland nicht ausreichend versorgt werden, wird behauptet – hier ist inhaltliche Übereinstimmung mit Lobbyisten wie Mangold zu sehen. Es geht auch um geopolitische Interessen, darum, den Einfluss der USA in Europa zu schwächen und die Bündnispartner in der NATO und EU zu spalten. Russische Experten wie Alexander Dugin plädieren für die Stärkung einer Achse Paris – Berlin – Moskau unter Ausschaltung der USA.[84]

Ein weiteres wichtiges Ziel ist, die Demokratien anzugreifen und zu schwächen. Der Gegensatz zwischen den westlichen liberalen Demokratien und der autoritären Regierungsform in

Russland ist ein ständiges Thema in den russischen Staatsmedien. Die Berichterstattung schafft Feindbilder, indem sie das Eintreten für Werte wie Demokratie, Rechtsstaatlichkeit und Menschenrechte ad absurdum führt und unterstellt, dass der Westen unter dem Deckmantel dieser Werte nur seine Interessen verfolge. Russland hingegen wird als Bewahrer traditioneller Werte und des christlich-orthodoxen Glaubens präsentiert.[85]

Simonjan erklärte in dem oben genannten Interview, wie ihr Sender die Demokratie von innen zersetzen will. Die Strategie von *RT* sei es, im Ausland eine Gegenöffentlichkeit zum Mainstream zu schaffen und damit Nutzer zu gewinnen, dies seien Linke und andere „Kämpfer gegen das System". Diese könne Russland dann als Ressource „im nächsten Informationskrieg" nutzen.[86] Konkret heißt das, dass Kritiker und erklärte Gegner der Demokratie mobilisiert werden, um sie für politische Ziele Russlands zu instrumentalisieren. Die Berichterstattung der deutschen Ausgaben von *RT DE* und *Sputnik/SNA* in den vergangenen zehn Jahren hat gezeigt, dass diese Strategie erstaunlich konsequent umgesetzt wird: Krisen werden genutzt, um Unzufriedene anzusprechen und zu Protesten zu mobilisieren.

Erst die Flüchtlingskrise 2015/2016, der Brexit 2020, dann die Corona-Krise 2020–2023: *RT DE* und *Sputnik* nutzen die Unzufriedenheit der Menschen und steigern damit rasant ihre Nutzerzahlen. Rechte Kreise und Pegida-Aktivisten, EU-Skeptiker und Kritiker der Corona-Maßnahmen finden bei den russischen Staatsmedien eine publizistische Bühne. *RT DE* steigerte seine Anhängerschaft in den großen sozialen Medien Facebook, Youtube, Twitter, Telegram und Instagram auf 1,4 Millionen Nutzer im September 2021 und präsentierte sich als „führende alternative Nachrichtenquelle". *Sputnik/SNA* war weniger erfolgreich und kam auf insgesamt 327.000 Nutzer.[87]

Russlands wichtigster Info-Krieger in Deutschland

Ivan Rodionov sitzt in einem dunklen Studio. Über ihm leuchtet der Schriftzug „Infrarot“. Das ist auch das Motto der Online-Plattform: „Infrarot – Sicht ins Dunkel“. Rodionov ist ein schlanker Mann in seinen späten 50ern, klassisch gekleidet, seine ausgeprägten Mundfalten verraten, dass er viel und gerne redet. Doch heute ist er recht zurückhaltend, denn der Journalist Ulrich Heyden erzählt, wie er von Kollegen und Auftraggebern gemieden wird. „Russlandversteher, das ist ja beinahe ein Verbrechen heute“, bemerkt Rodionov. Er spricht perfekt Deutsch, ohne Akzent. Heyden beklagt die Russophobie und Überheblichkeit der Deutschen. Es war so „ein tolles Bündnis“: die Deutschen mit der Technologie und die Russen mit den Rohstoffen – aber „das wollen die USA nicht“, sagt er. Kein Wort davon, dass Gazprom den Deutschen im August 2022 die Gas-

Abb. 16: *Infrarot*-Chef Ivan Rodionov bedauert, dass es immer weniger Russlandversteher gibt.

leitung zugedreht hatte. Heyden kann nicht verstehen, warum Deutschland die Ukraine unterstützt, er wohnt seit Langem in Russland. „Die Russen hoffen, dass in Deutschland vernünftige Leute an die Macht kommen.“[88] Rodionov schaut betrübt in die Kamera, Heyden spricht ihm aus dem Herzen.

Doch Ivan Rodionov kann auch anders. Seine Spezialität sind scharfe Kommentare, in denen er seine Gegner zerlegt wie ein Koch ein Suppenhuhn. „Achtung! Die folgenden Videos sind für Denkmuffel und Faktenallergiker nicht geeignet!“, steht im Vorspann, „Ivan Rodionov zeigt Dir blinde Flecke und tote Winkel der Mainstream-Medien.“[89] Das hört sich spannend und geheimnisvoll an.

Natürlich kennt Rodionov auch den Mitschnitt des Gesprächs über die Taurus-Lieferung. Also knöpft er sich an diesem Tag, dem 8. März 2024, den Generalleutnant der Luftwaffe Ingo Gerhartz mit seinen drei Offizieren vor.[90] Von der Spionage der russischen Sicherheitsdienste will Rodionov aber nichts wissen. Er spricht lieber über die USA und erinnert an die NSA-Affäre, als die Amerikaner die damalige Kanzlerin belauschten. Während Obama sie als Freund und Partner bezeichnete, „schnüffelte die Spionage-Krake NSA in ihrem Handy herum“, meint er hämisch. Deutschland gilt als „Vasall“ der USA. Den Whataboutism, ein rhetorisches Ablenkungsmanöver, nutzt Rodionov häufig, wie sich noch zeigen wird.

Dann zum Abhörskandal: „Das einzig Skandalöse an ihm soll sein, dass ausgerechnet der Russe mithört, wenn ‚unsere gute alte Luftwaffe‘, wie ihr Oberer sie nennt, den Angriff auf ihn plant.“ Für Rodionov ist der Fall klar: Es handelt sich um einen Angriffsplan der Deutschen. Genüsslich kündigt er die „Bombe im Netz“ an und lässt das Audio von der Besprechung laufen:[91] Eine männliche Stimme sagt: „Da komm ich dann drauf, dass es zwei interessante Targets gibt, einmal so eine Brücke im Osten (die zur Krim, Anm. d. Autorin) und einmal Munitionsdepots." Der Ausschnitt zur Krim-Brücke ist aber ohne den Kontext nicht richtig einzuordnen: Die Offiziere der Luftwaffe sprechen darüber, wie sie Verteidigungsminister Pistorius über die Möglichkeit eines Einsatzes des Marschflugkörpers Taurus in der Ukraine informieren wollen. Dies wird deutlich, wenn man den Mitschnitt komplett hört. Da sagt General Gerhartz zu Beginn: „Wenn wir uns denn mal politisch entscheiden würden, die Ukraine zu supporten damit, wie könnte denn die ganze Nummer am Ende laufen?" Das macht deutlich, dass es nicht um konkrete Pläne, sondern um Möglichkeiten geht, über die der Verteidigungsminister informiert werden soll, damit die Regierung eine Entscheidung treffen kann. Die Offiziere erwähnen mehrfach, dass „der politische Wille" für einen Einsatz da sein müsse. Diesen Kontext liefert Rodionov jedoch nicht.

In dem Gespräch ist die Frage zentral, wie man Taurus mit den notwendigen Daten versorgt, die für die Ziel-Programmierung notwendig sind. Dazu entwickeln die Beteiligten unterschiedliche Szenarien. Rodionov präsentiert genau die Teile des Mitschnitts, in denen Worte „beteiligt ist beteiligt" sowie man müsse „einen Trick pullen" und „stell dir mal vor, das kommt an die Presse" vorkommen. Er folgert daraus: „Die Top-Leute der Bundeswehr fiebern fast schon darauf, ihren teuren Marschflugkörper in der Ukraine zum Einsatz zu bringen" und „beraten sich, wie sie das der Bundesregierung am besten verkaufen, indem sie die Risiken herunterspielen" und sich „auch bei einer Blamage Verschleierungstaktiken zurechtlegen" können. Im Mitschnitt sagen die Offiziere aber abschließend zu den Szenarien, dass diese „keine akzeptable Lösung" seien. Deshalb setzen sie auf die Ausbildung der Ukrainer in Deutschland. Rodionov aber höhnt: „Hauptsache, es kommt nicht an die Presse!“ Durch eine selektive Auswahl von Zitaten schafft er ein Bild von Offizieren, die sich unbedingt in den Krieg gegen die Ukraine einmischen und dafür die Regierung manipulieren wollen.

Das Audio lässt aber einen anderen Schluss zu: Am Schluss der Videokonferenz sagt Gerhartz, dass die Briten und Franzosen Marschflugkörper ähnlichen Typs bereits an die Ukraine geliefert hätten und sich die Bundeswehr nicht drücken wolle. „Hurra schrei ich auch nicht, aber im Moment schießen die (die Ukrainer, Anm. d. Autorin) die Raketen und Flugkörper ab, die uns schon mal nicht treffen können.“ Das hört sich nicht nach einer Bundeswehr an, die darauf fiebert, den Taurus an die Ukraine zu liefern. Das muss Rodionov überhört haben. Für ihn ist klar: „Diejenigen, die die Ostfront-Niederlage immer noch nicht verdaut haben“, seien Nazis. Im Kontext der Sendung ist klar, dass Rodionov damit die Bundeswehr meint.

„Der Austausch der deutschen Militärs wurde in der russischen Propaganda als konkrete Angriffsplanung dargestellt“, schreibt der *Deutschlandfunk*. „In dem Gespräch ist allerdings nicht erkennbar, dass die Offiziere einen Angriff auf die Brücke empfehlen oder für sinnvoll halten. Immer wieder wird deutlich, dass sie ihre Aufgabe darin sehen, der Politik Entscheidungsalternativen aufzuzeigen.“[92] Es fällt auf, dass Rodionovs Kommentar der offiziellen Linie der Russischen Föderation entspricht. So sah auch Kremlsprecher Dmitrij Peskow in der Aufnahme einen Beleg dafür, dass innerhalb der Bundeswehr Pläne für Angriffe auf russisches Territorium inhaltlich und konkret diskutiert würden.[93] Warum also vertritt Rodionov genau die Position des Kremls?

Auf der Seite von *Infrarot* gibt es keine Hinweise auf eine Verbindung zum russischen Staat, im Impressum ist die *Infra-*

rot Medien UG mit einer Adresse in Berlin-Reinickendorf eingetragen. Bei Xing ist Rodionov als Geschäftsführer und Chefredakteur von *Infrarot* angegeben.[94] Außerdem sind noch Jens Zimmer, Arthur Buchholz und Paula P' Cay als Moderatoren aktiv.[95] Vermutlich wissen nicht alle Nutzer von *Infrarot*, dass Rodionov von 2014 bis 2021 Chefredakteur und „Chief Strategy Officer" für den Auslandssender *RT DE* bzw. das ehemalige *RT Deutsch* in Berlin war, Buchholz, Zimmer und P' Cay waren schon damals seine Kollegen.[96] Rodionov ist Russlands Informationskrieger Nr. 1, um bei der Wortwahl von *RT* zu bleiben. Die Verbindung zum Kreml wird absichtlich verschwiegen. So können russische Positionen als scheinbar „alternative" Meinung zum Mainstream verkauft werden. Bei *Infrarot* sind es die „blinden Flecken" des Mainstreams, die gezeigt werden sollen, bei *RT Deutsch* war „der fehlende Part" jahrelang die führende Sendung, auch der russische Auslandssender präsentiert sich als Alternative, die angeblich die Wahrheit zeigt, die andere verschweigen. „Die Wahrheit" ist dabei nichts anderes als die offizielle Linie der Russischen Föderation.

In der frühen Phase der Sowjetunion handelte die Politik getreu der Devise „national in der Form, sozialistisch im Inhalt", um die nichtrussischen Völker für das neue Regime der Bolschewiki zu gewinnen. Jetzt könnte das Prinzip „national in der Form, kremlisch im Inhalt" genannt werden, denn außer dem Streben nach Machterhalt der Putin-Führung und ihrer imperialen Nostalgie gibt es keine Ideologie in Russland. Im Ausland geht es darum, russische Interessen zu befördern und dafür ein Netzwerk aufzubauen – Multiplikatoren der Botschaften des Kremls. Dabei halten die russischen Staatsmedien sich nicht an journalistische Standards, sondern setzen systematisch Desinformation ein. Rodionovs beim Taurus-Leak angewandte Methode, Fakten oder Zitate zu selektieren und sie in einen anderen Kontext zu setzen, ist typisch für die Arbeit von Russlands Info-Kriegern. Der Vorwurf, Deutschland plane einen Angriff auf Russland, ist eine Falschdarstellung, die indirekte Beschimpfung der Bundeswehr als Nazis eine Verleumdung.

Rodionov und Kollegen nutzen die Pressefreiheit in Deutschland für ihre Kampagne gegen die Ukraine und die Bundesregierung – und klagen über angebliche Zensur. In Russland herrscht hingegen tatsächlich Zensur: Nach der Invasion vom Februar 2022 wurden alle noch verbliebenen unabhängigen Medien blockiert oder geschlossen. Kritische Journalisten sind selbst im Ausland nicht sicher. Auf die geflohene Journalistin der *Nowaja Gaseta*, Elena Kostjutschenko, wurde in Deutschland ein Giftanschlag verübt, und es gibt weitere Fälle, wie der Deutschlandfunk im September 2023 berichtete.[97] Die Liste der russischen Opfer von Giftanschlägen ist lang: Litwinenko, Skripal, Nawalnyj … In Russland werden Bürger bei Kritik am Krieg mit Geldbußen oder sogar Gefängnis bestraft, wegen angeblicher „Falschnachrichten" über die russische Armee.[98] Aber in Deutschland verbreiten russische Staatsmedien weiterhin ungestraft ihre Falschdarstellungen und Drohungen, um die Menschen hier zu verunsichern und einzuschüchtern. Wie kann das sein?

Die Videoagentur *Ruptly*, wie *RT* eine Tochterfirma der *TV-Novosti*-Gruppe, hat ihren Sitz ebenfalls in Berlin und war im Sommer 2023 noch aktiv, wie der *Tagesspiegel* herausfand. Da *TV-Novosti* von der EU sanktioniert wurde, hätte *Ruptly* als Tochterunternehmen ebenfalls betroffen sein müssen. Nach der Veröffentlichung des Zeitungsberichts wurden die Türschilder des Unternehmens abmontiert, um nicht mehr von außen sichtbar zu sein.[99] Die Ruptly-Webseite ist im März 2024 nur noch für registrierte Nutzer zugänglich. Nach außen hin geben sie sich unauffällig, so kann die Arbeit in Deutschland weitergehen.

In diesem Jahr haben wir, die russischen Staatsmedien in Deutschland und ich, zehnjähriges „Dienstjubiläum". 2014 gingen die deutschen Versionen von *RT*, damals *RT Deutsch*, und *Sputnik* in Berlin an den Start. Seitdem begleite ich die Berichterstattung in meinen Publikationen kritisch. *Rossija Segodnja* bezog ein Büro im Russischen Haus in der Berliner Friedrichstraße. Chefredakteur wurde Dmitrij Tultschinskij, ein erfahrener Mann, der zuvor schon das Büro von *RIA Novosti* in Berlin geleitet hatte.[100]

Auch *RT Deutsch*-Chefredakteur Rodionov war in Berlin kein Neuling, er leitete bereits die Videoagentur Ruptly. Zuvor war er in führenden Positionen in den Berliner Korrespondentenbüros von *RT* und *RTR* beschäftigt und arbeitete sechs Jahre für das ZDF in Moskau.[101] *RT Deutsch* zog in dasselbe Haus wie *Ruptly* in der Lennéstraße am Tiergarten. Als Russland im März 2014 die Krim annektierte, hatten Ruptly, *RT Deutsch* und *RIA Novosti* bzw. *Sputnik* ihre Feuertaufe: Sie mussten den Deutschen erklären, was es mit der Landnahme auf sich hatte – immerhin der ersten gewaltsamen Grenzverschiebung in Europa seit dem Ende des Zweiten Weltkriegs.[102]

Wie Russen und Deutsche die Annexion der Krim verteidigen

Mit der Annexion der Krim 2014 wurden Rodionov und Tultschinskij einem breiten Publikum bekannt, denn sie waren Dauergäste in den Talkshows. Im „Studio Friedman" behauptete Rodionov, nicht Russland, sondern der Westen habe die Souveränität der Ukraine unterwandert und nannte die Annexion eine Sezession. Es gebe keine Belege dafür, dass Russland Soldaten und Waffen in die Ukraine schicke.[103] Tultschinskij verteidigte in anderen Sendungen die Annexion als notwendig: „Die Zukunft in Kiew verspricht ja nicht so rosa zu werden." Oder er stellte sich unwissend: „Jaja, Russland sagt: Das sind Manöver, Manöver, die erklärt sind, so etwas kommt dabei vor."[104] Auch der *TAZ*-Autorin Barbara Kerneck fiel auf: „Vorgestellt werden sie meist als ‚russische Journalisten'. Praktisch sind sie Regierungssprecher."[105] Dass Vertreter von Staatsmedien die Lesart des Kremls verbreiten, war naheliegend, aber oft wurde dieser Bezug nicht deutlich, weil sie einfach als „russische Journalisten" vorgestellt wurden. Zufall?

Wie die staatliche Kontrolle der Medien in Russland funktioniert, brachten Journalisten des investigativen Mediums *Projekt* 2019 ans Licht. Sie dokumentierten, wie der stellvertretende Leiter der Präsidialverwaltung, Aleksej Gromow, einmal pro Woche die Chefs der landesweiten Medien in seinem Büro versammelt, um mit ihnen die aktuellen Ereignisse zu besprechen und Anweisungen zu geben, wie über sie zu berichten ist. Mit dabei: Margarita Simonjan, die Chefredakteurin von *RT* und *Rossija Segodnja*.[106] *RT Deutsch* und *Sputnik* sind an diese Weisungen gebunden und deshalb nicht so unabhängig, wie sie sich gerne präsentieren. Die Propagandisten im Kreml verstehen es, virtuos die Tatsachen zu verdrehen. Da greift nicht mehr Russland die Ukraine an, nein, im Gegenteil, es ist das Opfer im Krieg. Oder Moskau tritt als Schutzmacht auf, die Russen und Russischsprachige gegen gefährliche Nazis verteidigt. Die angebliche Bedrohung der Russischsprachigen in der Ukraine wurde von zahlreichen Autoren widerlegt, auch die deutsche Repräsentanz bei der EU erklärte, dass es darauf weder im Donbas noch anderswo in der Ukraine Hinweise gibt. Nichtsdestotrotz wird dieses Narrativ seit zehn Jahren verbreitet und steigerte sich bis zum Vorwurf eines Genozids, um Russlands Angriff 2022 zu rechtfertigen – jedoch ohne jeden Beweis.[107] In der russischen Vorstellung gilt die Ukraine als Teil der „russischen Welt" – ein diffuser Begriff, weil immer unklar bleibt, wer darunter zu verstehen ist: ehemalige Bürger der Sowjetunion, ethnische Russen oder generell alle Russischsprachigen. Dann würden auch die etwa drei Millionen Russischsprachigen in Deutschland darunterfallen. Putin lässt diese Frage bewusst offen. „Die Grenzen Russlands enden nirgendwo", das ist eine berühmte Aussage von ihm.[108] Die angebliche Schutzfunktion wird als Vorwand genutzt, um mit Gewalt Grenzen zu verändern.

Es war erstaunlich zu sehen, dass zahlreiche deutsche Politiker und Experten viel Verständnis für Russland und die Annexion der Krim aufbrachten. Alexander Rahr war beispielsweise zu der Zeit Forschungsdirektor beim Deutsch-Russischen Forum und Berater des Energiekonzerns Wintershall, der mit Gazprom einen bedeutenden Anteil an der Gasversorgung Deutschlands hatte. In mehreren Talkshows verteidigte er Putins Vorgehen. Bei Phoenix nannte er das Handeln Putins „verständlich" und betonte die russische Vergangenheit der Krim.[109] Gabriele Krone-Schmalz führte bei „Günther Jauch" aus, dass es sich um eine Abspaltung, eine Sezession handele.[110] Damit übernahm sie genau die Formulierung des Staatsjournalisten Rodionov. In ihrem neu erschienenen Buch *Russland verstehen* schrieb sie: „Die Krim ist ureigenes russisches Land. Was Putin getan hat, ist keine Landnahme, sondern Notwehr unter Zeitdruck."[111] Krone-Schmalz war zu dieser Zeit Mitglied im Lenkungsausschuss des Petersburger Dialogs und saß im Kuratorium des Deutsch-Russischen Forums. Bereits 2008 hatte ihr der damalige russische Botschafter Wladimir Kotenjow die Puschkin-Medaille verliehen, per Erlass verfügt von Putin.[112]

Der ehemalige SPD-Chef und zu der Zeit Vorsitzende des Deutsch-Russischen Forums, Matthias Platzeck, war ebenfalls medial sehr präsent. Platzeck warnte vor einer Verschlechterung der Beziehungen mit Russland, kritisierte die Sanktionen der EU und erregte viel Aufsehen mit seiner Forderung, die Annexion der Krim zu legalisieren. „Die Annexion der Krim muss nachträglich völkerrechtlich geregelt werden, sodass sie für alle hinnehmbar ist“, sagte Platzeck laut *Zeit online*. Der SPD-Politiker forderte den Westen auf, Präsident Putin gewähren zu lassen: „Der Klügere gibt auch mal nach.“[113]

Deutsche und Russen harmonierten auf fragwürdige Art und Weise: Während die russischen Journalisten ihre Staatsführung verteidigten, zeigten die deutschen Experten viel Verständnis und drängten darauf, das gute Verhältnis nicht durch Sanktionen zu gefährden. Eine solche Appeasement-Politik würde den Konflikt beilegen, so ihre Erwartung.[114] Eine Untersuchung der Universität München bestätigte diese Tendenz in der deutschen Berichterstattung. Die Analyse von 30 Talkshows im deutschen Fernsehen zeigte, dass „die Entspannungspolitiker gegenüber den Eindämmungspolitikern in der Mehrzahl“ und auf russischer Seite vornehmlich staatliche und staatlich kontrollierte Medienvertreter präsent waren. Die Ukraine war hingegen bei einem Drittel der Sendungen mit keinem Gast vertreten.[115]

Zahlreiche Prominente veröffentlichten im Dezember 2014 einen Aufruf „Wieder Krieg in Europa? Nicht in unserem Namen!“ – unter ihnen Altkanzler Gerhard Schröder, Vertreter der Wirtschaft und Experten. Darin zeigten sie sich besorgt, dass bei Amerikanern, Europäern und Russen (in der Reihenfolge!) der „Leitgedanke, Krieg aus ihrem Verhältnis dauerhaft zu verbannen, verloren gegangen" sei. „Anders ist die für Russland bedrohlich wirkende Ausdehnung des Westens nach Osten ohne gleichzeitige Vertiefung der Zusammenarbeit mit Moskau, wie auch die völkerrechtswidrige Annexion der Krim durch Putin, nicht zu erklären." Die Unterzeichner riefen die Regierung auf, eine neue Entspannungspolitik in Europa zu betreiben.[116] Entspannung als Antwort auf Russlands Aggression – diese Strategie führte im Jahr 2022 direkt in den Krieg.

Die Männer der ersten Stunde: ein Rechtsextremist und andere Putin-Bewunderer

Damals wunderte ich mich, welche Kräfte 2014 für den Start von *RT* in Deutschland Werbung machten. Mir fiel auf, dass *RT* grundsätzlich mit jedem kooperierte und keine Scheu vor Extremisten hatte. Die entscheidenden Kriterien schienen zu sein, dass die deutschen Aktivisten die USA und die eigene Regierung hassen, aber den autoritären Führer Putin bewundern. Von Anfang an arbeiteten die russischen Staatsjournalisten mit deutschen Partnern zusammen, um die Breitenwirkung zu beschleunigen. Für *RT* in Deutschland trommelte der ehemalige ARD-Journalist und politische Aktivist Christoph Hörstel, er kontaktierte die Chefredakteure russischer Medien und fuhr sogar eigens nach Moskau, um beim Sprecher des Präsidenten für den Sender zu werben. Sein Mitstreiter war Wjatscheslaw Seewald, Betreiber von Seewald TV und Spezialist für Esoterik, der auf seiner Webseite Videos zu übernatürlichen Kräften verbreitet; in einem wird Putin als „Gesandter Gottes“ bezeichnet.[117] Beide starteten eine Online-Petition für den Start von *RT Deutsch*. Diese war allerdings wenig erfolgreich, denn es kam nur ein Bruchteil der angestrebten Unterschriften zusammen.

Ebenfalls Männer der ersten Stunde waren Jürgen Elsässer und Ken Jebsen – sie sind bis heute wichtige Akteure in Russlands Netzwerk. Der Chefredakteur des inzwischen als rechtsextrem anerkannten Magazins *Compact* ist ein bekennender Bewunderer von Russlands Präsident Putin – wegen seines autoritären Führungsstils, seines Nationalismus und seiner antiwestlichen Haltung. Der *Compact*-Chef rühmte sich in einer Rede: „Ich bin natürlich ein Putin-Versteher und ich bin stolz darauf“.[118] Im September 2014 widmete er einen ganzen Abend bei „Compact live“ dem Thema „*RT* auf Deutsch – Nachrichten gegen die Mainstream-Propaganda“. Elsässer ließ Putins Reden ins Deutsche übersetzen und veröffentlichte diese in einer *Compact*-Sonderausgabe. Bei der Veranstaltung las seine Mitarbeiterin Yasmine Pazio ein Grußwort von Chefredakteur Rodionov vor. Der zeigte sich in dem Brief begeistert, wie aktiv Elsässer und Co gegen die aus seiner Sicht „aggressive Medienkampagne gegen Russland“ kämpfen wollten. Elsässer verkündete, dass nun Frau Pazio – die sich als Mitherausgeberin von *Putins Reden an die Deutschen* bewährt hatte – das Team von Rodionov verstärken werde.[119]

Ken Jebsen war seinerzeit Elsässers engagierter Mitstreiter. Der Journalist, der nach Antisemitismusvorwürfen den RBB hatte verlassen müssen, war ebenfalls pro Putin und klar gegen die NATO und die USA eingestellt. Im Kampf gegen die aus seiner Sicht gleichgeschalteten Medien betrieb er das inzwischen eingestellte Portal *Ken FM*. Bei seinen stakkatoartigen Reden in der Öffentlichkeit überschlug sich fast seine Stimme beim Thema NATO und angeblich manipulierten Mainstream-Medien. Zur besseren Information empfahl er den Anwesenden sogenannte alternative Medien wie *Ken FM* und *RT*. Das Duo trat bei Montagsdemonstrationen und anderen Aktionen der Querfront auf, die schon 2014/2015 in der NATO und nicht etwa in Russland den Aggressor sah. Beide waren auch Kommentatoren in russischen Medien in Russland selbst, wo Jebsen Putin als besonnenen Staatsmann lobte und Elsässer gegen die „amerikanische Besatzung" Deutschlands wetterte.[120] Für Elsässer war die Kooperation mit Russland attraktiv, da er Unterstützung bei der Organisation seiner jährlichen Konferenzen erhielt. 2014 richtete Elsässers *Compact*-Magazin zusammen mit dem russischen Institut für Demokratie und Kooperation in Paris (Institut de la Démocratie et de la Coopération – IDC) die sogenannte „Friedenskonferenz" in Berlin aus, an der auch der Putin-Vertraute Wladimir Jakunin teilnahm.[121] Zwischen 2012 und 2015 richtete *Compact* mit diesem Institut insgesamt vier sogenannte „Konferenzen für Souveränität" aus.[122] Das Institut ist zwar formal unabhängig, wird aber von Russland finanziert. Die Direktorin der Pariser Filiale, Natalia Narotschnitzkaja, ehemals Duma-Abgeordnete der nationalistischen Partei „Rodina", wurde von Präsident Putin persönlich ernannt.[123]

Elsässer, Jebsen, Hörstel und Seewald kooperieren mit *RT* im Sinne einer Medienpartnerschaft, damit ist das gegenseitige Interviewen und Zitieren, die Berichterstattung über Veranstaltungen und Werbung für die Medien der Partner gemeint. Eine andere Kategorie bilden Experten, Journalisten und Politiker, die nicht offensichtlich organisatorisch eingebunden sind, die aber die russischen Narrative inhaltlich unterstützen, indem sie Ansichten verbreiten, die diesen sehr nahekommen. Dies trifft insbesondere auf den ehemaligen Bundeskanzler Gerhard Schröder, die Journalistin Gabriele Krone-Schmalz und den Russland-Experten Alexander Rahr zu, aber auch auf viele andere Personen des öffentlichen Lebens. Diese hatten in der Anfangsphase einen weit größeren Einfluss als die russischen Staatsmedien, denn sie traten bei landesweiten Sendern und überregionalen Medien auf, während *RT* und *Sputnik* erst noch ihr Publikum erobern mussten. Die deutschen Fürsprecher des russischen Präsidenten waren in der Anfangsphase Russlands schärfste Waffen im Informationskrieg.[124] Aber das sollte sich ändern: *RT Deutsch* wandelte sich zur führenden Plattform für Kritiker der Flüchtlingspolitik und Querdenker und setzte sich an die Spitze der „alternativen Medien".

5. Die Alternative für Deutschland – Putins willige Helfer

PR-Einsatz in Syrien

Herbst 2015: Die Annexion der Krim ist ein Jahr her, da steigen russische Kampfflieger in den Himmel über Syrien und lassen Bomben herabfallen. Russland ist wieder da, als Weltmacht – das ist die Botschaft, die Putin an die internationale Gemeinschaft schickt. Russland bekämpft an der Seite des syrischen Diktators Assad Terroristen des Islamischen Staats, so die offizielle Begründung. Für die russische Führung geht es aber um weit mehr: Russland füllt das Machtvakuum, das die USA im Nahen Osten hinterlassen haben, und will sich als Weltmacht profilieren. Der Arabische Frühling, der Sturz von Diktatoren durch demokratisch gesinnte Demonstranten, ist für die Putin-Führung ein rotes Tuch, genau wie die Farbrevolutionen in den Nachbarstaaten. Russland stützt Assad im Bürgerkrieg: mit Kampfjets in der Luft und Söldnern der „Gruppe Wagner" am Boden. Die Staatsmedien in Russland feiern die Soldaten als Helden – ein neuer Höhenflug des Patriotismus ergreift das Land.[1]

November 2019: Der Krieg dauert bereits vier Jahre, das Interesse der Russen lässt nach, die Kritik der westlichen Staaten an der Kriegsführung nimmt dagegen zu. Tausende von Zivilisten finden den Tod, Millionen sind geflohen. Die russisch-syrische Allianz bombardiert nicht nur Stellungen des IS, sondern auch Wohngebiete und Krankenhäuser. Für die Angriffe auf zivile Infrastruktur war nach einem Bericht des UN-Menschenrechtsrats auch die russische Luftwaffe verantwortlich.[2] Genau zu diesem Zeitpunkt, als der Krieg sich in der Wahrnehmung der internationalen Öffentlichkeit von einem Heldeneinsatz zur Schlachtbank für Zivilisten wandelt, machen sich fünf Bundestagsabgeordnete nach Syrien auf: zu Vertretern des Assad-Regimes in Damaskus. Während russische und syrische Luftstreitkräfte die Provinz Idlib bombardieren, verkünden die Abgeordneten nach den Gesprächen Neuigkeiten: Die Lage sei „absolut friedlich und sicher", behauptet der Bundestagsabgeordnete Waldemar Herdt. Sein Kollege Steffen Kotré pflichtet ihm bei, dass der Krieg „nahezu aus" sei.[3] Herdt und Kotré sind Abgeordnete der Partei Alternative für Deutschland. Mit dabei: die russische Videoagentur Ruptly.

Das Video über die Reise wird bei *Ruptly* veröffentlicht[4] und von *RT Deutsch* weiterverbreitet: Delegationsleiter Frank Pasemann fordert mit Blick auf die syrischen Flüchtlinge in Deutschland, dass „die Gäste auch wieder nach Hause gehen" und die Sanktionen gegen Syrien beendet werden.[5] Auch *Sputnik* widmet sich ausführlich der Syrien-Reise und zitierte den Abgeordneten Udo Hemmelgarn: „Sie können heute schon in Syrien Urlaub machen."[6] Dies widerspricht der zu dieser Zeit bestehenden Reisewarnung des Auswärtigen Amtes, das alle Deutschen zur sofortigen Ausreise auffordert – diese ist bis heute aktuell.[7]

Das Auswärtige Amt verurteilte Ende Januar 2020 die Offensive der Regierungstruppen und ihrer russischen Verbündeten in der Provinz Idlib als „eklatanten Verstoß gegen das

Abb. 17: Während Putins und Assads Kampfjets Syrien bombardieren, verkünden AfD-Politiker den Frieden und raten den Deutschen, dort Urlaub zu machen.

humanitäre Völkerrecht". Erneut seien Zivilisten und zivile Objekte wie Krankenhäuser angegriffen worden. Die humanitäre Lage in Idlib sei „katastrophal", teilte das Auswärtige Amt mit.[8] Die Äußerungen der AfD-Politiker muten angesichts der tatsächlichen Zustände in dem Bürgerkriegsland zynisch an. Das stört die russischen Staatsmedien jedoch wenig, denn wichtiger ist die Botschaft: Die AfD stellt Russlands Eingreifen in Syrien in einem guten Licht dar und rechtfertigt sie, was angesichts der hohen Opfer unter den Zivilisten durchaus fragwürdig ist. Auch die AfD-Politiker profitieren: Die russischen Medien bieten ihnen eine Bühne, um sich als Politiker von internationalem Format in Szene zu setzen und ihre Kritik an der Aufnahme von Flüchtlingen zu verbreiten.

Wie Russland die Flüchtlingskrise nutzt

In Deutschland setzt die Flüchtlingskrise die Regierung von Angela Merkel erheblich unter Druck. Merkels „Wir schaffen das“ und die „Willkommenskultur“ gegenüber den Geflüchteten aus Syrien müssen sich an der Bewältigung der Probleme messen lassen. Der Kreml erprobt nun in Deutschland zum ersten Mal eine Strategie, die auch in den folgenden Jahren erfolgreich sein wird: Die Krise nutzen, um die Gesellschaft zu destabilisieren und die Menschen zu verunsichern. Die Staatsmedien *RT* und *Sputnik* sind die ausführenden Organe, ihre Instrumente: Falschnachrichten und überzogene Krisenszenarien. Wie *RT*-Chefin Simonjan erklärt hatte, sollen Kräfte des politischen Randes und „Kämpfer gegen das System“ angesprochen und mobilisiert werden, das sind zu der Zeit: die islamkritische Bewegung Pegida und die Alternative für Deutschland. Diese werden als „Ressource im Informationskrieg“ genutzt, mit Russland eint sie der gemeinsame Gegner: die Bundesregierung.

Während die Putin-Führung in Syrien mit dafür verantwortlich ist, dass Millionen von Flüchtlingen nach Europa strömen, schüren ihre Staatsmedien in Deutschland den Hass gegen Fremde. Die Flüchtlinge werden als Gefahr für die einheimische Bevölkerung dargestellt. Ihren Höhepunkt findet die Agitation mit dem bekannten „Fall Lisa“. Der Fall eines angeblich von Flüchtlingen entführten und vergewaltigten 13-jährigen, russlanddeutschen Mädchens aus Berlin-Marzahn sorgte im Januar 2016 für Empörung – zahlreiche Russlanddeutsche protestierten, Außenminister Sergej Lawrow kritisierte die Ermittlungen. Der Vorwurf der Vergewaltigung musste später fallengelassen werden – der Kontakt war einvernehmlich gewesen. Dennoch wurde einer der Männer verurteilt, weil das Mädchen jünger als 14 Jahre war und er dies wusste. Der russische TV-Sender Erster Kanal hatte den Fall ins Rollen gebracht. *RT Deutsch*-Chefredakteur Rodionov wies die Vorwürfe, russische Medien würden Stimmung gegen Migranten machen, zurück. Nach der bewährten Methode des Whataboutism lenkte der Auslandssender von den Vorwürfen ab, indem er die deutschen „russophoben Mainstream-Medien" beschuldigte, den Fall aufgebauscht zu haben. Wiederholt klagte *RT Deutsch*, deutsche Medien würden „Hetze gegen Russland" betreiben und „negative Stimmungen gegen Russland" schüren.[9] Westliche Kritik wird traditionell als Russophobie dargestellt.

Merkel steht in dieser Zeit ganz oben auf der Liste der Feinde im Informationskrieg, vor allem wegen ihres Eintretens für Sanktionen gegen Russland infolge der Annexion der Krim. Ziel ist, die Regierung auf dem Feld der Migrationspolitik zu schlagen. Die AfD hat dasselbe Ziel. Insbesondere im Wahljahr 2017 häufen sich bei *RT Deutsch* und *Sputnik* Berichte darüber, dass Merkel mit den Flüchtlingen nicht fertig werde, ihre Migrationspolitik gescheitert sei. Ihr wird sogar nationalsozialistisches Gedankengut unterstellt und behauptet, sie wolle in der Ukraine wie einst die Nazis neuen Lebensraum für Deutschland schaffen. Die AfD wird häufig zitiert und interviewt: Forderungen von AfD-Politikern, wie etwa, Merkel vor Gericht zu stellen und ihre Regierung abzulösen, passen perfekt in die tendenziöse Berichterstattung.[10]

Tragen die russischen Staatsmedien zur Radikalisierung der Nutzer in Deutschland bei? Der Wissenschaftler Carsten Reinemann von der LMU München hat die Nutzer von *RT DE* untersucht. „*RT DE*-Nutzende sind außerordentlich politisch interessiert, verorten sich politisch deutlich häufiger als ‚rechts' und wählen sehr viel häufiger die AfD und zumindest etwas häufi-

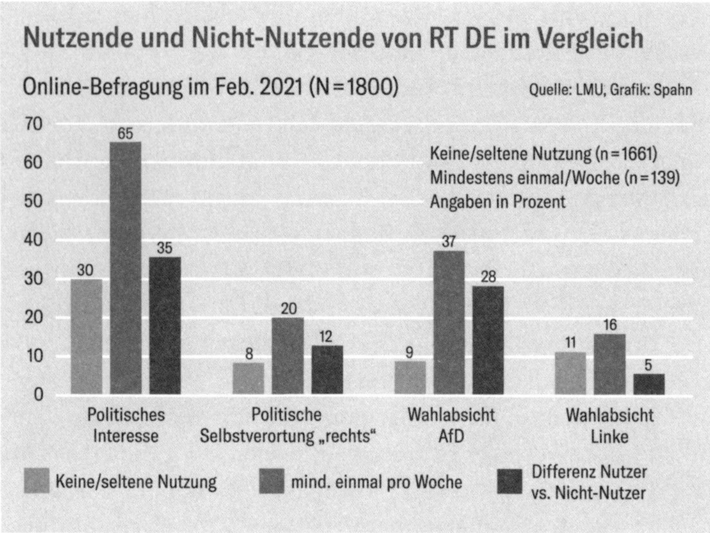

Abb. 18: Nach einer Untersuchung der Universität München verorten sich die Nutzer von *RT DE* häufig im rechten politischen Spektrum.

ger die Linke", schrieb Reinemann in einem Bericht.[11] Da sich mehr als die Hälfte der häufigen Nutzer von *RT DE* aber *nicht* als AfD-Wähler einordnet, ist die Nutzerschaft relativ heterogen. Viele Nutzende mit starken Einstellungen würden sich bewusst *RT DE* zuwenden, meint der Forscher, weil es ihren eigenen Prädispositionen entspreche. Bei Intensivnutzenden könne es aber zu eine Extremisierung ihrer Ansichten kommen.[12]

Der inoffizielle Bündnispartner Russlands

Die AfD entwickelte sich im vergangenen Jahrzehnt zu einem inoffiziellen Bündnispartner Russlands. Offiziell wird eine „Nähe zum russischen Präsidenten" zurückgewiesen, wie die

AfD-Vorsitzende Alice Weidel im März 2024 sagte.[13] Auffällig ist jedoch, dass Teile der Partei einen intensiven Kontakt zu russischen offiziellen Stellen pflegen. AfD-Gründungsmitglied Alexander Gauland gab 2014 die Richtung vor, als er beim Bundesparteitag in Erfurt die Annexion der Krim als „Sammeln russischer Erde" verteidigte und um Verständnis für Russland warb.[14] Gauland und andere AfD-Politiker wurden in der Botschaft Russlands in Berlin zur „strategischen Beratung" empfangen, Gauland befürwortete einen „regelmäßigen konstruktiven Austausch mit den Russen".[15] Die Parteispitze, vertreten durch Gauland oder Frauke Petry, war wiederholt in Moskau, die beiden amtierenden Vorsitzenden Weidel und Chrupalla trafen 2020/2021 Außenminister Lawrow und Abgeordnete der Duma.[16] Der Austausch hält bis heute an, der Krieg gegen die Ukraine ist dabei kein Hindernis. Zur Feier des Siegs über die Nationalsozialisten fanden sich Gauland und der Ko-Vorsitzende Tino Chrupalla 2023 in der russischen Botschaft ein, an ihrer Seite Altkanzler Schröder, der frühere SED-Generalsekretär Egon Krenz und Klaus Ernst (Die Linke). Die illustre Runde zeigt anschaulich die Kräfte, die das Putin-Regime bis heute besonders aktiv stützen.[17]

Abgeordnete der AfD, auf Landes- wie auf Bundesebene, fallen immer wieder dadurch auf, dass sie Reisen unternehmen, die russischen Interessen dienen – der Auftritt bei Assad in Syrien ist kein Einzelfall. So fuhren die Volksvertreter nach Russland, in die sogenannten Volksrepubliken im Donbas und auf die Krim. Nach Recherchen des *Tagesspiegels* waren es allein im Jahr 2018 mindestens zwölf Reisen zu Kongressen oder Wahlbeobachtungsmissionen. Die Einladung erfolgte meist von Russland oder kam aus den besetzten Gebieten in der Ukraine. Die AfD-Politiker bestätigten den örtlichen Machthabern, dass die Wahlen frei und fair abgelaufen seien – dies stand im Widerspruch zu dem Urteil der Wahlbeobachtungsmissionen der OSZE, wenn diese überhaupt zugelassen waren.[18] Diese Aktivitäten der Abgeordneten der AfD (und der Partei die Linke) griffen russische Medien freudig auf. Die Botschaft an das Publikum in Russland: Wir sind nicht isoliert, westliche Demokraten bestätigen die Korrektheit der Wahlen.[19]

Laut einer Recherche der Zeitung *Die Welt* unternahmen AfD-Abgeordnete bis 2020 mehr als 100 Reisen, auch in den Kaukasus und andere wichtige Regionen.[20] Einige AfD-Politiker halten trotz der großen Invasion Russlands daran fest. So fuhren drei Landtagsabgeordnete aus Bayern zur Beobachtung der Präsidentschaftswahl 2024 nach Russland, sie waren als „Demokratie-Experten" eingeladen worden.[21] Auch 2022/2023 besuchten Bundes- und Landtagsabgeordnete Russland.[22]

Markus Frohnmaier ist einer der Abgeordneten, die sich am aktivsten für die Annäherung an Russland einsetzen. Bereits als Vorsitzender der Jungen Alternative, der Jugendorganisation der AfD, führte er Gespräche mit Putin-nahen Jugendbewegungen und vereinbarte einen regelmäßigen Austausch.[23] Ein Strategiepapier, das im April 2017 in der russischen Präsidialverwaltung einging, empfahl die Unterstützung Frohnmaiers im Wahlkampf: „Er wird ein unter absoluter Kontrolle stehender Abgeordneter im Bundestag sein."[24] Dies zeigt, dass die AfD nicht nur für propagandistische Zwecke, sondern auch als Möglichkeit politischer Einflussnahme in Deutschland interessant ist. Frohnmaier sitzt bis heute im Bundestag, er ist Pressesprecher der AfD.[25]

Der absolute „Reisekönig" dürfte aber Wladimir Sergijenko sein, ein ukrainisch-stämmiger Mitarbeiter von MdB Eugen Schmidt. Er besuchte Russland allein in der Zeit seit der großen

Invasion 18-mal. Dafür gab es gute Gründe, wie das russische Investigativ-Medium *The Insider* und der *Spiegel* herausfanden: Sergijenko arbeitete für einen Agenten des FSB und erhielt Anweisungen, wie die Lieferung von Ausrüstung an die Ukraine, insbesondere die Leopard-Panzer, aufzuhalten oder mindestens zu verlangsamen sei. Zu diesem Zweck sollte er einen Prozess initiieren. Am 1. März 2023 vermeldete Sergijenko seinem Auftraggeber in Moskau erste Erfolge: „Die Arbeit der Regierung wird behindert. Die Situation ist vorteilhaft für uns, weil die Panzer entweder viel später als geplant geliefert werden oder es wird eine gerichtliche Verfügung geben." Ein anderer Auftrag war, einen Brief an Papst Franziskus zu verfassen, in dem die Verfolgung von Christen in der Ukraine behauptet wird. Der Brief wurde geschrieben und unterzeichnet von mehreren AfD-Abgeordneten.[26] Am 2. Februar 2024 gab Sergijenko seine Tätigkeit im Bundestag auf, sein Chef Schmidt sprach von einer Kampagne der Medien gegen die AfD.[27] Die Fälle Frohnmaier und Sergijenko demonstrieren überdeutlich: Der Bundestag ist als Einfallstor für russische Spionage und Einflussnahme extrem gefährdet. Mit allen verfügbaren Mitteln versucht Russland, die Unterstützung der Ukraine zu verhindern.

Es ist für eine politische Partei legitim, gute Kontakte zu Russland zu pflegen. Fragwürdig ist dies aber dann, wenn diese Kontakte zur Verbreitung extremistischer, demokratiefeindlicher Inhalte genutzt werden. Aber genau darum geht es der Putin-Führung: die Demokratien zu schwächen – und dafür nutzt sie die AfD. Nicht bei der gesamten Partei, aber bei Teilen ist erwiesen, dass sie der Demokratie feindlich gegenüberstehen. Die AfD-Landesverbände Thüringen, Sachsen und Sachsen-Anhalt wurden vom Verfassungsschutz als rechtsextrem eingestuft.[28] Die Gesamtpartei gilt als rechtsextremistischer

Verdachtsfall, das Oberlandesgericht Münster bestätigte dies im Mai 2024.[29] Spionage und Anwerbung von Abgeordneten der AfD sind daher eine reale Gefahr für die Sicherheit Deutschlands, weil Russland hier einen demokratiefeindlichen Partner gefunden hat. Fragwürdig ist auch, dass sich deutsche Abgeordnete dem Regime andienen, indem sie Putins Scheindemokratie und seinen Eroberungszügen das Gütesiegel der Bundesrepublik Deutschland verleihen und sich zu Marionetten der staatlichen Propaganda machen.

Es ist auffällig, wie führende Politiker der AfD Narrative zum Krieg gegen die Ukraine übernehmen. Parteichef Chrupalla etwa machte die USA dafür verantwortlich, als er im Bundestag sagte: „Es gibt nur einen Gewinner, und dieser Gewinner heißt USA." Der Spitzenkandidat zur Europawahl im Juni 2024, Maximilian Krah, sieht Deutschland als „Vasall der USA" und setzt auf eine multipolare Weltordnung, die das Ziel hat, die Supermachtrolle Amerikas zu beenden. Er hofft auf den Erfolg des russischen Angriffskrieges, um die Macht des Westens zu brechen.[30] Russische geopolitische Vordenker wie Sergej Karaganov, Ehrenvorsitzender des Rats für Außen- und Verteidigungspolitik, sehen das ähnlich. Demnach ringt China mit den USA um die globale Dominanz, wobei Russland an der Seite Chinas als zukünftiger Gewinner aus diesem Kampf hervorgehen wird. Die Ukraine ist Feld des Kampfes Russlands gegen den Westen. „Amerika wird zweifellos eine große Niederlage in so einem Krieg an zwei Fronten (gemeint sind Russland und China, Anm. d. Autorin) erleiden", sagte Karaganov 2022 bei einem Fernsehauftritt.[31]

War die AfD zur Zeit ihrer Gründung noch in den westlichen Strukturen verankert, hat sich mit den Jahren ein antiwestlicher Konsens herausgebildet. In ihrem Beschluss zur Europawahl

2024 sprach sich die AfD gegen „jegliche Dominanz außereuropäischer Großmächte in der europäischen Außen- und Sicherheitspolitik“ aus, womit die USA gemeint sind, und forderte eine multipolare Weltordnung.[32] Damit teilt die AfD zentrale Ziele der Russischen Föderation. Die AfD und die Linke stimmten im April 2022 als einzige Parteien im Bundestag gegen die Lieferung schwerer Waffen an die Ukraine.[33]

Unterstützt Moskau eine Querfront in Deutschland?

Die investigative britische Journalistin Catherine Belton veröffentlichte im April 2023 in der *Washington Post* Dokumente, die belegen, dass der Kreml in Deutschland eine Koalition von rechten und linken Kräften fördern will, um die Bundesregierung und ihre Unterstützung für die Ukraine zu schwächen. Die Dokumente belegen die Treffen von hochrangigen Kremlfunktionären mit politischen Strategen von Juli bis November 2022 und waren Belton von einem europäischen Geheimdienst übergeben worden. Sie belegen die direkten Versuche Moskaus, in die deutsche Politik einzugreifen. Demnach solle eine Koalition aus der Politikerin Sahra Wagenknecht, der Linken und der AfD geschmiedet und Proteste gegen die Regierung unterstützt werden.[34] Am 13. Juli 2022 lud der erste stellvertretende Leiter der Präsidialverwaltung, Sergej Kirijenko, eine Gruppe von Politikberatern ein und teilte ihnen mit, dass „der Fokus“ bei Moskaus Aktivitäten in Europa auf Deutschland liegen solle. Die Dokumente zeigen die Bemühungen der Strategen, die Pläne zu implementieren, aber sie geben keine Auskunft darüber, wie die potenziellen Verbündeten zu kontaktieren seien.

Der Ex-Mann Wagenknechts, Ralph Niemeyer, bestätigte, zu der Zeit, als die Pläne ausgearbeitet wurden, Gespräche mit hochrangigen Kreml-Beamten in Moskau geführt zu haben. Er sagte der *Washington Post*, dass es „einige Personen in Russland" gebe, die „ein Interesse" an einer Union von Wagenknecht und der Rechten hätten. Dazu gehöre Putins Sprecher Peskow. Die Russen „würden sie (Wagenknecht, Anm. d. Autorin) sofort unterstützen". Niemeyer selbst hat offenbar keine Probleme mit rechtsextremen Akteuren, so trat er im April 2021 mit *Compact*-Chefredakteur Elsässer bei einer Demonstration am Brandenburger Tor auf.[35]

Die Dokumente zeigten auch, wie die zahlreichen Reisen der AfD finanziert wurden: über das Budget des Kremls und die Stiftung „Russische Welt". Belton verwies darauf, dass es auffällig sei, dass Politiker der AfD zu der Zeit begannen, Wagenknecht im Bundestag und bei Protesten zu unterstützen. Wagenknecht dementierte jede Beteiligung an einer möglichen Allianz mit der AfD auf Anregung des Kremls. Die AfD ließ Beltons Anfrage unbeantwortet.[36]

Im April 2024 veröffentlichte auch der *Spiegel* Auszüge aus einem internen Dokument der russischen Präsidialverwaltung. Dieses „Manifest" sei im Herbst 2022 ausgearbeitet worden, der Auftraggeber sei Kirijenko gewesen.[37] Diese Informationen decken sich mit dem, was die *Washington Post* ein Jahr zuvor geschrieben hatte. Laut „Manifest" werde Deutschland aktuell von der „Partei der Feinde Deutschlands" regiert. Diese müsse durch die „Partei der Freunde Deutschlands" abgelöst werden. Unzweifelhaft sei, dass die AfD als Letztere betrachtet werde, so der *Spiegel*. Die Belege der Einflussnahme verdichten sich also, es gibt jedoch keinen Beweis, dass die AfD diese Papiere erhalten hat. Ob die moskautreuen Abgeordneten der AfD nun nach dem Plan des Kremls handeln oder aus eigener Motivation, bleibt unklar. Möglicherweise trifft beides zu.

Kremlfreunde aller Länder, vereinigt Euch!

Eine seriös wirkende Plattform im Internet, gelbe Sterne auf blauem Grund, der Name: *Voice of Europe*. Das Design ähnelt der offiziellen Webseite der EU und ist von der Bezeichnung her fast identisch mit der Seite „Voice**s** (Plural!) of Europe", die die Reden aller Staats- und Regierungschefs im Europäischen Parlament wiedergibt.[38] Demnach zu urteilen, müsste es sich um ein EU-nahes Medium handeln. In der Tat, auf der Seite schauen zahlreiche Mitglieder des Europäischen Parlaments (MEP) auf Fotos lächelnd in die Kamera. Bei näherem Hinsehen zeigt sich aber, dass die MEPs eine recht distanzierte Haltung zur EU haben. Roman Haider von der FPÖ etwa wird auf der Seite für seine „standhafte Haltung zur nationalen Souveränität" gelobt und dafür, dass er die Interessen der Österreicher vertritt und nicht die „der transnationalen Holdings und der liberalen EU-Politiker auf ihren Gehaltslisten".[39] Der estnische Abgeordnete Jaak Madison äußert sich zuversichtlich: „Es kann 20 bis 30 Jahre dauern, aber die EU wird kollabieren."[40] Auch der ehemalige AfD-Spitzenkandidat für die Europawahlen Krah ist dabei. Dort bedient der „praktizierende Katholik" und Vater von „acht Kindern" das russische Narrativ vom Westen, der angeblich einen Krieg gegen Russland begonnen habe.[41] Und Martin Sellner, Kopf der Identitären in Österreich und bekannt für seine Forderung zur „Remigration", ist ebenfalls vertreten.[42] *Voice of Europe* ist in 16 Sprachen verfügbar, außerdem gibt es Kanäle bei Twitter, Facebook und Youtube. Dem Archiv nach ist die Seite seit Juni 2023 in Betrieb, wurde also exakt ein Jahr vor den Europawahlen gegründet. Als Kontakt ist eine Adresse in Prag angegeben. Verantwortliche gibt es nicht. Betreiber ist die *Voice of Europe* s.r.o., ein in Tschechien registriertes Unternehmen. Diese Informationen konnte man bis vor Kurzem noch auf der Seite einsehen – mittlerweile (Stand 3.7.2024) erhält man auf der entsprechenden Seite nur noch eine Fehlermeldung.[43] Die oben zitierten Interviews sind aber – abhängig vom Internet-Provider – weiterhin abrufbar.

Im Frühjahr 2022 kommt mit der ersten Flüchtlingswelle ein junger Ukrainer nach Tschechien und lässt sich in der Nähe von Prag nieder. Russische Menschen in „sehr teuren Autos" kommen ihn häufig besuchen, erzählen Nachbarn den Journalisten der Tschechischen Zeitung *Denik N*. Im März 2024 sorgt die Zeitung dafür, dass sein Name jedem Tschechen bekannt sein dürfte: Artjom Martschewskij. Er leitete die Geschäfte des dubiosen Clubs der Nationalisten und EU-Feinde von *Voice of Europe*. Hinter dem Netzwerk steht der ukrainische Oligarch Wiktor Medwedtschuk, ein Vertrauter Putins.[44] Der tschechische Geheimdienst (BIS) hat ein von Russland finanziertes Netzwerk aufgedeckt, das EU-weit agieren sollte, um die Wahlen zu beeinflussen. Die Aktivitäten der Gruppe hätten bis ins Europäische Parlament gereicht und ernste Auswirkungen auf die Sicherheit der Tschechischen Republik und der EU, erklärte Ministerpräsident Fiala. Informationen seien mit dem Ziel verbreitet worden, dass die Länder der EU ihre Hilfe für die Ukraine verringerten oder einstellten.[45] Der Geheimdienst überwachte laut *Denik N* „den Kurier, der Hundertausende Euro aus Polen in die Tschechische Republik im Kofferraum transportierte".[46] Mit dem Geld sollte das Netzwerk finanziert werden, dabei ging es aber nicht nur um die Webseite, sondern es wurde auch direkt Geld an „ausländische Antisystempolitiker" gezahlt, auch aus Deutschland.[47]

Der Fall ist eine typische Einflussoperation Russlands. Nicht nur die Staatsmedien umgehen Sanktionen und schaffen Fake-Telegram-Seiten, wie wir im letzten Kapitel gesehen haben, es gehen auch immer wieder Fake-Nachrichtenportale online. Das Netzwerk „News Front" mit Sitz auf der Krim ist ein weiteres Beispiel dafür, wie Russland versucht, mit scheinbar seriösen Portalen die Öffentlichkeit zu beeinflussen, es ist u. a. auf Deutsch verfügbar.[48] Der Informationskrieg ist aber nur eine Facette der hybriden Kriegsführung, eine weitere ist die Kooperation mit nationalistischen Parteien europaweit. Die AfD ist kein Einzelfall. Die FPÖ in Österreich und die Lega Nord in Italien haben mit der russischen Regierungspartei „Jedinaja Rossija" formale Abkommen geschlossen.[49] Bei *Voice of Europe* ist beides geschickt kombiniert worden: die Unterstützung kremlfreundlicher Parteien vor den EU-Wahlen und die Einflussnahme über dubiose Nachrichtenportale.

Die Männer hinter *Voice of Europe*, Medwedtschuk und Martschewskij, sind in der Ukraine keine Unbekannten. Medwedtschuk war bis zur großen Invasion einer der einflussreichsten Politiker und Unternehmer des Landes, er ist einer der Führer der prorussischen Partei „Oppositionsplattform – für das Leben" (OPSSch), die inzwischen verboten ist. Putin ist der Taufpate seiner Tochter. Medwedtschuk wurde wegen Verdachts auf Staatsverrat verhaftet und im Austausch gegen ukrainische Kriegsgefangene nach Russland entlassen. Martschewskij war Leiter der Jugendorganisation von OPSSch und zudem Chefproducer beim TV-Sender „112 Ukraina", der Medwedtschuk gehört.[50] Der Sender und andere oppositionelle Medien wurden ebenfalls verboten – und Martschewskij verlor beide Posten. In einem Video steht er auf der Straße in Kyjiw und ruft zu Protesten gegen Selenskyj auf, den er einen „aufstrebenden Diktator“ nennt – das war im August 2021.[51] Ein halbes Jahr später reist er als Flüchtling nach Tschechien und vereinigt zahlreiche Kremlfreunde der EU in seinem Netzwerk.

Die beiden Topkandidaten der AfD für die Europawahl, Krah und Bystron, gerieten im Frühjahr 2024 in den Verdacht, ebenfalls Geld aus Russland oder von *Voice of Europe* erhalten zu haben. Bystron ist auch auf der Plattform präsent und wird mit den Worten zitiert: „Selenskyj hat verloren, amerikanische Unterstützer haben ihn im Stich gelassen.“ Deutlich stellt er die weitere Unterstützung der Ukraine infrage: „Generell ist der Krieg für die Ukraine verloren. 400.000 junge Menschen haben ihr Leben umsonst gegeben.“[52] Bystron und Krah dementierten, Zahlungen angenommen zu haben. Der tschechische Geheimdienst veröffentlichte jedoch Audioaufnahmen, die dies belegen sollen. Demnach soll Bystron im Auto Martschewskyjs 20.000 Euro erhalten haben.[53] Auch Krah geriet im Wahlkampf unter Druck, weil sein chinesischstämmiger Mitarbeiter im Europaparlament, Jian G., wegen Spionageverdachts festgenommen wurde. Außerdem geriet er wegen beschönigender Äußerungen zur nationalsozialistischen SS in die Kritik. Beide Kandidaten ließen auf Drängen des AfD-Parteivorstands den Wahlkampf ruhen, traten aber nicht zurück.[54] Die Ermittlungen gegen beide Politiker laufen, werden aber dadurch erschwert, dass sie trotz der Skandale in das Europäische Parlament gewählt wurden und Immunität genießen. Krah wurde jedoch aus der AfD-Delegation rausgeworfen, Bystron wird hingegen aufgenommen.[55]

Die Vorwürfe sollten trotz der Immunität geklärt werden. Krah und Bystron gelten als rechtsradikal und sind dem Höcke-Flügel der Partei zuzuordnen. Insbesondere das Treffen beider Politiker mit Medwedtschuk 2021 in Kyjiw wirft Fragen auf, ebenso wie Bystrons Reise nach Belarus ein Jahr später.[56] Die tschechische Regierung belegte die Betreiber des Netzwerkes mit Sanktionen, ganz Europa dürfte von dem Skandal erfahren haben. Aber das bedeutet für die Plattform der EU-Feinde noch lange nicht das Ende: *Voice of Europe* war nur kurzzeitig abgeschaltet und ist im Mai 2024 schon wieder online. Offenbar haben die Betreiber die Server nach Kasachstan verlegt.[57]

6. Corona und Querdenker

Die Epidemie gibt es gar nicht

Nach der „Flüchtlingskrise“ verlagerte sich der Fokus auf den Brexit. Insbesondere vor den Wahlen zum Europäischen Parlament 2019 agitierten die russischen Staatsmedien gegen die EU – der Fall von *Voice of Europe* steht in dieser anti-europäischen Tradition. Konstante Narrative waren, dass die EU keine Zukunft habe und in absehbarer Zeit zerfallen werde. Außerdem wurde behauptet, dass die Wahlen zum Europäischen Parlament undemokratisch und bedeutungslos seien.[1] In der Berichterstattung wurde mit einer selektiven Auswahl negativer Fakten gearbeitet, verbunden mit Falschdarstellungen, wie an mehreren Beispielen in meiner Studie von 2020 dokumentiert ist. Über EU-kritische Parteien des linken und rechten Spektrums wurde hingegen positiv berichtet.[2] Zu diesem Ergebnis kam auch die EU Stratcom Taskforce in ihrem Newsletter „EU vs Disinfo“.[3] Die Botschaften der AfD erhielten viel Raum, beispielsweise gab der damalige AfD-Chef Jörg Meuthen *Sputnik* ein Exklusivinterview, in dem er eine prorussische Politik ankündigte und einen „Dexit“, also dass Deutschland die EU verlassen könnte, nicht ausschloss.[4]

Bedeutender war jedoch die nächste große Krise, die Russland für seine politischen Ziele nutzen konnte: die Corona-Epidemie. Seit ihrem Beginn im März 2020 verbreitete *RT DE* systematisch Desinformation. Anfangs wurde die Existenz der Epidemie schlicht geleugnet.[5]

Die Behörden und Regierung wurden als unfähig dargestellt, die Herausforderungen zu meistern. Die *RT*-Journalisten beschrieben katastrophale Zustände, unter denen Bürgerinnen und Bürger mit angeblich unsinnigen Maßnahmen drangsaliert und ihrer Rechte beraubt würden. „Das System", so die Darstellung, diene der Pharmaindustrie und der politischen Elite, die Menschen litten.[6] Russland hingegen wurde als El Dorado der Freiheit präsentiert, wie der Chefredakteur von SNA (vormals Sputnik) Sergej Feoktistow im Kommentar „Russland ohne Lockdown: Die Freiheit des Ostens" darlegte.[7] Putin wurde

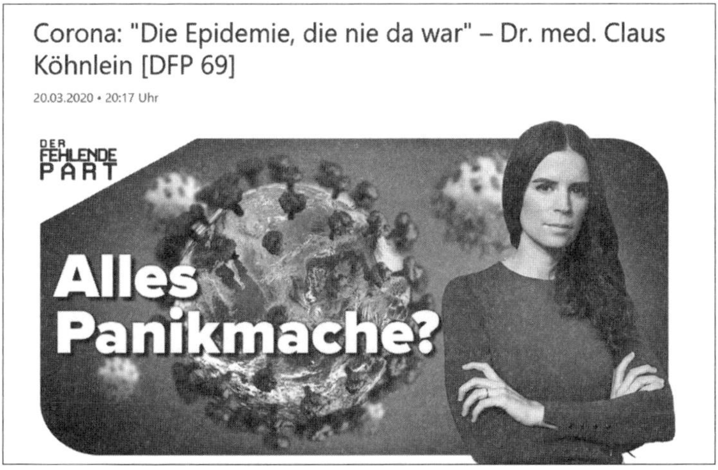

Abb. 19: Eine typische Sendung von *RT Deutsch* zur Corona-Krise: Die Epidemie gebe es nicht, Politiker wollten mit den Maßnahmen nur ihre Macht ausbauen, wurde behauptet. Im Bild die Moderatorin von „Der fehlende Part" Jasmin Kosubek.

bei einem Einsatz im Schutzanzug im Krankenhaus als effektiver Manager präsentiert.[8] Wiederholt wird der Kollaps „des Systems“, beispielsweise in Deutschland, prophezeit. Wie schon bei den Themen Flüchtlinge und Brexit zeigt sich deutlich die Stoßrichtung: Es geht um die Demokratie an sich, die angegriffen wird, während das autoritäre russische System als bessere Alternative propagiert wird.[9]

Eine wichtige Rolle spielte auch das Thema Impfstoffe. Das nutzte Russland, um sich – entgegen der Fakten – als Vorreiter der Epidemie-Bekämpfung zu inszenieren. Seit Anfang 2021 propagierten *RT* und *Sputnik International* den russischen Impfstoff Sputnik V. Die Kampagne verbreitete die Falschdarstellung, dass Sputnik V der weltweit erste registrierte Impfstoff gegen COVID-19 sei, obwohl das erste Vakzin zuvor in China zugelassen worden war. Sputnik V wurde als der beste oder zumindest als einer der besten Impfstoffe weltweit präsentiert. Gleichzeitig wurden westliche Impfstoffe mit schweren Nebenwirkungen und hohen Todesraten in Verbindung gebracht, um die Konkurrenz mit unbewiesenen Vorwürfen schlecht darzustellen. Diese Kampagne hat das Vertrauen der Menschen in Impfstoffe nachhaltig geschwächt.[10] Letztlich zeigte die Lage in Russland, dass der international propagierte Erfolg mit Sputnik V und das angeblich erfolgreiche Krisenmanagement nicht den Fakten entsprechen: Im Herbst 2021 eskalierte die epidemiologische Lage mit mehr als 1.200 Toten täglich. Russland wurde „weltweit führend bei den Corona-Toten“.[11]

Besonders interessant war, dass in Russland eine ganz andere Tendenz in der Berichterstattung vorherrschte als in Deutschland: Bereits im Sommer 2021 galt für zahlreiche Berufsgruppen eine Impfpflicht, Verweigerer bekamen kein Gehalt.[12] *RT Russland* berichtete über die Wichtigkeit von Impfungen und Restriktionen, um die Pandemie zu bekämpfen. Putin drängte darauf, das Tempo bei den Impfungen zu erhöhen.[13] In Deutschland aber kritisierte *RT DE* die Maßnahmen scharf als „Repressionen" und stellte die Wirksamkeit westlicher Impfstoffe infrage. Der Sender sprach sich gegen eine Impfpflicht aus[14] und solidarisierte sich mit den „Ungeimpften", die angeblich wie eine „Kaste der Unberührbaren" stigmatisiert würden.[15] Die Gegenüberstellung zeigt deutlich die Funktion der Berichterstattung von *RT DE*: Diese bestand darin, die Unzufriedenheit mit der Corona-Politik zu schüren und sie für politische Zwecke zu instrumentalisieren. Es galt, die Kritik und den Widerstand gegen die deutsche Regierung und „das System" zu verschärfen. Die russischen Staatsmedien unterstützten konsequenterweise wieder die Gegner der Regierung und die Protestierenden, wie sie es auch schon bei der Flüchtlingskrise und beim Brexit getan hatten. Diesmal waren die Kritiker der Corona-Maßnahmen und die Querdenker die natürlichen Verbündeten der Staatsmedien.

Der Widerstand der Querdenker

Die Zeitung *Demokratischer Widerstand*, Organ der „Kommunikationsstelle Demokratischer Widerstand" rund um die Coronaverharmloser Anselm Lenz und Hendrik Sodenkamp, ist ein anschauliches Beispiel dafür, wie sich Inhalte mit *RT DE* überschneiden und wie die Akteure sich gegenseitig medial unterstützen. Die Herausgeber sind der Ansicht, dass die Regierung mit den Corona-Maßnahmen die Verfassung breche und deshalb Widerstand Pflicht sei. Sie rufen ihre Leser zu zahlreichen Protesten auf. Aber es geht nicht nur darum, die Regierung zu kritisieren – was in einer Demokratie völlig legitim und auch wünschenswert ist –, sondern es geht um „das System" an sich – und damit haben sie dieselbe Stoßrichtung wie die russischen Staatsmedien.

Im *Demokratischen Widerstand* sind die Fronten klar: Eine auf Eigennutz bedachte Elite hat die Macht an sich gerissen – entrechtete und schutzlose Menschen stehen dem wehr- und schutzlos gegenüber. So spricht der Aufmacher der Ausgabe vom 4. Juni 2022 im Kontext der Corona-Krise von einem „Krieg gegen die Bevölkerung". Die Bürger würden zu Befehlsempfängern degradiert: „Die Menschen haben gelernt, wer jetzt nicht kuscht, wird verleumdet, geschlagen, verhaftet und verliert seine Rechte", heißt es weiter. Die Politik missachte systematisch die Interessen der Bürger, wird unterstellt.

Die Systemkritiker der Zeitung *Demokratischer Widerstand* erwecken den Eindruck, dass die Demokratie nur eine Fassade sei. In Wahrheit sei die Gewaltenteilung längst aufgehoben, wird behauptet. Der Leiter des Wirtschaftsressorts Hermann Ploppa schrieb: Die Ampelregierung sei „katastrophal", aber auch Oppositionsführer Friedrich Merz nur ein „Insolvenzverwalter der Demokratie".[16] Das Narrativ von den Eliten, die die Macht an sich reißen und die Bürger ihrer Rechte berauben, findet sich auch bei *RT DE*, wie schon gezeigt wurde. Anselm Lenz, Hendrik Sodenkamp und Hermann Ploppa erhalten zudem bei *RT DE* eine Bühne, wo sie ihre Ansichten verbreiten können. Im Interview mit *RT DE*-Moderatorin Kosubek teilten die Herausgeber Lenz und Sodenkamp ihre Kritik an der Corona-Politik mit, zudem wurde wiederholt Werbung für ihre Demonstrationen „gegen den autoritären Staat" in Berlin gemacht.[17]

Natürlich wurden auch andere Initiatoren der Querdenker-Bewegung medial ausführlich bedacht, etwa Michael Ballweg. Im August 2022 sprach *RT DE* bereits von beginnenden „Volksaufständen".[18] Hermann Ploppa gab *RT DE* mindestens sieben Interviews. Im Gespräch mit Paula P' Cay präsentierte er sein Buch über den „ewigen Krieg" der Westmächte gegen Russland.[19] Weitere Interviews mit Ploppa wurden zu den Themen „Die Verblödung der US-Eliten ist mordsgefährlich!", „Von der Scheindemokratie zur offenen Diktatur" (in Deutschland, Anm. d. Autorin) und „Die Ukraine wurde an US-Investoren verkauft" geführt. An den Themen wird deutlich, dass es bei den Positionen zur Innen- und Außenpolitik große Überschneidungen zwischen *RT DE* und dem Querdenker Ploppa gibt.[20]

Eine Querfront von Rechten, Querdenkern und der Linken?

Es zeigt sich außerdem, dass der *Demokratische Widerstand* eng mit anderen Russland-Unterstützern vernetzt ist. So spielen zum Beispiel Jürgen Elsässer und das rechtsextreme Maga-

Abb. 20: Im Studio des rechtsextremen *Compact*-TV diskutiert Elsässer mit Autor Kleine-Hartlage, AfD-Politiker Kirchner und dem Herausgeber des *Demokratischen Widerstands* Anselm Lenz (v. li.).

zin *Compact* eine wichtige Rolle. Elsässer arbeitet aktiv daran, eine Querfront von Rechten und Linken zu errichten – damit setzt er die Pläne Moskaus um, von denen die britische Journalistin Catherine Belton berichtet hatte, es ist allerdings unklar, ob dies wissentlich geschieht. Elsässer machte die Querfront zum Thema einer *Compact*-Ausgabe von April 2023, auf dem Cover sind ein AfD-Politiker und Sahra Wagenknecht mit einer Friedensflagge zu sehen, der Titel lautet: „Querfront. Wie Rechte und Linke die Kriegstreiber stoppen können."[21]

Bei *Compact*-TV diskutierte er das Konzept mit Anselm Lenz, dem AfD-Fraktionschef von Sachsen-Anhalt Oliver Kirchner und dem Autor eines Buches zur Querfront, Manfred Kleine-Hartlage.[22] Kleine-Hartlage beschreibt die Aufgabe der Querfront so: „Wenn die bisherige politische Klasse entmachtet und ein runderneuertes demokratisches (und das heißt mindestens: pluralistisches) Gemeinwesen errichtet werden soll, dann muss die Opposition, die ein solches Werk in Angriff nimmt, in sich das gesamte politisch-ideologische Spektrum enthalten: links, libertär und rechts."[23] Hier wird das Ziel deutlich genannt: Die Entmachtung der jetzigen Staatsführung und die Errichtung eines neuen Systems.

Der Querdenker Lenz trat wiederholt mit Elsässer in der Öffentlichkeit auf, bei Demonstrationen oder beim *Compact*-Sommerfest 2022, wo er als „Linker mit dem Herz am rechten Fleck" angekündigt wurde.[24] Außerdem gab er dem *Compact*-Magazin und im *Compact* TV Interviews und war für *Compact* als Autor tätig.[25] Auch über die von ihm veranstalteten „Hygiene-Demos" berichtet *Compact* häufig.[26] Die Querdenker um den Demokratischen Widerstand pflegen eine PR-Kooperation mit dem Rechtsextremisten Elsässer, unterstützt werden sie dabei medial von *RT DE*. Alle drei Akteure haben dieselben

Gegner: das „System“, die Regierung und den Westen, womit vor allem USA und NATO gemeint sind. Sowohl der Rechtsextremist Elsässer als auch die Querdenker um Lenz sehen in Russland eine willkommene Speerspitze gegen die Regierung und die „Corona-Diktatur“.

So funktioniert das Russland-Netzwerk: *RT DE* promotet die Querdenker, Elsässer promotet *RT DE* und erhält aus Russland Unterstützung für seine Konferenzen, wie wir bereits gesehen haben. Elsässer wiederum baut mit AfD-Politikern und Querdenkern an einer Querfront mit den Linken für die Unterstützung Russlands und gegen „das System“, *RT DE* und *Sputnik* agitieren ebenfalls gegen „das System“ und promoten einige linke, aber vor allem AfD-Politiker sowie Proteste gegen die Regierung. Dabei wird die Agitation der russischen Staatsmedien aus dem russischen Haushalt bezahlt, Russland finanziert ebenso „Antisystem“-Politiker aus zahlreichen EU-Staaten über verdeckte Netzwerke wie *Voice of Europe*. Zu den aktivsten Agitatoren gehört nach wie vor Elsässer. Wieder hat er Putins Reden ins Deutsche übersetzen lassen, diesmal zum Krieg gegen die Ukraine. In der *Compact*-Edition mit dem Titel „Putin verstehen“ wird dieser als „Patriot“ und Verkörperung eines „Gegenmodells“ zum Westen gepriesen.[27]

Das Thema „Querfront mit rechts“ tauchte in der Öffentlichkeit auf, als mehrere Personen des rechten Spektrums für die Kundgebung von Sahra Wagenknecht und Alice Schwarzer zum ersten Jahrestag der Invasion im Februar 23 warben und dort auch gesichtet wurden. Elsässer kündigte im Vorfeld an, die Demonstration mit Deutschlandflaggen zu fluten, „damit die Sahra Wagenknecht mal richtig bemerkt, dass zu den Friedenskräften ganz wesentlich auch die angeblich bösen Rechten gehören und dass die gar nicht so böse sind, denn sonst wären

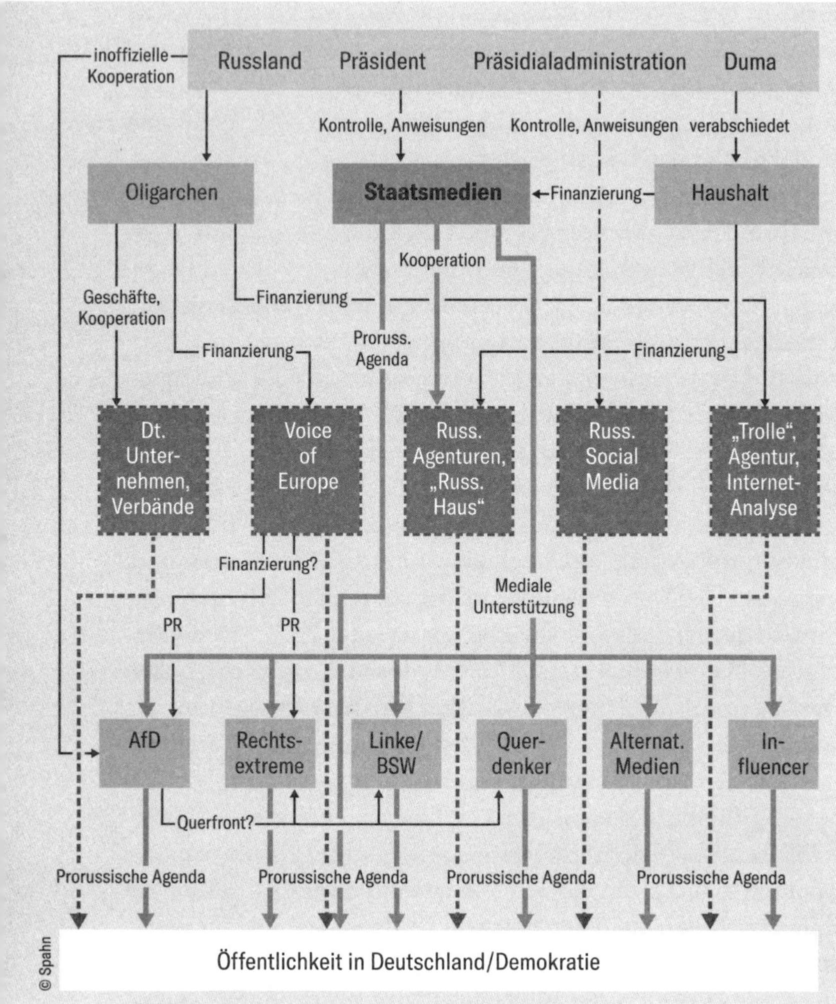

Abb. 21: So greift Russland über seine Staatsmedien und in Kooperation mit Akteuren aus dem rechten Spektrum und Querdenker-Milieu die Demokratie an.

sie ja nicht für den Frieden". Er wolle die Querfront auf dem Platz mit Flaggen herstellen.[28] Eine Ausgabe von *Compact* zeigte auf dem Cover Wagenknecht mit dem Titel: „Die beste Kanzlerin – Eine Kandidatin für Links und Rechts".[29] Auch führende AfD-Politiker wie die Landesvorsitzenden von Sachsen und Thüringen, Jörg Urban und Björn Höcke, warben für Wagenknechts Initiative. Höcke schlug Wagenknecht sogar vor, der „einzigen Friedenspartei" AfD beizutreten.[30]

Urban und mehrere AfD-Bundes- und Landtagsabgeordnete waren bei der Demo in Berlin präsent. Auch Querdenker und Rechtsextreme wie der verurteilte Holocaust-Leugner und Neonazi Nikolai Nerling wurden von Reportern des MDR gesichtet. Auffällig ist, dass einige Politiker dabei waren, die sich aktiv für den Kreml einsetzen. So der Berliner AfD-Abgeordnete Gunnar Lindemann, der schon häufig auf die Krim und in den Donbas reiste, wo er unter anderem als Wahlbeobachter aktiv war. Für sein Engagement wurde er 2019 im Donbas medienwirksam mit einem Orden ausgezeichnet.[31] An Lindemanns Seite stand Hans-Thomas Tillschneider, stellvertretender Fraktionschef in Sachsen-Anhalt. Tillschneider fuhr 2022 trotz der Invasion mit zwei Kollegen nach Russland. Die Flugkosten habe die Fraktion übernommen, bestätigte ihr Chef Kirchner[32] – eben jener AfD-Politiker, der mit Elsässer und Lenz über eine Querfront debattierte.

Auch Walter Seewald, vom Verfassungsschutz als Antisemit eingeordnet, ist ein alter Bekannter in Russlands Netzwerk. Er war einer der Aktivisten, die sich für *RT Deutsch* in Berlin stark gemacht hatten. Er und seine Begleiter trugen sowjetische und „Gerussia"-Fahnen, eine Mischung aus der deutschen und der russischen Flagge. Sein Ziel: ein slawisch-arisches Großreich.[33] Auch Putin-Freund Elsässer war nach einem Bericht von *t-on-*

Abb. 22: Bei der Kundgebung von Wagenknecht und Schwarzer waren zahlreiche kremlnahe Akteure erschienen wie Walter Seewald, Anhänger eines slawisch-arischen Großreiches.

line „mit seinen Schlägertruppen" vor Ort und versuchte, „die Demo für sich zu vereinnahmen und zu stören".[34]

Sahra Wagenknecht bestritt im Interview mit dem MDR, dass rechte Gruppen zu ihrer Kundgebung mobilisiert hätten. „Das ist alles Blödsinn", sagte sie. „Da war überhaupt nichts Rechtes." [35] Tatsache ist jedoch, dass Wagenknechts „Friedensbewegung", wie sie es selbst nennt, offensichtlich für zahlreiche rechte Kräfte und kremlnahe Politiker attraktiv ist.

7. *RT DE* – der Star unter den Alternativmedien

RT DEs Aufstieg zum Leitmedium der Alternativen

Wie schon die Beispiele von *Infrarotmedien* und dem Querdenker-Organ *Demokratischer Widerstand* gezeigt haben, ist für den Erfolg des russischen Informationskrieges ein möglichst weit verzweigtes Netzwerk entscheidend. So können verschiedene Bevölkerungsgruppen erreicht werden, ohne dass es auffallen würde, dass Russland hinter der Verbreitung kremlfreundlicher Inhalte steht. In den zehn Jahren seit der Annexion der Krim baute *RT Deutsch* bzw. *RT DE* ein ganzes Netz sogenannter „Alternativmedien" auf, wobei es sich selbst als Vorreiter präsentierte. Systematisch wurden so neue Unterstützerkreise erschlossen, nach Pegida und der AfD kamen die Kritiker der Corona-Maßnahmen. Der Aufstieg von *RT DE* zum Star unter den Alternativmedien fällt in die Zeit der Corona-Krise, als zahlreiche Alternativmedien diesen Kritikern eine Plattform boten. Zwei große Themenfelder einten die „Alternativen" und den russischen Staatssender: die Kritik am politischen System und an den etablierten Medien – zu beidem präsentieren sie sich als Opposition und Gegenöffentlichkeit. Außenpolitisch eint diese Plattformen ein ausgeprägter Antiamerikanismus bei gleichzeitiger Unterstützung einer prorussischen Agenda.[1]

Anfang der 2020er-Jahre befand sich *RT DE* auf dem Zenit seiner Aktivitäten in Deutschland und expandierte kräftig. Auf der Webseite von *RT DE* hieß es in den Jahren 2021/2022, *RT DE* wolle „auch in Zukunft die führende alternative Nachrichtenquelle" bleiben und deshalb mehr als 200 Stellen besetzen.[2] Ende 2021 arbeiteten laut *Deutschlandfunk* 80 Menschen bei *RT DE* in Berlin.[3] Die Leitung des Senders wurde ausgetauscht. Der „Falke" Rodionov wurde in die strategische Entwicklung geschickt und bekam bald mit *Infrarot* sein eigenes Projekt. An seine Stelle trat das junge Führungsduo von Chefredakteurin Dinara Toktosunowa und Programmchef Alexander Korosteljow. Toktosunowa war zuvor als Chefredakteurin der *RT*-Videotochter *Ruptly* in Berlin tätig gewesen. Der Sender erhielt einen neuen Namen – aus *RT Deutsch* wurde *RT DE* – und ein neues Layout, das ihm einen seriösen Anstrich als Nachrichtenportal verleihen sollte. Das neue Duo verkündete im Januar 2021 in einem Interview mit der *Berliner Zeitung*, dass *RT DE* bald als TV-Sender live gehen würde.[4] Für das junge und hippe Team wurde ein neues, größeres Studio in Berlin-Adlershof gebaut. Mit einem jährlichen Budget von 30 Millionen Euro war der Sender finanziell großzügig ausgestattet.[5] Ziel war es, breite Schichten der Bevölkerung im deutschsprachigen Raum einschließlich der Schweiz zu erschließen. Dazu täuschten die Chefs von *RT DE* die Öffentlichkeit, indem sie behaupteten, dass der russische Sender sich „durch besondere Unabhängigkeit" auszeichne, wie Korosteljow einem Schweizer Journalisten sagte.[6] Die alternative, unabhängige Sicht sollte das Markenzeichen des Senders sein. Von Anfang an rühmte sich *RT Deutsch* – insbesondere mit der Sendung „Der fehlende Part" – die Wahrheit zu zeigen, die der Mainstream angeblich verschweige.[7] Dass dies nicht den Tatsachen entsprach, gaben die Verantwortlichen in Interviews mit dem russischen TV-Sender Doschd freimütig zu. Die Moskauer *RT*-Chefin Simonjan sagte: „Da wir das Budget vom Staat bekommen, müssen wir die Aufgaben des Staates erfüllen. Diese sind schriftlich auf Papier aufgeführt, verstehen Sie?"[8] Entsprechend dieser Hierarchie war die Berliner Redaktion an die Weisungen der *RT*-Hauptredaktion gebunden und bezog einen Großteil ihrer Inhalte aus Russland, wie Toktosunowa erklärte: Der Großteil der Inhalte von *RT DE* werde in Moskau produziert, „in Berlin nur ein bestimmter Teil auf Auftrag aus Moskau".[9]

RT DE ging im Dezember 2021 tatsächlich mit seinem TV-Programm live – mit einer Lizenz aus Serbien. Schon nach wenigen Tagen stoppte die Medienanstalt Berlin-Brandenburg jedoch die Übertragung per Satellit teilweise. In Berlin sei eine Rundfunkzulassung weder beantragt noch erteilt worden, teilte die Behörde mit.[10] Die Kommission für Zulassung und Aufsicht (ZAK) der Medienanstalten untersagte im Februar 2022 aus demselben Grund die Verbreitung des TV-Programms. Die *RT DE Productions* GmbH ging gerichtlich gegen das Verbot vor, das Verwaltungsgericht Berlin bestätigte aber im März 2022 das Verbot der ZAK.[11] Trotz des Verbots und der Sanktionen der EU wird das TV-Programm aber bis heute weiter produziert und im Livestream verbreitet, wie dieser Screenshot vom 1.7.2024 zeigt.[12]

Der Anspruch des Senders, eine unabhängige Alternative zu sein, kommt in bestimmten Kreisen sehr gut an. Die Macher von *RT* sind äußerst geschickt darin, Probleme, mit denen sich die Bevölkerung polarisieren lässt, aufzugreifen und zu verstärken. Das Misstrauen gegenüber den etablierten Medien ist

Abb. 23: Das TV-Programm von *RT DE* wird weiter produziert und im Livestream verbreitet, hier die Sendung „Antispiegel“ vom 1.7.2024 – ein weiteres Beispiel für die Kooperation mit „alternativen“ Medien.

zweifellos vorhanden, nach einer Umfrage von Statista Consumer Insights von Mai 2023 vertraut jeder siebte Bürger den sogenannten Mainstream-Medien nicht.[13] Auch zum Lockdown und anderen Corona-Maßnahmen nahm die Zustimmung in der Bevölkerung mit der Zeit ab. Zwar unterstützte immer noch eine Mehrheit die Regierungspolitik, aber im März 2021 waren nach einer Umfrage für den ARD-Deutschlandtrend 30 Prozent der Ansicht, dass die Maßnahmen zu weit gingen.[14] Diese Unzufriedenen sind die Zielgruppe der russischen Staatsmedien. *RT DE* steigerte mit seiner Strategie, Misstrauen und Unzufriedenheit der Menschen zu nutzen, rasant seine Besucherzahlen. Im September 2021 hatten 1,4 Millionen Menschen *RT DE* bei den wichtigsten sozialen Medien wie Facebook, Youtube und Twitter abonniert.[15] Rund drei Millionen Besuche verzeichnete die Plattform im Dezember 2020.[16] Mit seiner großzügigen personellen und finanziellen Ausstattung war *RT DE* anderen „alternativen Medien" überlegen, die häufig aus Einzelpersonen oder Redaktionen mit nur wenigen Mitarbeitern bestehen.

Für die Wahrheit und für Russland

Wie funktioniert dieses Netzwerk? In einer im März 2023 erschienenen Studie habe ich die Verbindungen zwischen *RT DE* und neun weiteren Alternativmedien untersucht.[17] Während für einige das Thema Russland nicht besonders relevant ist, zeigen andere, wie das Portal *Apolut* aus dem Umfeld von Ken Jebsen und die von Albrecht Müller herausgegebenen *Nachdenkseiten* enge Verflechtungen auf. Die jeweiligen Medien zitieren sich häufig gegenseitig, die Akteure laden sich gegenseitig zu Interviews und Veranstaltungen ein und berichten über aktuelle Ereignisse bei den Partnern. Diese Kooperation ist als Medienpartnerschaft zu bewerten. Besonders bemerkenswert ist, dass es auch zahlreiche personelle Überschneidungen gibt, ein Teil der Autoren und Interviewpartner ist sowohl bei *RT DE* als auch bei anderen Alternativmedien vertreten. Der russische Staatssender deckt von links bis radikal rechts, teils mit verschwörungsideologischem Hintergrund, verschiedene Strömungen ab. Das zeigt, dass *RT DE* politisch sehr breit aufgestellt ist und versucht, ein heterogenes Publikum zu erreichen. Mit insgesamt 17 gemeinsamen Akteuren sind die Verbindungen zwischen *RT DE* und den *Nachdenkseiten* im Vergleich zu den anderen untersuchten alternativen Medien auf personeller Ebene am stärksten. Florian Warweg, der nach mehreren Jahren bei *RT DE* im Juni 2022 als Redakteur zu den *Nachdenkseiten* wechselte, ist ein bekanntes Beispiel.[18]

Was bewegt diese Leute, publizistisch die Nähe zu Russlands Staatssender zu suchen? *Nachdenkseiten*-Herausgeber Albrecht Müller ist ein ehemaliger SPD-Politiker, der 1972 den Wahlkampf von Willy Brandt managte und später Planungschef im Bundeskanzleramt wurde. Müller hat ein Buch über diese Zeit geschrieben, ein Foto zeigt ihn mit Brandt während der „heißen“ Phase des Wahlkampfs. Es wird klar, dass das seine goldenen Zeiten waren.[19] Aber Müller ist der Ansicht, dass die Ostpolitik Willy Brandts auch heute noch aktuell ist, obwohl 50 Jahre vergangen sind und Russland nicht die Sowjetunion ist. Er erhält mit seiner Kritik an der deutschen Russlandpolitik, die aus seiner Sicht zu konfrontativ ist und mehr die Verständigung mit Russland suchen sollte, bei *RT DE* volle Zustimmung. Der ehemalige Chefredakteur Ivan Rodionov war wiederholt zu Gast im Studio der *Nachdenkseiten*, wo die beiden darüber diskutierten, ob Russland und Deutschland noch gute Nachbarn im Sinne der Entspannungspolitik seien. Auch die Kritik an den Medien verbindet beide, zu diesem und anderen Themen gab Müller *RT DE* Interviews.[20]

Als *RT DE* im September 2021 Probleme wegen seiner dauerhaft verbreiteten Desinformation zu Corona bekommt und Youtube den Kanal blockiert, wirft sich Müller für den Sender in die Bresche. Das wird in Moskau wohlwollend registriert. Erfreut postet *RT*-Chefin Simonjan in ihrem Telegram-Kanal ein *RT DE*-Interview mit Müller und zitiert ihn mit den Worten „Wir in Deutschland müssen froh sein, dass diese Stimme der Kritik existiert. Aber sie soll verstummen, sie unterliegt der Zensur.“[21] Den Vorwurf der Zensur erhebt *RT* ebenfalls regelmäßig, wobei freilich nicht erwähnt wird, dass Desinformation nicht von der Meinungsfreiheit gedeckt ist. Das Beispiel Müller zeigt wieder einmal, wie sich die deutschen Fürsprecher Russlands vom Kreml für dessen Interessen einspannen lassen.

Ken Jebsen gehört zu den ältesten Kooperationspartnern der russischen Staatsmedien.[22] Als nach der Annexion der Krim 2014 in vielen Städten die Montagsdemonstrationen und Friedensmahnwachen organisiert wurden, sorgten Jebsen und der Chefredakteur des rechtsextremistischen Magazins *Compact* Elsässer maßgeblich für eine prorussische Ausrichtung dieser Proteste. Jebsen sah bei seinen Auftritten die NATO als Gefahr für den Frieden an und kritisierte die Sanktionen. Das kam der russischen Darstellung weit entgegen, das russische *RT* präsentierte Elsässer und Jebsen als Vorreiter einer neuen Friedensbewegung, die nach Aussöhnung mit Russland strebe.[23] Jebsen ist der gelebte Protest gegen den Mainstream, denn er war einst Moderator beim Jugendprogramm „Fritz" beim RBB. 2011 kündigte der Sender ihm. „Zahlreiche seiner Beiträge" hätten „nicht den journalistischen Standards des rbb" entsprochen, Vereinbarungen über die Gestaltung der Sendung seien „wiederholt nicht eingehalten" worden, teilte der rbb mit.[24] Das von ihm gegründete Portal *Ken FM* war eine Kampfansage an die etablierten Medien. Damit war Jebsen bei *RT Deutsch* genau richtig, er trat wiederholt in der Sendung „Der fehlende Part" auf. Mit seiner prorussischen Einstellung war er auch beim Inlandssender Rossija 1 ein gern gesehener Gast, wo er Putin als besonnenen Staatsmann lobte.[25]

RT DE puschte die alternativen Medien, es war von Anfang an eines seiner wichtigsten Ziele, eine Gegenöffentlichkeit zu schaffen. In der Reihe „Alternative Medien auf dem Vormarsch" veröffentlichte der Sender ein Interview mit Ken Jebsen und pries dabei das von ihm gegründete und inzwischen

Trotz massiven Gegenwinds: Alternative Medien auf dem Vormarsch

24 Jan. 2019 16:46 Uhr

Die Quote der öffentlich-rechtlichen Medien ging im Laufe der letzten Jahre immer weiter zurück. Die Anzahl der alternativen Portale und unabhängiger Journalisten stieg dagegen stetig an. Ob das Eine mit dem Anderen unbedingt was zu tun haben muss, ist ungewiss.

Abb. 24: In der Reihe „Alternative Medien auf dem Vormarsch"[26] werden die Macher als tapfere Kämpfer gegen die Übermacht des Mainstreams präsentiert. Der Herausgeber der Nachdenkseiten Albrecht Müller (li. o.) und Ken Jebsen (2. v. li. o.).

eingestellte Ken FM als das „wohl erfolgreichste freie Medium in Deutschland".[27] Jebsen ist in der Tat einflussreich, *Der Spiegel* zählte ihn 2021 zu den einflussreichsten Verschwörungsideologen.[28]

Jebsen untermauert seine Agenda mit demonstrativen Reisen, zum Beispiel mit dem CDU-Politiker Willy Wimmer im April 2017 auf die Krim. Dort verhandelte er laut *RIA Novosti* mit den Behörden über die Eröffnung eines Korrespondentenbüros für *Ken FM* auf der Krim – dies stellt einen Verstoß gegen die EU-Sanktionen dar. Außerdem produzierte Jebsen Videos, mit denen er hunderttausende Nutzer erreichte. Örtliche Politiker auf der Krim feierten dies als „Durchbruch der Informationsblockade.[29] Damit dürften sie recht haben, denn Jebsens Krim-Videos wurden auch ins Russische übersetzt und von *Golos Germanii* (Stimme Deutschlands) verbreitet.[30] *Golos Germanii* wird von Sergej Filbert betrieben, er ist eine wichtige Stimme für die russischsprachigen Menschen in Deutschland. Ein wichtiges Thema ist die angebliche Benachteiligung dieser Gruppe, so heißt es beispielsweise im Titel zu einem Video: „In der EU ist die Demokratie für alle, außer den Russischsprachigen."[31] Außerdem organisiert Filbert die prorussischen Kräfte, etwa, wenn er mit einem Aktivisten über die prorussischen Demonstrationen zum 9. Mai 2024 in Berlin diskutiert. Unter dem Video sind die Telegram-Gruppen von Aktivisten in Deutschland und Europa angegeben – Filbert hat eine wichtige Koordinierungsfunktion.[32] Filbert erreicht ein großes Auditorium, allein bei Youtube 638.000 Abonnenten, dazu kommen weitere Social-Media-Auftritte.[33] Außerdem betreibt er noch das Format *Druschba FM* (Freundschaft FM), das bei Youtube und Telegram zusammen etwa 72.000 Abonnenten hat.[34] Darin liegt die Stärke des Russland-Netzwerks: Die Aktivisten sind untereinander sehr gut vernetzt und steigern über diese Multiplikatoren ihre Reichweite enorm.

Der „bekannteste unabhängige Journalist in Deutschland" Jebsen, wie ihn Filbert in seiner Einleitung zum Krim-Video bei *Golos Germanii* pries[35], bekam jedoch Ärger mit der Medienanstalt Berlin-Brandenburg (MABB), die 2021 ein Verfahren gegen *Ken FM* wegen Verletzung der journalistischen Sorgfaltspflicht einleitete. Der Berliner Verfassungsschutz erklärte die Plattform wegen Verbreitung von „gefährlichen Verschwörungserzählungen“ zum Verdachtsfall, daraufhin wurde das Portal eingestellt.[36] Der Nachfolger nennt sich *Apolut*, hier agiert Jebsen offiziell nur im Hintergrund. Aber auch hier gibt es Probleme, denn die Bank kündigte der *Apolut* GmbH das Konto. Der zornige Mann mit dem mittlerweile ergrauten Bart, der sich nun Kayvan Soufi-Siavesh nennt, spricht in einem Video zu seinen Anhängern: „Diese Regierung hat Probleme mit der Wahrheit, und deswegen lässt sie schwärzen, sie möchte Bankkonten schwärzen, sie möchte Accounts schwärzen, sie möchte jede Art von Kritik schwärzen.“[37]

Das ist die gemeinsame Linie, die die Alternativen mit *RT DE* verbindet: Sie präsentieren sich als Opfer von Regierung und Zensur sowie als unerschrockene Kämpfer für die Wahrheit, die allen Widerständen trotzen. Manchmal frage ich mich, warum diese Akteure nicht nach Russland ziehen und dem angeblichen Unterdrückerstaat Deutschland den Rücken kehren. Aber vielleicht lesen sie gelegentlich doch andere Nachrichten als ihre „alternativen“ und haben mitbekommen, wie in Russland Demonstranten verprügelt werden oder Oppositionelle in die Strafkolonie kommen. Vielleicht ist ihnen schon klar, dass sie hier Freiheiten genießen, die in Russland für unabhängige Journalisten nicht bestehen, die dort als „ausländische Agenten“ diffamiert werden. Es ist leicht, ein Putin-Freund zu sein, wenn man nicht seine Knute spüren muss. Ihre „Wahrheit“ sind zu einem großen Teil demokratiefeindliche Inhalte und prorussische Propaganda – damit unterstützen sie die Interessen des Kremls auf ideale Weise.

Trotz der Sanktionen gelang es *RT DE*, seine Stellung als „führende alternative Nachrichtenquelle“ mit knapp 19 Millionen Aufrufen von April bis Juni 2024 aufrechtzuerhalten, wie

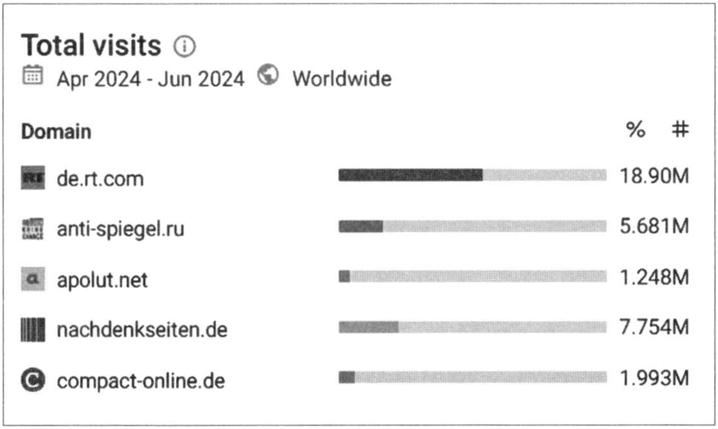

Abb. 25: Trotz der Sanktionen hat *RT DE* seine Stellung als Leitmedium der „alternativen" Medien im zweiten Quartal 2024 behaupten können.

aus den Daten des Analysedienstes Similarweb hervorgeht. Die *Nachdenkseiten* liegen mit knapp acht Millionen Besuchern an zweiter Stelle. Der *Anti-Spiegel* verzeichnete knapp sechs Millionen Aufrufe, *Compact online* und *Apolut* sind mit zwei respektive einer Million weniger bedeutend. Die Grafik zeigt jedoch nur die direkten Zugriffe auf die Seiten, hinzu kommen Social-Media-Auftritte, bei *RT* die Spiegelseiten und bei *Compact* das Magazin.

In der Corona-Zeit vernetzte sich *RT DE* erfolgreich mit diesen „alternativen" Medien, um sie – ganz im Sinne der Strategie Simonjans – als Ressource auf der nächsten Etappe des Informationskrieges zu nutzen: der großen Invasion in die Ukraine im Februar 2022.

8. Die große Invasion in der Ukraine und die Energiekrise

Russland befreie uns!

Als Russland am 24. Februar 2022 mit seiner Armee von drei Seiten in die Ukraine einfiel, war es bemerkenswert, wie viele der „alternativen" Stimmen, die zuvor gegen die „Corona-Diktatur" gewettert hatten, sich nun auf russischer Seite positionierten. Bei *Compact* und *Apolut* war dies nur konsequent, da ihre führenden Köpfe Elsässer und Jebsen schon bei der Annexion der Krim die Schuldigen in Berlin, Brüssel und Washington sahen und nicht in Moskau. Nach dem Angriff erschienen bei *Apolut* Beiträge, in denen behauptet wurde, dass ein Rückzug der russischen Truppen kontraproduktiv sei, da dies die „NATO-Kriegsmaschine" nur beschleunigen würde. Hermann Ploppa, Wirtschaftsredakteur beim *Demokratischen Widerstand* und Autor bei *Apolut* – ein weiterer Beleg für die Verflechtung der Querdenker mit der Russland-Unterstützerszene – bediente das russische Narrativ, dass die Ukraine kein echter Staat sei und sprach ihr das Recht auf Souveränität ab.[1] *Compact* brachte eine Sonderausgabe mit dem vielsagenden Titel „Feindbild Russland. Die NATO marschiert" heraus. Bei den *Nachdenkseiten* wurde ein differenzierteres Bild geboten: Der Angriffskrieg wurde teils verurteilt, es wurde aber auch Verständnis für den Kreml gezeigt. Herausgeber Müller sah Russland „in die Enge getrieben" und skizzierte eine Allianz „transatlantischer Dumpfbacken" wie Kanzler Olaf Scholz, Außenministerin Annalena Baerbock und CDU-Chef Friedrich Merz, die den Zusammenhang zwischen der Entscheidung Moskaus und dem „Vorlauf transatlantischer und auch militärischer Tätigkeit in der Ukraine" nicht wahrnehmen wollten. Ein anderer Autor lag auf Linie des Kremls, als er die Invasion „teilweise als Notwehr" einordnete.[2]

Дружба!

*Druschba, russisch für »Freundschaft«

Deutsche und russische Demokraten demonstrieren Seite an Seite gegen Corona-Diktatur und Kriegstreiberei. Rechts zu sehen: Der Moskauer Kreml, Amtssitz des russischen Präsidenten.

Fotos: Hannes Henkelmann

DAS IST DER PLAN: Oben die sowjetischen Truppenbewegungen, mit denen Deutschland 1945 vom Faschismus befreitet wurde. Was Russland einmal schaffte, kann wieder gelingen! Was soll das Gerede von der Ukraine? Hier wird die Sache entschieden! – Millionen Deutsche würden die Russen heute als Befreier begrüßen. Dann schicken

RUSSLAND FORDERT SICHERHEIT

Von Rainer Rupp

Für Russland ist angesichts einer möglichen sechsten Welle der Ost-Expansion der US-geführten Nato die Forderung nach einer Sicherheitsgarantie von alles überragender Bedeutung.

Für diese Sicherheitsgarantie spielt auch die Ukraine eine wichtige Rolle, aber nur wegen ihrer geostrategischen Bedeutung im Falle einer Nato-Mitgliedschaft und nicht wegen der aktuell von Nato-Falken und westlichen Medien angerührten Ukraine-Invasionshysterie. Der Invasionsplan der Ukraine hat sich inzwischen als *Fake*, als Fälschung, herausgestellt.

UKRAINISCHER PRÄSIDENT: »ERKENNE KEINEN RUSSISCHEN AUFMARSCH«

Dennoch scheint sich im Westen weiterhin alles nur noch um die Ukraine und die ihr angeblich drohende Invasion zu drehen. Seit Wochen werden wir 24 Stunden am Tag von hörigen Medien auf beiden Seiten des Atlantiks über die angeblich »unmittelbar bevorstehende Invasion« belogen, mit dem Russland leichtfertig einen »großen Krieg in Europa« riskiere. Zugleich überschlagen sich die USA, Großbritannien und einige andere von Falken regierten Nato-Länder, möglichst schnell, möglichst viele Waffen in die Ukraine zu liefern, um die Krisengerüchteküche weiter anzuheizen.

Weiterlesen auf Seite 4

Abb. 26: Russland soll Deutschland wieder befreien, fordert das Querdenker-Blatt *Demokratischer Widerstand*. Was 1945 den sowjetischen Truppen gelang, soll sich wiederholen.

Das Querdenker-Organ *Demokratischer Widerstand* übernahm weitgehend die russische Interpretation des Krieges gegen die Ukraine. Der Autor Rainer Rupp kritisierte im Februar 2022 die „US-geführte NATO“, die angeblich Russland bedrohe.[3] Folgerichtig begrüßte die Zeitung auch den Protest gegen eine angebliche NATO-Aggression, welche in direkten Zusammenhang zu den Corona-Maßnahmen gestellt wurde: „Deutsche und russische Demokraten demonstrieren Seite an Seite gegen Corona-Diktatur und Kriegstreiberei“, heißt es auf der Titelseite. „Wir wollen: Frieden, Freiheit, Дружба (Freundschaft)!“ Dazu wird eine Karte von 1945 gezeigt, die die Truppenbewegungen der Roten Armee abbildet. „Millionen Deutsche würden die Russen heute als Befreier begrüßen“, heißt es in der Bildunterschrift, womit sie offensichtlich die Befreiung von der „Corona-Diktatur“ meinen. Das Querdenker-Organ machte somit den Schulterschluss mit denjenigen Friedensaktivisten, die nicht in Russland, sondern im Westen die Bedrohung für Deutschland sehen.

Autor Rainer Rupp repräsentiert den linken Flügel der Fürsprecher Russlands. Er ist der personifizierte Hass auf die NATO. Er spionierte für die Staatssicherheit der DDR bei der NATO, das Magazin *Stern* nannte ihn den „gefährlichsten Spion des Ostblocks“.[4] Nach der Wende musste Rupp eine Haftstrafe wegen schweren Landesverrats absitzen, wurde aber im Jahr 2000 nach sechs Jahren auf Bewährung entlassen. Er publizierte zunächst bei der *Jungen Welt* und wurde Mitglied der PDS, später der DKP.[5] Rupp trat erstmals 2014 im Studio von *RT Deutsch* auf und ist somit seit den Anfängen in Berlin dabei.[6] Der ehemalige Agent mit Decknamen Topas ist trotz seines fortgeschrittenen Alters – er geht auf die 80 Jahre zu – außerordentlich produktiv. Kaum jemand säht so viele Körner des

Hasses, die auf den Seiten von *RT DE*, dem *Demokratischen Widerstand* und *Apolut* aufgehen. Auf der Seite von *RT DE* finden sich allein 252 Beiträge von ihm.[7] Mit Jebsen kooperiert Rupp ebenfalls seit Langem, im Archiv von *Ken FM* bzw. *Apolut* sind 381 Beiträge seit 2016 verfügbar.[8]

Rupps Wut richtet sich nicht nur gegen die NATO, sondern auch gegen die „deutschen Polit-, Finanz- und Medien-Eliten". Die westlichen Eliten setzten auf Krieg, darin sieht Rupp eine Parallele zu Adolf Hitler, wie er in einem Kommentar schreibt – mit dem Titel: „Unter den Russen waren wir frei". Die Ukrainer verspottet Rupp als „Ukro-Nazis" und ihre Unterstützer als „Nazi-Freunde" – damit übernimmt er genau die Narrative von Russlands Propaganda.[9] Aber damit nicht genug. Rupp schreibt in der *Global Times* auch für Russlands antiwestlichen Bündnispartner China und wird mit diesen Beiträgen bei *RT* zitiert.[10] Rupp trat aber auch mindestens vier Mal im TV-Programm von *RT Russisch* auf, wo er die Politik der USA und der NATO kommentierte.[11] Er kämpft immer noch – wie im Kalten Krieg – gegen den Westen, diesmal in Russlands Informationskrieg. Die Gegner haben sich nicht geändert.

RT mobilisiert zum „Heißen Herbst"

So ist es nicht verwunderlich, dass *RT* den bewährten Info-Krieger Rupp auch bei der nächsten Krise einsetzte: der Energiekrise im Herbst/Winter 2022/2023. Nach der bewährten Strategie soll auch diese Krise mithilfe überzogener Katastrophenszenarien genutzt werden, um die Bevölkerung zu verunsichern. „Europa steht am Abgrund einer wirtschaftlichen und sozialen Krise, wie es sie seit dem Zweiten Weltkrieg nicht mehr gegeben hat", ist in einem Beitrag aus Rupps Feder zu lesen.[12]

Auf dem Foto wärmen sich Menschen draußen am Feuer in einer Tonne – das Bild stammt allerdings aus dem Jahr 2018. Rupp sieht die nahe Zukunft der Deutschen so: „Früher oder später wird die Regierungspropaganda versagen, spätestens wenn der Großteil der Bevölkerung friert, teilweise hungert, und wegen Massenarbeitslosigkeit weiter verarmt, während die Inflation den Löhnen und den Unterstützungszahlungen davongaloppiert." Soziale Unruhen würden ausbrechen, die von der Bundeswehr gewaltsam niedergeschlagen würden. Der „korrupten Herrschaft" der Ampelkoalition steht laut *RT DE* ein wehrloses Volk gegenüber, das „zur endgültigen Ausplünderung" gefügig gemacht werde – dieser Gegensatz von Volk und Eliten ist typisch für die Systemkritik bei *RT* und in den anderen Alternativmedien.[13]

Ebenso gilt es, die Krise „richtig" zu interpretieren. Verursacher sind ebenso wie beim Krieg gegen die Ukraine nicht Russland und sein Energiekonzern Gazprom, der die Lieferungen an Deutschland im Jahr 2022 erst drosselte und dann ganz einstellte. Wieder sind die Schuldigen im Westen zu suchen. Die aus russischer Sicht unsinnige Politik von Wirtschaftsminister Robert Habeck, andere Energielieferanten zu erschließen, und die EU mit ihren „Selbstmord-Sanktionen" wurden als Zielscheiben für die Attacken gewählt. Ziel ist wieder, den Unmut der Nutzer gegen die eigene Regierung zu wenden. Als Ausweg aus der Krise schlägt Rupp folgendes vor: Die Deutschen und andere EU-Völker sollten „ihre korrupten Politiker davonjagen und die neuen Regierungen in den EU-Staaten auf Russlands Forderung nach gleichberechtigter Sicherheit in Europa eingehen und zugleich Moskau bitten, Nord Stream 2 zu öffnen".[14] Das Ziel eines Machtwechsels ist hier klar formuliert. Außerdem hätte dies zur Folge, die Ukraine dem russischen Herrschaftsbereich unterzuordnen und wieder in großem Umfang russisches Gas zu importieren.

Die steigenden Energiepreise und generell die Inflation führten natürlich zu Unmut bei den Menschen und wieder waren die Protestierenden die natürlichen Verbündeten von *RT DE*. Wie schon 2014/2015 gingen die Menschen zu Montagsprotesten auf die Straße, *RT DE* brachte die Proteste im Livestream und bedachte sie mit aufmunternden Titeln wie etwa „Leipzig: Schließt euch an! – Energiekrise treibt *alle* Lager auf die Straße“. Dabei waren die Aktivisten des Senders bemüht, dies als übergreifende Volksbewegung darzustellen, obwohl zu diesen Protesten im September 2022 die Parteien Die Linke und die „Freien Sachsen“ aufgerufen hatten.[15] Ähnlich das Video mit dem Titel „Proteste in Deutschland gegen antirussische Regierungspolitik, NATO-Manöver und Waffenlieferungen“, zu dem es einleitend hieß: „In vielen Städten gehen die Menschen auf die Straße, um zu protestieren.“ Die Aufnahmen zeigten, um wen es sich dabei handelte: Teilnehmer der Friedensbewegung, die rechtsextreme Partei „Freie Sachsen“ und Anhänger der DKP.[16] Linke, Kommunisten und Rechtsextreme sind also auch weiterhin wichtige Unterstützer-Gruppen der russischen Staatsmedien. Linksgerichtete Nutzer werden bei *RT DE* nicht nur vom DKP-Mitglied Rupp angesprochen. Auch Susan Bonath, nach eigenen Worten Kommunistin und Marxistin, sowie Dagmar Henn, ehemalige Stadträtin für Die Linke in München, schreiben regelmäßig für den russischen Sender und andere alternative Medien.[17]

Das Szenario einer hungernden und frierenden Bevölkerung blieb aus. Die Bundesregierung stellte einen „Abwehrschirm“ von bis zu 200 Milliarden Euro für die Preisbremsen für Energie bereit, um Belastungen für die Bevölkerung abzumildern.[18] Ebenso wurden neue Lieferquellen für Energie erschlossen, Habecks Politik der Diversifizierung war nicht so erfolglos wie von *RT DE* dargestellt. Im März 2024 befanden sich die Energiepreise wieder auf Vorkriegsniveau, die Versorgung des Landes war sichergestellt.[19] Insofern hat die Regierung die Energiekrise gemeistert, ohne dass das Land kollabiert wäre, wie von *RT DE* prophezeit. Dies war wieder Stimmungsmache, um die Gesellschaft zu destabilisieren – unterstützt wurde Putins Sprachrohr dabei von Extremisten, die ebenfalls für einen „Heißen Herbst“ trommelten.

9. Freie Sachsen für Russland

Ein Anwalt sorgt für Randale

Ein schöner Frühlingstag im Mai in der Oberlausitz. Ein hochgewachsener Mann tritt vor den Versammelten auf. Mit seinem Vollbart und dem weiß-blauen Karohemd erinnert er an einen gemütlichen Dorfbewohner aus einem Heimatfilm. Doch was er sagt, ist gar nicht gemütlich: „Das sind die gleichen Leute, die uns monatelang eingesperrt haben. Die schicken jetzt, ohne mit der Wimper zu zucken, schwere Waffen in die Ukraine." Applaus und Pfiffe aus der Menge. „Jawohl, genau die gleichen sind das", ruft ein Mann zustimmend. „Uns hat niemand gefragt, ob wir den totalen Krieg überhaupt wollen. Das haben die einfach für uns entschieden", ruft der Vollbärtige. Man könnte meinen, Deutschland befände sich im Krieg, die Täter: die Bundesregierung. Erst dann setzt er nach: „Dass sie zumindest die Gefahr in Kauf nehmen." Rund herum viele weiß-grüne Fahnen, die Farben der Freien Sachsen. Auf der Bühne: Martin Kohlmann, ihr Vorsitzender, ein geübter Redner, der weiß, wie man die Leute zum Kochen bringt. Ihre Wut lassen die Leute an dem Team vom MDR ab, die diese Szene filmen. Die Ordner fordern die Journalisten auf zu gehen, die Demonstrierenden rufen: „Fläche verlassen, Nazis raus!". Einige werden handgreiflich. Eine Frau mit Sonnenbrille, blonder Föhnfrisur und rosa T-Shirt, die eigentlich wie die nette Nachbarin von nebenan aussieht, stürzt sich auf die Kamera. „Haut ab!“, „Ihr werdet von uns bezahlt, ihr Lügner!“, schreit sie. Kohlmann ruft die Leute nicht zur Ordnung, er scheint sehr zufrieden mit seinem Auftritt zu sein.[1]

Auf einem der grünen Plakate mit dem sächsischen Wappen steht „Wir Sachsen gegen den Coronawahnsinn“, auf einem anderen: „Ohne NATO kein Krieg“. Wie schon beim Querdenker-Organ *Demokratischer Widerstand*, geht auch hier die Corona-Agenda fließend in die Anti-Kriegsrhetorik über. Denn eins dürfte Kohlmann Sorgen bereiten, auch wenn er es nicht zugibt: Während der Pandemie waren noch Tausende bei den sogenannten Montagsspaziergängen auf der Straße, nach der Lockerung der Maßnahmen sind es im Frühjahr 2022 nur noch einige Hunderte. Nach dem Corona-Frust setzt der Chef der Freien Sachsen jetzt auf das Thema Krieg, das hat ebenso großes Protestpotenzial. Denn Angst von einem Krieg mit Russland hat so ziemlich jeder. „Unsere Bundesregierung manövriert uns hier in einen Krieg hinein“, behauptet er gegenüber dem MDR. Seine Antwort: „Sachsen muss es selber machen.“ Er will, dass Sachsen neutral bleibt.[2] Überhaupt sollte der Freistaat seiner Ansicht nach mit der Bundesrepublik nicht mehr viel zu tun haben. Die Freien Sachsen fordern einen Säxit, also Autonomie, und orientieren sich am Königreich Sachsen. Der Verfassungsschutz Sachsen hat die 2021 gegründete Partei als rechtsextremistisch eingestuft, da sie eine neonationalsozialistische Ideologie vertritt. Kohlmann ist ein professioneller Demagoge, der die Emotionen für seine Ziele ausbeutet. Als Anführer der Vereinigung „Pro Chemnitz“ heizte er laut MDR maßgeblich die ausländerfeindlichen Ausschreitungen im August 2018 in der sächsischen Stadt mit an und pflegt schon lange Kontakte zur militanten Neonazi-Szene. In der Öffentlichkeit gibt sich

Kohlmann aber seriös, der Rechtsanwalt sitzt für „Pro Chemnitz“ und „Freien Sachsen“ im Stadtrat von Chemnitz und wurde 2024 bei der Kommunalwahl im Amt bestätigt.[3]

Gesellschaftliche Krisen für politische Ziele nutzen – das ist die Strategie, die die Rechtsextremen mit Russlands Staatsmedien verbindet. Ihr gemeinsamer Feind: die Regierung und die Demokratie.

Der „Heiße Herbst“

Anfang September 2022 rufen die Freien Sachsen zur Auftaktdemo zum „Heißen Herbst“ in Leipzig. Auf der Redner-Liste stehen neben Kohlmann *Compact*-Chef Elsässer, Anselm Lenz vom *Demokratischen Widerstand*, André Poggenburg, vormals AfD, sowie Gregor Gysi und Sören Pellmann von der Linken. Wir sehen hier eine Kooperation von Rechtsextremen mit Querdenkern. Inhaltlich gibt es keine Barrieren, da die Freien Sachsen selbst ein Zusammenschluss aus Anti-Asyl-Aktivisten, Querdenkern und Rechtsextremen sind.[4] Mit ihrer Ankündigung der Linken-Politiker werben sie offensichtlich um diese. Nur hundert Meter entfernt steht tatsächlich die Bühne von der Linken, sodass wieder der Eindruck einer Querfront entsteht – das wird von Kohlmann und Gysi allerdings in Abrede gestellt.[5] Dennoch haben beide Seiten große inhaltliche Gemeinsamkeiten: die Kritik an der Regierung, sie fordern Frieden mit Russland und die weitere Nutzung der Pipeline Nord Stream 2. Linke und Rechtsextreme wollen keine Waffen an die Ukraine liefern und sind kritisch gegenüber der NATO und den USA eingestellt.[6]

Elsässer ist die Schlüsselfigur im Netzwerk. „Er ist der Taktgeber. In seinem Magazin kommt die Crème de la Crème der

Rechten zu Wort“, sagt Judith Rahner, Rechtsextremismus-Expertin der Amadeu Antonio Stiftung in einer Dokumentation von *Stern* TV.[7] Ebenso ist er Teil des Russland-Netzwerkes, wie wir bereits gesehen haben. Er ist wichtiger Stichwortgeber, im September 2022 erscheint das neue *Compact*-Heft unter dem Titel „Heißer Herbst“.[8] Dort schreibt Elsässer: „Ein Winter mit Kälte und Armut droht. Das Volk soll frieren und bluten für den Krieg gegen Russland, doch die Menschen werden sich wehren.“[9] Frappierend ist, dass der Text bis auf die Wortwahl dem Artikel gleicht, den *RT DE* Anfang September 2022 veröffentlichte. Auch Rupp schrieb dort, dass in naher Zukunft „der Großteil der Bevölkerung friert, teilweise hungert, und wegen Massenarbeitslosigkeit weiter verarmt“.

Die Reporterin Sophia Maier von *Stern TV* hat im „Heißen Herbst“ zahlreiche Demonstrationen gegen die Energie- und Krisenpolitik der Regierung besucht. Auffällig ist ein harter Kern von Aktivisten, die bei allen Demos dabei sind: die Freien Sachsen, *Compact*-Chef Elsässer, der Neonazi Christian Klar[10] sowie der extremistische Flügel der AfD. Deutlich wird, dass dieses Bündnis die Energiekrise und den Krieg nutzt, um ihrem Ziel näherzukommen: das System zu stürzen. Michael Brück, einer der führenden Köpfe bei den Freien Sachsen[11], sagte dies ganz deutlich: „Wir bekämpfen diesen Staat, dieses System mit seinen Verantwortlichen. Dieses System muss abgeschafft werden.“[12] Das Magazin *Compact* sieht Parallelen zu 1989 und setzt auf Volksaufstände, die das System implodieren lassen.[13] Wieder beeindrucken die Parallelen zu *RT DE*: Zum Auftakt zum „Heißen Herbst“ forderte der russische Staatssender, die Deutschen und andere Völker in der EU sollten „ihre korrupten Politiker davonjagen“, „die neuen Regierungen“ würden sicher auf Russlands Forderungen eingehen. Die politischen Ziele der

Rechtsextremen und der russischen Führung, hier formuliert vom Staatssender *RT DE*, scheinen also identisch zu sein.

Die Unterstützung der Freien Sachsen und Querdenker durch *RT DE* hält bis heute – das ist der Mai 2024 – an. Im April 2024 zeigte der Sender beispielsweise wieder einen Livestream von einer Demo in Dresden, an der „Hunderte Landwirte, Lkw-Fahrer, Unternehmer und Rentner" sowie „Freie Sachsen" teilnahmen, so die Ankündigung im Vorspann. Wieder wird eine breite Unterstützung der Bevölkerung behauptet. Zu sehen waren aber hauptsächlich die weiß-grünen Fahnen der Freien Sachsen mit Slogans wie „Stürmt mit uns das Rathaus!", sie agitierten für die Kommunalwahlen am 9.6.2024. Im Video kam ein einziger Redner vor: Marcus Fuchs, der einfach als „Politiker" vorgestellt wurde. Bei der Kundgebung in Dresden sag-

Abb. 27: *RT DE* stellt einen Protest der rechtsextremistischen „Freien Sachsen" als Volksbewegung dar. Es kommt nur ein „Politiker" zu Wort: ein gerichtlich verurteilter Querdenker.

te Fuchs mit Blick auf die bevorstehenden Landtagswahlen, die Chancen für eine „echte Wende“ in Sachsen und Thüringen seien noch nie so gut gewesen wie in diesem Jahr, dabei empfahl er die AfD, die Freien Sachsen, die Werteunion und das Bündnis Sahra Wagenknecht.[14] Fuchs ist Querdenker und ehemaliger Kandidat bei der Oberbürgermeisterwahl in Dresden. Mit seinem „Team Fuchs“ organisiert er zahlreiche Proteste.[15]

Auf einer Demo der Freien Sachsen im Oktober 2022 hatte er den Krieg gegen die Ukraine als „notwendige Verteidigung“ gerechtfertigt, „eine Spezialoperation“, die explizit erlaubt sei. Das Amtsgericht Dresden verurteilte Fuchs wegen Billigung des russischen Angriffskrieges in der Öffentlichkeit zu 1500 Euro.[16] Es ist also wenig verwunderlich, dass Fuchs bei *RT DE* so prominent zu Wort kommt. Ein Teilnehmer stellte den kompletten Protestzug ins Internet, neben den Freien Sachsen waren Flaggen und Plakate von Reichsbürgern, Corona-Kritikern, der Partei „Die Basis“ sowie russische Flaggen zu sehen, außerdem war die Teilnehmerzahl recht überschaubar.[17] Was *RT DE* als Volksbewegung darstellt, sind also ganz bestimmte Gruppen. Das ist Hofberichterstattung für die prorussische Klientel, verbunden mit Wahlwerbung für dem Kreml genehme Parteien.

Aber wenn *RT DE* die Proteste zum Volksaufstand hochjubelt, dann ist es für Kohlmann und die Freien Sachsen umso besser. Auch die *de facto*-Wahlwerbung für die Freien Sachsen kommt Kohlmann überaus gelegen, er kandidiert nämlich selbst für die Kommunalwahl in Chemnitz.[18] Der Telegram-Kanal der Freien Sachsen – das wichtigste Medium zur Kommunikation mit den Anhängern – postet zahlreiche Beiträge von *RT DE* und empfiehlt gleich dazu noch ein Abo des unter Sanktionen stehenden russischen Senders – ein merkwürdiges Vorgehen für eine Partei, die von einem Rechtsanwalt geführt wird.[19]

Auf *Druschba*-Fahrt in Moskau

Ähnlich wie Politiker der AfD bekommen auch die Freien Sachsen Gelegenheit, sich als Wahlbeobachter in Russland in Szene zu setzen. Mitten im Krieg pflegen sie die Freundschaft zu Russland. Einer von ihnen, Ralf Heber, berichtet im Livestream von *RT DE* von seiner „*Druschba*-Tour" und wie er als Delegierter der Freien Sachsen die Präsidentschaftswahl im März 2024 beobachtete. Heber versichert dem Publikum in Deutschland, dass die „Möglichkeit zu fälschen oder zu manipulieren ganz gering" sei, die Bevölkerung habe „mit Freude und Energie abgestimmt" – natürlich für Putin. Anderslautende Berichte aus dem Westen seien Desinformation.[20]

Je länger der Krieg dauert, desto intensiver werden die *Druschba*-Aktivitäten der Freien Sachsen. Ende 2023 war Heber ebenfalls in Russland, mit einer Parteikollegin sitzt er im

Abb. 28: Die Freien Sachsen auf *Druschba*-Tour in Russland.

Moskauer Studio von *RT DE*, auf seinem T-Shirt prangen Friedenstauben und die Aufschrift „*Druschba*“. Seine wichtigste Botschaft: „Wir wollen Frieden mit Russland, Freundschaft mit Russland, Zusammenarbeit mit Russland.“ Er versichert, die Freien Sachsen verträten „die ganz normale Bevölkerung“. Heber ist Gastronom und Betreiber des Lokals, in dem sich die Freien Sachsen gegründet haben, für ihn sind diese TV-Auftritte sicher eine aufregende Sache, er wirkt etwas unsicher. Als Besuch einer Delegation der Freien Sachsen in Moskau wurde Hebers Tour dann bei *RT DE* und im Telegram-Kanal der Freien Sachsen verbreitet.[21]

Aber die Freundschaft mit Russland lässt sich nicht nur medial, sondern auch ganz praktisch verkaufen. Im Online-Shop „Sachsenversand“ sei das „beliebte *Druschba*-Hemd jetzt auch für Frauen erhältlich!“, ist bei Telegram zu lesen. Oder die *Druschba*-Freundschaftsmünze, denn: „Die *Druschba* – gerade jetzt passender denn je!“. Auf der einen Seite prangt das Wappen des Königreichs Sachsen, auf der anderen der doppelköpfige Adler Russlands.[22] Aber nicht nur die Freien Sachsen und ihre Anhänger werden damit bedacht, Putins Sprecher Dmitrij Peskow persönlich ist stolzer Besitzer einer dieser Devotionalien geworden. Beim Weltjugendfestival in Sotschi im März 2024 „ergriff ein Vertreter der Freien Sachsen das Wort, der unterstrich, dass die Aggression gegen Russland nicht vom Volk, sondern von der Regierung ausgeht. Und schenkte Peskow als Zeichen der Verbundenheit zwischen den Völkern das sächsisch-russische Freundschaftshemd!“, wird bei Telegram stolz verkündet.[23]

Krieg hin oder her, die Freundschaftsprojekte mit Russland gehen weiter und wenn man wie die Freien Sachsen die russische Interpretation übernimmt, stehen sie schließlich einem angegriffenen Land bei. Von der Ukraine ist da nicht die Rede, nur von Russland. Russland, das angeblich vom Westen angegriffen wird. Nachdem der „erzgebirgische Friedensbote" Putins Sprecher das Hemd überreicht hatte, „hat die Nachfrage nach dem ohnehin beliebten Shirt noch weiter zugenommen", jubelt der nächste Post bei Telegram.[24] Einen Tag später ist das *Druschba*-Hemd – seitdem es nun auch Putins Sprecher hat – sogar „weltbekannt". Auch die *Druschba*-Münze „ist derzeit sehr gefragt".[25] – Das Geschäft mit der Freundschaft läuft offenbar gut. Gastwirt Heber scheint sich mittlerweile mehr um die *Druschba*-Touren als um sein Lokal zu kümmern, im Mai 2024 ist er schon wieder in Russland, vom Roten Platz grüßt er seine Anhänger, die Fahnen für den Tag des Sieges wehen schon.[26]

Das Recht als Waffe

Eigentlich wollte ich nach Chemnitz reisen und mit Herrn Kohlmann sprechen. Als ich mich bei einem Bekannten nach Kohlmann erkundige, lasse ich diese Pläne aber schnell fallen. „Der Mann ist Anwalt, und er ist ein böser!", schreibt mir der Bekannte im Messenger. Er kennt Kohlmann von seiner Arbeit im Gericht und wird deshalb nicht namentlich genannt. Er ist empört, dass Kohlmann auf der Straße gegen Geflüchtete agitiert und sie dann, bei Ablehnung des Status, gegen den Staat verteidigt. Kohlmann scheint wie der berühmte Janus ein Mann mit zwei Gesichtern zu sein. Doch der scheinbare Widerspruch löst sich auf: Das Thema Geflüchtete heize den Widerstand gegen den Staat an, die Prozesse gegen den Staat seien wie Stiche gegen ihn, meint der Chemnitzer Bekannte, Kohlmann verfolge die Devise „gegen den Staat mit allen Mitteln!" Gegen Kritiker gehe Kohlmann rechtlich vor. „Es gibt Menschen in der Stadtverwaltung, die sich seinetwegen nicht mehr trauen, öffentlich aufzutreten."[27]

In der Tat setzt Kohlmann das Recht sehr intensiv und gezielt gegen den Staat ein. Bei der Weiterverbreitung von *RT DE* auf ihrem Telegram-Kanal scheren sich die Freien Sachsen offenbar nicht um die EU-Sanktionen, also geltendes Recht. Wenn es darum geht, Russland im Krieg zu unterstützen, zieht Parteichef Kohlmann dagegen alle rechtlichen Register. So stellten die Freien Sachsen im Januar 2023 vor dem Bundesverfassungsgericht einen Eilantrag gegen Panzerlieferungen an die Ukraine.[28] Dies ist eine interessante Parallele zur AfD: Bundestags-Mitarbeiter Sergijenko erhielt Anfang 2023 von Moskau den Auftrag, gegen die Panzerlieferungen gerichtlich vorzugehen – erfolgreich, wie wir in Kapitel 5 gesehen haben.

Doch Kohlmann geht noch weiter. Nach dem „Taurus-Leak" erstattet Kohlmann im März 2024 Strafanzeige nach § 13 Völkerstrafgesetzbuch beim Generalbundesanwalt wegen angeblicher Planungen eines Angriffs auf die Krim-Brücke.[29] Bei Telegram veröffentlichen die Freien Sachsen einen Anzeigengenerator und rufen ihre Anhänger auf, ebenfalls Anzeige zu erstatten, wie es auch das *Compact*-Magazin und andere „patriotische Akteure" täten, hieß es.[30] So arbeiten sie Hand in Hand: Der russische Geheimdienst spioniert mutmaßlich die Bundeswehr aus, *RT* veröffentlicht das abgehörte Gespräch und inszeniert international einen Skandal, Russlands Fürsprecher versuchen, Rüstungslieferungen an die Ukraine zu stoppen.

Kohlmanns Strafanzeige wird auch in Russland bemerkt, die bekannte russische Zeitung *Izvestija* führt ein Interview mit ihm. Kohlmann räumt ein, dass er mit der Klage kaum Chancen auf Erfolg habe, wichtig sei die Botschaft an die Öffentlichkeit: „Ich und meine Partei, die Freien Sachsen, fordern, sich aus diesem Konflikt rauszuhalten. Das ist nicht unser Konflikt."[31] Nun stellt sich die Frage, warum Kohlmann die Planung eines Angriffs sieht, wenn Deutschland ein angegriffenes Land mit Waffen unterstützen will, aber nichts unternimmt, wenn Russland schon seit mehr als zwei Jahren ganz real die Ukraine in Schutt und Asche legt.

Die Gemeinsamkeiten bei Heimatliebe und Autoritarismus dürften nur eine Antwort sein. Russland ist ein willkommener Bündnispartner im Kampf gegen den Staat: Die russischen Auslandsmedien und die deutschen Rechtsextremen nutzen die Pressefreiheit und den Rechtsstaat, um eben diese Freiheiten und diese Demokratie zu zerstören. Die Freien Sachsen träumen vom Königreich, in Russland ist der Traum schon Wirklichkeit: Dort hat der „nationale Führer" seine Herrschaft auf Lebenszeit abgesichert, er macht vor, wie man lästige Gegner beseitigt – im Inland wie im Ausland. Im Frühjahr 2024 hat Kohlmann in seiner Heimat das Problem, dass nicht alle seine Vision vom Königreich Sachsen teilen, sondern seine Wahlplakate abhängen.[32] Der Telegram-Kanal hat etwa 140.000 Abonnenten.[33] *RT DE* verschafft den Freien Sachsen kostenlose Wahlwerbung mit sechs Millionen Aufrufen monatlich – kann man Russland nicht schon allein deshalb lieben?

10. Mit Graf Tolstoj in den Informationskrieg

Wo ist der Berliner Telegraph?

Russland und die Russischsprachigen sind wichtig für Kohlmanns Kanzlei. Denn der auf Strafrecht spezialisierte Anwalt verteidigt nicht nur Neonazis wie die rechtsextreme Gruppe „Freital“. Er spricht außerdem fließend Russisch und hat als Referendar im russischen Krasnojarsk gelebt – im Gegensatz zu vielen selbsternannten Russlandverstehern kennt er das Land aus eigener Anschauung.[1] Auf seiner Webseite bietet er seine Dienste auch in russischer Sprache an.[2] 2014 war er einer der Gründer des Kulturvereins Tolstoi e.V. in Chemnitz, einem Integrationsverein zur Unterstützung vor allem russischsprachiger Migranten. Er vertritt zahlreiche russischsprachige Asylbewerber vor Gericht.[3] Mit dem Verein verbunden ist die russischsprachige Zeitschrift *Berlinskij Telegraf*, der Vereinsvorsitzende Alexander Boyko fungiert als ihr Chefredakteur und Geschäftsführer. Boyko sprach nach einem Bericht von *T-online* gezielt Asylbewerber im Umfeld von Flüchtlingslagern an und vermittelte sie an Kohlmann. In der ersten Ausgabe des Magazins erschienen ganzseitige Anzeigen für dessen Kanzlei.[4]

Der Kulturverein brachte also den praktischen Vorteil, dass er für Kohlmanns Kanzlei neue Mandanten akquirierte und Werbung machte – da hat die Russophilie einen ganz praktischen Nutzen. Der *Berliner Telegraph* – neben dem Magazin gibt es eine Nachrichtenseite in fünf Sprachen, u. a. deutsch – ist stramm auf Linie des Kremls. Er war zum Beispiel Medienpartner bei einem patriotischen Gesangsfestival auf der Krim, zu dem Opernsänger und Redaktionsmitglied Alexej Klassin reiste – damit unterstützt der Verein die Politik des Kremls, denn über die Kulturpolitik soll die Annexion der Krim legitimiert werden. Die Zeitung dient auch zur Vernetzung der Russischsprachigen in Deutschland, die für Russland eine wichtige Zielgruppe der „Russische Welt"-Aktivitäten sind. So lobte der russische Generalkonsul in Leipzig 2018 die „Propaganda und die konsolidierende Rolle der lokalen Medienportale", womit er auch den *Berliner Telegraph* meinte. Boyko streitet das in Interviews ab, die Zeitung vertrete keine russischen Positionen. Dennoch sucht die Zeitung auch räumlich die Nähe zum russischen Staat. Nach einem Anschlag in Chemnitz zog die Redaktion ins Russische Haus in der Berliner Friedrichstraße, wo sich auch die Redaktion von *Sputnik* befand. Das Russische Haus wird von der Agentur *Rossotrudnichestwo* des Außenministeriums geleitet und ist die Drehscheibe der auswärtigen Kulturpolitik.[5] Die Einrichtung gilt laut *T-online* als Tarnung für Geheimdienstaktivitäten.[6]

Die Staatsanwaltschaft bezeichnete das Russische Haus als Außenstelle des Propaganda-Apparats Russlands und leitete im April 2024 Ermittlungen wegen Verstoßes gegen EU-Sanktionen ein.[7] Das dürfte den *Berliner Telegraph* nicht mehr tangieren, denn die Redaktion ist in die Torstraße 177 in Berlin-Mitte gezogen. Die Zeitschrift gibt sich nach außen hin den Anschein von Meinungs- und Themenvielfalt, indem sie Titelgeschichten über deutsche Politiker bringt. Die Tendenzen der Berichterstattung sind jedoch die gleichen wie bei *RT DE* und *Sputnik*: kritisch über die Grünen, positiv über die AfD.[8] Auch Themen wie die angebliche Diskriminierung von Russischsprachigen in Deutschland oder die positive Darstellung der Diktatur in Belarus, wo angeblich Wahlen „erstmals nach westlichem Prinzip" ablaufen, so die November-Ausgabe von 2023, sind ebenfalls bei den russischen Staatsmedien zu finden.[9]

Die Dezember-Ausgabe widmete sich dem Botschafter Russlands in Berlin, Sergej Netschajew, der ein Grußwort an die „Landsleute in der BRD" richtet, damit sind alle Russischsprachigen gemeint.[10] In allen Ausgaben der Jahres 2022/2023 befindet sich eine ganzseitige Anzeige mit dem staatlichen Umsiedlungsprogramm für „Landsleute" in die Russische Föderation. Die Telefonnummern des russischen Innenministeriums für die „Hilfe" beim Umzug sind beigefügt. Die Russischsprachigen, die in ihrer Mehrheit Russlanddeutsche mit deutschem Pass sind, sollen also zurück in ihre „Heimat" gebracht werden.[11] Hier zeigt sich, dass der *Berliner Telegraph* gezielt die Russischsprachigen anspricht, das Lob des russischen Konsuls in Leipzig war also berechtigt.

Bei Durchsicht der Zeitschrift stellt sich die Frage, was eigentlich die 35 Mitarbeiter machen, die als „BT-Team" vorgestellt werden. Einen Großteil der Artikel schreibt Chefredakteur Boyko selbst, auch Opernsänger Klassin und einige andere Autoren liefern Beiträge. Es werden sogar noch mehr Mitarbeiter gesucht, Journalisten wie Herausgeber.[12] Es fällt auf, dass das „Monatsmagazin" sehr sporadisch erscheint. Im Jahr 2013 gab es vier Ausgaben, 2022 nur zwei und im laufenden Jahr bis Mai gar keine. Die Webseite bietet Artikel auch auf Deutsch an, dort erfährt der Leser, dass die Ukraine den Krieg bereits verloren habe und es sinnlos sei, „dem deutschen Volk Geld wegzunehmen“ für Waffen.[13] In Stil und Inhalt ähnelt diese Plattform sehr dem Propagandaprojekt *Voice of Europe.*

Mitte Mai suche ich den *Berliner Telegraph* unter der im Impressum angegebenen Adresse in Berlin-Mitte auf. Bei den Tür- und Briefkastenschildern ist das Magazin nicht zu finden. Aber es gibt ein Schild mit den Logos von „GÄN“ und IBFS Europe, darunter sind mehr als 40 Firmen angezeigt, darunter *RIA Novosti* Deutschland. Also klingle ich im dritten Stock, es öffnet ein junger Mann. Er versteht kein Deutsch und freut sich, dass ich Russisch spreche. Ich frage nach dem *Berliner Te-*

Abb. 29: Unter der Adresse vom *Berliner Telegraph* befinden sich zahlreiche Briefkastenfirmen.

legraph, auch nach *RIA Novosti*, der Mann bittet mich herein. „Die waren hier registriert, jetzt nicht mehr", sagt er. „Wo ist der *Berliner Telegraph*?" Das kann er mir nicht sagen, aber er fragt per Handy nach. Derweil sitze ich auf dem Sofa und sehe, dass sich in dieser kleinen Wohnung unmöglich mehr als 40 Firmen physisch aufhalten können, außer dem Mann ist keiner da. Der Mann beendet das Gespräch und meint, er könne mir nicht sagen, wo der *Berliner Telegraph* sei, „er ist vom Erdboden verschluckt". Später sehe ich, dass „GÄN" eine Online-Firma ist, die Tuningchips für Autos verkauft. IBFS Europe ist ein Dienstleister, der für 1500 Euro ein Unternehmen gründet und für 2400 Euro jährlich eine Geschäftsadresse in Berlin anbietet, mit Postbearbeitung.[14] IBFS verkauft offensichtlich Briefkastenfirmen. Der *Berliner Telegraph* hat seine Redaktion also nicht unter der angegebenen Adresse, mehr als fraglich ist, ob es diese Redaktion überhaupt gibt. Die Seite ist weiterhin online, Alexander Boyko publiziert fleißig weiter.[15]

Woher kommt das Geld?

Doch was ist mit dem Kulturverein Tolstoj, dessen Vorsitzender Boyko nach wie vor ist? Die Webseite des Vereins ist im Mai 2024 inaktiv.[16] Der *Berliner Telegraph* hat auch eine Filiale in Chemnitz, wie aus dem Impressum hervorgeht. Kohlmann taucht im Impressum nicht direkt auf, dennoch ist er in das Netzwerk eingebunden – über Sergej Filbert. Der Betreiber des Youtube-Kanals *Golos Germanii* (Stimme Deutschlands) ist ebenfalls regelmäßiger Autor beim *Berliner Telegraph*.[17] Bei der Übersetzung von Videos für Filberts Kanal half die Sonderkorrespondentin des *Berliner Telegraph* aus Sewastopol.[18] Man kennt sich, man hilft sich – so funktioniert das Netzwerk.

Der *Berliner Telegraph* hat nach einer Veröffentlichung von *T-Online* über „Die Kreml-Propaganda aus dem Herzen Berlins“ die Beiträge von den einschlägigen Akteuren aus Russlands Netzwerk gelöscht, ebenso die Übernahmen von *RT DE*.[19] Doch bei Filbert kommen sie alle zu Wort, in russischer Übersetzung oder im direkten Interview: Florian Warweg von den *Nachdenkseiten* (zuvor *RT DE*)[20], mit Thomas Röper vom *Anti-Spiegel* gibt es gleich eine ganze Serie namens „Röper News“[21], Filbert im Gespräch mit der ehemaligen *RT DE*-Journalistin Paula P' Cay bei *Infrarotmedien*[22], ein Video von *RT Deutsch* aus Moskau[23], der Autor Wolfgang Effenberger im Gespräch mit Alina Lipp. Lipp wird als Journalistin von *Stimme Deutschlands* vorgestellt, sie hat ebenfalls Verbindungen zu Russland.[24] Das sind nur einige Beispiele, die zeigen, dass Filbert ein wichtiger Bestandteil des russischen Netzwerkes aus staatlichen, staatsnahen und alternativen Medien ist.

Auch Martin Kohlmann gibt Filbert ein Interview. Stolz berichtet er, wie er eine Demonstrantin vor Gericht verteidigt hat, die den Buchstaben Z auf ihrer Jacke trug. Da huscht sogar ein Lächeln über das sonst so ernste bärtige Gesicht.[25] In Niedersachsen, Bayern und Berlin ist das Tragen des Symbols in der Öffentlichkeit verboten, da die öffentlich zur Schau getragene Billigung von Angriffskriegen nach dem Strafgesetzbuch verboten ist.[26] In Kohlmanns Heimat Sachsen sieht man das offenbar anders, die Demonstrantin wurde freigesprochen.

Filbert ist sichtlich erfreut, denn mit dem Verbot sollten doch nur die Demonstranten abgeschreckt werden, meint er. Wie bereits dargestellt, ist er an der Mobilisierung prorussischer Proteste beteiligt. Mehrfach dankt er Kohlmann für dessen Arbeit und lobt seine „sehr mutige Rechtsanwaltskanzlei“, die er direkt mit dem Interview verlinkt. „Dort bei Ihnen arbeitet auch mein Bekannter Alexander Boyko, Herausgeber des *Berliner Telegraph*."[27]

Das Interview ist von Juni 2022. Ist Boyko also weiterhin in Kohlmanns Kanzlei tätig, wie zu Beginn der Tätigkeit vom *Berliner Telegraph*? „Am Anfang hat Boyko Parteiwerbung für ‚Pro Chemnitz' gemacht, zwischen Kohlmann und Boyko, da passte kein Blatt dazwischen", sagt der Chemnitzer Berater gegen Rechtsextremismus Steven Seiffert im Gespräch mit der Autorin. Doch nach öffentlicher Kritik habe Boyko die Nähe zum Tolstoj-Institut und „Pro-Chemnitz" abgestritten. Vermutlich war die Zusammenarbeit mit einem Rechtsextremen für das Image des *Berliner Telegraph* nicht gerade förderlich. Seiffert fällt auf, dass Kohlmann und weitere Mitstreiter nahezu täglich in Sachsen bei Demos unterwegs sind. „Wie kann er als Anwalt arbeiten und gleichzeitig einen dermaßen aufwändigen Aktivismus an den Tag legen?", fragt Seiffert. Viele in Chemnitz fragten sich, woher das Geld für die Aktivisten kommt. Seiffert ist als mobiler Berater mit seinem Team in Sachsen unterwegs und beobachtet, dass „*RT* und Co." wie auch prorussische Positionen zum Krieg gegen die Ukraine bei Rechtsextremen „gut ankommen".

So funktioniert also der „Kulturverein" im Namen des bekannten russischen Schriftstellers Tolstoj: Kohlmann und seine Mitstreiter wiegeln die Bevölkerung mit ihren provokativen Reden bei Demos auf, als Rechtsanwalt nutzt Kohlmann das Recht, um Waffenlieferungen an die Ukraine zu behindern und Anhänger der Invasion zu unterstützen. Boyko gibt vor, unabhängigen Journalismus zu betreiben, ist aber de facto auf Kreml-Linie. Er und *Telegraph*-Mitarbeiter Filbert agitieren im Internet für den Angreifer Russland und mobilisieren die Protestierenden. Lew Tolstoj war bekannt für seine Moralvorstellungen und seine Religiosität – hätte er Freude an diesem Verein gehabt?

11. Frieden mit Russland

Keine Waffen für die Ukraine!

Berlin, der 24. Februar 2024, der große Angriff Russlands auf die Ukraine jährt sich zum zweiten Mal. Die Menge hat sich vor dem Bundeskanzleramt versammelt. „Frieden mit Russ-

Abb. 30: Zum zweiten Jahrestag des Angriffs auf die Ukraine demonstrieren die Friedensaktivisten vor dem Bundeskanzleramt.

land“ steht auf den Plakaten, „Keinen Euro, keine Waffen für den Krieg gegen Russland“. Einige Demonstranten fordern „Grüne an die Ostfront“, auf ihrem Plakat sind bekannte Politiker der Grünen im Tarnanzug und mit Kriegsgerät abgebildet. Die Deutsche Kommunistische Partei (DKP), die Gewerkschaften Verdi und IGM sowie die Berliner Friedenskommission sind dabei, auch die „*Druschba*“-Aktivisten schwenken ihre deutsch-russische Flagge mit dem Herz und der Friedenstaube. Die Redner wechseln sich ab, Deutschland soll nie wieder kriegstüchtig werden, da sind sie sich einig. Ein Mann mit grauem Haar und schwarzer Brille, auch sonst dezent schwarz-grau gekleidet, ist der Intellektuelle bei der Veranstaltung: Lühr Henken, Sprecher des Bundesausschusses Friedensratschlag. Er zeigt auf, wie viele Milliarden die Bundesregierung schon für Waffenlieferungen an die Ukraine und für die Bundeswehr ausgegeben hat und noch ausgeben wird, für ihn ist klar: „Aus dem anfänglichen Zauderer ist der Kriegstreiber Scholz geworden.“[1] Die Leidtragenden seien die Menschen, denen die Sozialausgaben gekürzt werden, so Henken. Auch die Bevölkerung solle wieder „kriegstüchtig“ werden und das werde erreicht, „indem man die Angst vor den Russen schürt“. Für Russlands imperialen Kurs und dass möglicherweise Polen oder die baltischen Staaten der Ukraine folgen könnten, gebe es keine Belege, meint Henken.

Nach seiner Rede bitte ich Henken um ein Interview. Davon ist er nicht begeistert, erst will er nicht mit mir sprechen. Als ich ihm sage, dass ich mich seit 30 Jahren mit Russland beschäftige, haben wir eine gemeinsame Basis. Einmal im Jahr versammeln sich Friedensbewegung und Gewerkschaften zum Friedensratschlag, Henken macht dazu Öffentlichkeitsarbeit, unter anderem gibt er Bücher mit den Analysen der Teilnehmer heraus.[2] Er arbeitet auch in der Berliner Friedenskommission.

Henkens Sorge gilt dem Marschflugkörper Taurus, dessen Lieferung an die Ukraine den Krieg eskalieren lassen könnte. Noch mehr sorgt er sich aber um die „Dark Eagle"-Hyperschallraketen, die von den amerikanischen Basen in Deutschland Richtung Russland abgefeuert werden könnten. „Die haben bis 800 Kilometer Reichweite und sind saumäßig schnell und manövrierbar, die sind innerhalb von fünf Minuten da, bevor man die russische Regierung warnen kann." Das hatten wir schon mal in der Geschichte, meint Henken, die Pershing II-Raketen, die in den 80er-Jahren in Deutschland stationiert werden sollten. Auch damals gab es Proteste der Friedensbewegung.

Die „Dark Eagle" seien zwar noch nicht da, aber sie könnten kommen. Henken hat volles Verständnis für die Ängste Russlands. „Der russischen Seite bleibt nur Gewalt, um sich die NATO vom Pelz zu halten." Der Krieg wäre vermeidbar gewesen, wenn man auf russische Sicherheitsbedenken eingegangen wäre, meint er. Russland habe guten Willen gezeigt und sich aus Butscha (einem Ort in der Nähe von Kyjiw, der durch mutmaßliche Kriegsverbrechen der russischen Armee bekannt wurde, Anm. d. Autorin) zurückgezogen. „Der Bürgermeister wusste nichts von Leichen. Die Russen waren schon lange weg, die Leichen wurden erst im Nachhinein hingelegt. Das haben die Ukrainer inszeniert, um zu sagen, dass die Russen Verbrecher sind." Woher weiß er das und warum ist er sich so sicher? „Habe das gesehen bei *RT*. Es ist schwierig zu sagen, was Propaganda ist und was echt", räumt der Friedensaktivist ein. Aber an der westlichen Berichterstattung müsse man doch auch Zweifel haben. Für ihn steht fest: „Russland war Ende März 2022 zu Frieden bereit, das Butscha-Ding hat die Sache gewendet."

Die Ukraine und der Westen hätten sich für den Krieg entschieden, Selenskyj habe gesagt, dass er nicht mit Putin verhandele. „Das führt in die Katastrophe." Dann skandiert die Menge lautstark: „Keine Waffen in die Ukraine!" und wir müssen unterbrechen. Anschließend erzählt mir Henken noch, dass er Anfang der 80er-Jahre in der Sowjetunion war, im modernen Russland aber noch nicht. Früher war er in der DKP aktiv. Da dachte er über eine andere Gesellschaftsordnung nach, „da kommt man an der Sowjetunion nicht vorbei".

Mit seiner Rede kommt der Sprecher der Friedensaktivisten der offiziellen Linie Russlands sehr nahe, nach der die Regierung und die NATO die Kriegstreiber seien, Russland das in die Enge gedrängte Opfer. Warum ist sich Henken so sicher, dass die Angst vor Russland unbegründet ist, allenfalls ein Instrument, um die Bevölkerung auf Kriegskurs zu bringen? Belege für Russlands imperiale Ambitionen gibt es viele, die Reden Putins und anderer hochrangiger Politiker sind regelmäßig in der deutschen Presse zu lesen. Aber der westlichen Presse traut Henken nicht so recht, er schaut *RT* und schenkt dem russischen Sender offenbar mehr Glauben. Überträgt er seine Sympathien für die Sowjetunion auf Russland? Eine Art Vertrauensvorschuss? Dabei gibt es noch weitere 14 Nachfolge-Staaten der Sowjetunion, wie zum Beispiel die Ukraine, und die Bolschewiki haben den Kommunismus bekanntlich nicht erfunden.

Alles nur inszeniert!

Die russischen Staatsmedien und ihr Netzwerk der Alternativmedien deuten jede Etappe des Krieges so, dass sie in das Narrativ vom aggressiven Westen und seiner Marionette Ukraine passt. Auch im Jahr 2024 ist das Thema Butscha bei *RT DE* noch hochaktuell, um die Version vom vereitelten Frieden zu verbreiten. Autorin Dagmar Henn etwa schreibt von einer „Inszenierung“ des Westens, um die Friedensverhandlungen mit Russland zu torpedieren. Auf das „fatale Kommando des Westens“ hin habe der ukrainische Präsident Selenskyj „gehorcht wie ein gut dressierter Hund“. Dabei ist Henns Argumentation nicht schlüssig. Mal spricht sie von „Vermutungen“, dass es ein ukrainisches „Nazibataillon“ gewesen sei, das nach dem russischen Abzug in Butscha einrückte und „Verräter“ gejagt habe, mal waren es „ukrainische Granaten“. Wenn sie es nicht weiß, wieso ist sie sich dann so sicher, dass es die Ukraine war? Vielmehr verbreitet sie die Verschwörungstheorie von „der damaligen Reise des britischen Premiers Boris Johnson nach Kyjiw und seiner Botschaft an Selenskyj, der Krieg müsse weitergehen“.[3] Die Version, Russland habe sich als Zeichen guten Willens aus dem Großraum Kyjiw zurückgezogen, aber mit der „False Flag Operation“ in Butscha habe der Westen die Friedensbemühungen Russlands hintertrieben, findet sich auch in einem anderen Beitrag.[4] Damit folgt *RT DE* dem Statement von Putin, der im April 2022 erklärt hatte, Moskau sei mit einer „Provokation“ in Butscha konfrontiert gewesen, mit der „die russische Armee nichts zu tun hatte“. Putin sagte: „Wir wissen, wer es getan hat!“, wird aber nicht konkret.[5] Das gibt den Schreibern von *RT* viel Spielraum zur Interpretation.

Interessant ist immer zu sehen, wie *RT DE* als Stichwortgeber und Leitmedium für die „alternativen“ Medien fungiert, die ähnliche Darstellungen bringen. Besonders aktiv ist Alina Lipp, Kollegin von Filbert beim Kanal „Stimme Deutschlands“. Sie betreibt zudem ihren eigenen Telegram-Kanal „Neues aus Russland“ mit aktuell 186.000 Abonnenten.[6] Sie bezeichnet sich selbst als „Friedensjournalistin“, laut *T-Online* ist sie als „offizielle Kriegskorrespondentin“ für den staatlichen Medienkonzern *Rossija Segodnja* tätig.[7] Lipp leugnet die Angriffe der russischen Armee auf ukrainische Zivilisten, indem sie diese als Inszenierungen der Ukrainer dargestellt. Und so „beweist" Lipp ihre Behauptungen: Sie nutzt angebliche Augenzeugenberichte, Videos und Fotos meist aus anderen sozialen Medien, deren Authentizität nicht zu überprüfen ist. Ein Video aus einem zweifelhaften russischsprachigen Telegram-Kanal mit der Bezeichnung „UGM" – „Ukrainertum des Gehirns ist eine traurige Krankheit"[8] – präsentiert Lipp so: „Das ukrainische Militär bereitet eine ‚Leiche' vor, vermutlich für künftige, schockierende Aufnahmen der russischen Aggression, vermutet man in russischen Kanälen."[9] Lipp verkauft also zweifelhafte Videos von einem Kanal, der sich den Hass auf die Ukrainer in den Namen geschrieben hat, als Beweis für ihre steilen Thesen.

Die *Deutsche Welle* hat in einer Bildanalyse ähnliche Videos, die eine Inszenierung der Verbrechen behaupten, als Fake identifiziert.[10] Henken ist offenbar auch einer Falschnachricht aufgesessen. Denn der Bürgermeister von Butscha beschreibt in einem Interview das russische Vorgehen gegen die Zivilbevölkerung, er ist Augenzeuge für die Erschießungen.[11] Es ist also falsch, dass er nichts von den Leichen wusste. „Es gibt unzählige Beweise dafür, dass russische Streitkräfte direkt an den Kriegsverbrechen in Butscha und anderen Orten beteiligt waren", schreibt die Vertretung der Europäischen Kommission in Deutschland. Als Belege werden der Bericht der Vereinten Nationen und die Faktenchecks von unabhängigen Institutionen angeführt.[12] Wenn man in der Blase der Alternativmedien lebt, ist es leicht möglich, der russischen Interpretation des Krieges Glauben zu schenken. Dabei geht es nicht darum, dass die russische Führung keine andere Sicht auf den Krieg haben darf. Problematisch ist, dass systematisch Beschuldigungen ohne Belege und Falschdarstellungen verbreitet werden – also Desinformation. Bei der Demo am Bundeskanzleramt wurden auf einem Plakat den Friedensaktivisten „alternative" Medien empfohlen, darunter: *Russia Today*.[13]

Seit Anfang 2022 setzt *RT DE* auf die polarisierende Wirkung des Themas Frieden in der Gesellschaft. Dem „Heißen Herbst" folgte nicht wie erhofft der von extremistischen Kräften befeuerte „Wutwinter", deshalb war ein Wechsel in der Agenda notwendig. Nach der bewährten Strategie solidarisierte sich *RT* mit der Protestbewegung gegen die Regierung. Mit ihrer Kritik an der NATO und Forderungen nach einem Stopp der Waffenlieferungen kam die links orientierte Friedensbewegung den russischen Interessen am nächsten. Bei der Demo am Brandenburger Tor war auch der mir seit Langem bekannte *RT*-Mitarbeiter Wladislaw Sankin. Er filmte die Rede des Friedensaktivisten Henken, das Video wurde mit einem ausführlichen Bericht veröffentlicht. Dabei wurde Henken falsch zitiert. Henken warnte vor der Lieferung des Taurus an die Ukraine, das ist richtig, aber er nannte sie nicht „beschlossene Sache", wie *RT DE* schrieb.[14] Die Taurus-Lieferung war vom Bundestag zu diesem Zeitpunkt bereits abgelehnt worden. So werden die angeblichen Kriegstreiber in der Regierung bei *RT* noch aggressiver dargestellt als von dem Friedensaktivisten Henken. Das Video ist zudem ein weiterer Beleg dafür, dass der Sender in Berlin noch aktiv ist.

Aber auch die Ukraine-Unterstützer wollen Frieden, nur eben nicht auf Kosten der Vernichtung des ukrainischen Staates und der Unterdrückung der ukrainischen Bevölkerung. Diese Tatsache passt nicht zur Darstellung und bedarf daher der „richtigen" Interpretation. *RT DE* unterstellt den Ukraine-Unterstützern, weniger an dem angegriffenen Land interessiert zu sein, als an der Niederlage und dem Untergang Russlands. Die

Ukraine-Unterstützer wurden also in das Narrativ vom aggressiven Westen, der Russland vernichten will, eingebunden.[15] Sankin erwähnte die Demonstration der Ukraine-Unterstützer am Brandenburger Tor – die zahlenmäßig weitaus größer war als die der Friedensbewegung – nur kurz als „Kundgebung zur Unterstützung des Kiewer Regimes und des NATO-Stellvertreterkrieges in der Ukraine".[16]

Das Ziel der Berichterstattung, die Menschen zu Protesten zu mobilisieren, wird besonders deutlich, wenn man die russischen Staatsmedien in Deutschland mit denen in Russland vergleicht. Ein Beispiel: der Drohnenangriff auf die nordrussische Stadt Pskow im August 2023. Dazu brachte *RT DE* eine Analyse des in Moskau ansässigen Amerikaners Andrew Korybko. In der typischen Dichotomie von Gut und Böse wird behauptet, die „liberalen Globalisten aus den USA, Kyjiw, den baltischen Staaten und Polen" hätten die Situation eskalieren wollen, aber

Abb. 31: Der bekannte Fernsehmoderator Wladimir Solowjow macht aus den imperialen Ambitionen Russlands keinen Hehl – im Gegenteil.

dank „der ruhigen und besonnenen Reaktion Russlands" sei dies nicht gelungen, „nur durch diese reife Reaktion geriet der Konflikt nicht außer Kontrolle".[17] Die Botschaft: Der Kreml ist besonnen, die Kriegstreiber sind im Westen zu finden. In Russland war dies auch Thema bei der Show des bekannten Moderators Wladimir Solowjow. Er sitzt im Studio in einer roten Jacke mit den Buchstaben CCCP (UdSSR) und spricht vom Kampf um das Überleben des Staates, damit meint er Russland. Solowjow beschuldigt die NATO, die Drohnenangriffe verübt zu haben – ohne Belege zu liefern. „Wo wurden die Drohnen gestartet? In der Ukraine oder was? Vom Territorium des Baltikums? Das Baltikum muss zerstört werden, zum Teufel, wenn es so ist!", schreit er, „dem Erdboden gleichmachen!"[18] Die Botschaft: Russland zeigt Härte, geht entschieden gegen alle Gegner vor und zerstört sie. Das sind die Drohungen, den Krieg auf die baltischen Staaten auszudehnen, von denen der Friedensaktivist Henken noch nichts gehört hat. Schade, dass er nicht die russischen Sender im Inland schaut.

Aber das ist auch alles mit Übersetzung zu sehen, etwa wenn Solowjow im Staatsender Rossija 1 sagt: „Wir sind Bären! Und der Bär greift ohne Warnung an!" Ein Militärexperte im Studio erklärt, „Jetzt dehnt sich das Russische Imperium wieder aus!". „Wir wollen die Welt, am besten ganz", meint Solowjow. Das Baltikum sei als nächstes dran. „15 Minuten dafür reichen", meint Solowjow. Dann spottet er über die „dummen" Westler, die das moderne Russland immer noch nicht verstehen. „Wir treten ihnen seit Jahrhunderten in den A*."[19]

Zum Schluss: Wann wird Deutschland wie Schweden?

Die in diesem Buch beschriebenen Personen stehen nicht allein, sie sind typisch für bestimmte Kreise der Gesellschaft – die Autorin eingeschlossen. Zu Wendezeiten war ich nicht allein mit meiner Begeisterung für Gorbatschow, die Gorbi-Euphorie war weit verbreitet. Zu Recht, er war wirklich ein großer Politiker. Mit seinen Visionen von einem gemeinsamen Haus Europa, zu dem Russland, die Ukraine und andere Staaten der ehemaligen Sowjetunion gehören sollten, prägte er eine ganze Generation. Ich bin nur eine von vielen, die damals voller Neugier und Aufbruchstimmung nach Russland gefahren sind, um alte Grenzen zu überwinden, Freundschaft und Kooperation sollten Feindschaft und Kalten Krieg endgültig Geschichte sein lassen. Es war für mich einfach klar, dass die west- und osteuropäischen Länder nun zusammengehören. Die Frage des politischen Systems habe ich mir damals nicht gestellt, für mich war es selbstverständlich, dass dieses gemeinsame Europa „natürlich" demokratisch sein würde, ein Zurück zu Sowjetzeiten und Autoritarismus hielt ich damals für ausgeschlossen. Ich sollte mich irren – wie so viele in Deutschland. Mit der großen Invasion in der Ukraine hat Russland die Tür nach Europa endgültig zugeschlagen, der Traum ist ausgeträumt.

Dabei muss ich zugeben, dass ich bis zuletzt die Hoffnung gehegt habe, das Regime könne doch noch – unter Einwirkung des Dialogs und der eifrigen Diplomatie der westlichen Staatsführungen – „zur Vernunft“ kommen. Diese Hoffnung war recht irrational, denn schon als ich 2010/2011 die zynischen Machtspiele in Moskau live miterleben durfte, war mir klar, dass Putin den Kreml nicht mehr freiwillig verlassen würde. Die Scheindemokratie hatte das Ziel, unter Vortäuschung von freien Wahlen und Pluralität seine Macht dauerhaft zu zementieren. Getäuscht wurden nicht nur viele im Westen, sondern auch viele Bürger Russlands, die Ende 2011 wütend auf die Straße gegangen waren. Dann kamen die große revanchistische Bewegung und Repressionen, die alle Ansätze von Bürgerbegehren mit Gewalt erstickten. Meine „Zeitenwende“ kam 2014, weil ich sah, dass Russland nun dauerhaft einen imperialen Weg einschlagen würde, weil Patriotismus und militärische Siege die wichtigste Quelle für den Machterhalt wurden – und Putin diese patriotischen „Heldentaten“ wiederholen muss, um seine Popularität als „nationaler Führer“ zu erhalten. So kamen dann die Intervention in Syrien und die vollständige Invasion in die Ukraine von 2022.

Für das Regime gibt es keinen Weg zurück. Putin und seine Vertrauten werden nie freiwillig die von ihnen angeeigneten Reichtümer Russlands zurückgeben. Ebenso unwahrscheinlich ist, dass die politische Führung sich freiwillig vor einem internationalen Strafgericht für die tausenden, unschuldig zu Tode gekommenen Zivilisten verantworten wird. Damit würde Putin sein politisches Ende besiegeln. Ebenso ist die Gegnerschaft zum Westen eine wichtige Säule des Machterhalts, denn ohne äußeren Feind – vor wem sollte die russische Führung dann die Bevölkerung „beschützen“?

Seit 2014 untersuche ich diesen hybriden Krieg gegen den Westen. Immer wieder habe ich bei Veranstaltungen oder auch von anderen Russlandexperten gehört: Es gibt keine russische Einflussnahme. Meine Befunde sprachen aber dafür: die systematisch eingesetzte Desinformation in den russischen Staatsmedien zur Destabilisierung insbesondere in Krisen, die wiederholte Unterstützung linker und rechter Parteien mit prorussischer Agenda vor Wahlen und nicht zuletzt: der Aufbau eines Netzwerkes, das russische Interessen in Deutschland befördert. Zehn Jahre hat es gedauert, bis ein Vertreter der Bundesregierung öffentlich von einem hybriden Krieg gegen uns sprach: Verteidigungsminister Pistorius anlässlich des „Taurus Leaks“ im März 2024. Die Veröffentlichung der internen Bundeswehr-Gespräche hat gezeigt, dass *RT* im Zusammenspiel mit mutmaßlich von Geheimdiensten beauftragten Hackern in der Lage ist, das ganze Land in Angst und Schrecken zu versetzen. Das war ohne Zweifel ein großer Erfolg des russischen Informationskrieges.

Doch warum hielten und halten sich teilweise immer noch hartnäckig die Hoffnungen, Russland sei ein Partner Deutschlands, man müsse nur „richtig“ den Dialog und die *Druschba*, also die Freundschaft, pflegen? Meine These lautet, dass dies wesentlich mit dem Netzwerk zusammenhängt, das Russland über die Jahre hinweg aufgebaut hat. In diesem Buch habe ich den empirischen Beleg geliefert, wie verschiedene Akteure – stellvertretend für bestimmte Kreise in unserer Gesellschaft – russische Interessen befördern. Der Einfluss des Netzwerkes ist nicht der einzige, aber ein wesentlicher Faktor für das unrealistisch positive Russlandbild, das in weiten Teilen unserer Gesellschaft vorherrscht(e).

Akteure wie der Ost-Ausschuss-Vorsitzende Mangold und die Buchautoren Krone-Schmalz und Bednarz sind nicht organisatorisch eingebunden, aber sie befördern inhaltlich eine positive Wahrnehmung Russlands – als zuverlässiger Energielieferant und wichtigster Wirtschaftspartner in Osteuropa, als geheimnisvolles Land besiedelt mit außergewöhnlichen Menschen, eben den „russischen Seelen". Russen und Deutsche verbinde eine Schicksalsgemeinschaft und Sonderbeziehungen, so die Darstellung. Oder Russland wird als Sonderfall in der Geschichte dargestellt, wo die Demokratie nicht vom Volk, sondern von einem autoritären Führer eingeführt wird. Moskaus Herrschaft über zahlreiche nichtrussische Völker wird als friedliches Zusammenleben beschrieben. Folglich erscheinen Unabhängigkeitsbestrebungen als unvernünftiger Extremismus, der die Stabilität gefährdet. All diese Annahmen und Stereotype sind teils falsch und von der Realität widerlegt, teils fragwürdig – wie in diesem Buch gezeigt wurde. Dennoch haben diese drei Akteure bei mir dazu beigetragen, dass ich zu Beginn meines Studiums und meiner Berufstätigkeit ein recht unrealistisch positives Bild von Russland entwickelt habe – und nicht nur ich. Akteure dieser Art sind besonders einflussreich, da sie aus der Mitte der Gesellschaft kommen und durch ihre Nähe zum Kreml und ihre Erfahrungen in Russland besonders glaubwürdig und kompetent wirken. War ich zunächst ebenfalls von diesen Russlandexperten überzeugt, lese ich 30 bzw. 20 Jahre später ihre Publikationen mit anderen Augen und stelle ihre positive Wirkung auf das deutsche Verhältnis zu Russland infrage.

Bei den beiden Russlandexperten Krone-Schmalz und Mangold ist die Frage berechtigt, ob sie nicht eher das autoritäre Regime in Russland gestützt haben als Demokratie zu fördern.

Den damaligen Ost-Ausschuss-Vorsitzenden habe ich Anfang der 2000er-Jahre unterstützt, als er sich die deutsch-russische Kooperation auf die Fahnen schrieb. Mittlerweile bin ich zu dem Schluss gekommen, dass er diese Ideen vollkommen diskreditiert hat. Warum? Erstens macht er mit Oligarchen Geschäfte, die zentrale Stützen des Systems sind. Außerdem pflegt er private Beziehungen zu Putin, indem er z. B. mit ihm Schröders 70. Geburtstag in St. Petersburg feierte – direkt nach der Annexion der Krim im April 2014.[1]

Zweitens haben sich Mangold und der Ost-Ausschuss bis Februar 2022 unverdrossen für den Ausbau der deutschen Importe von russischer Energie eingesetzt. Dass Deutschland in eine gefährliche Abhängigkeit von Russland geriet und erpressbar wurde, änderte nichts an diesem Kurs. Im Gegenteil, mit dem Narrativ „Russland bleibt ein zuverlässiger Energielieferant" wurden alle Bedenken ausgeräumt, obwohl Russland schon in den 2000er-Jahren Energie gegen die Ukraine, Belarus und andere Staaten als Waffe eingesetzt hatte. Deutschland trug als größter Abnehmer von Gas in der EU wesentlich dazu bei, dass sich die russischen Staatsreserven füllten. Seit 2014 lag der Fokus klar auf den Kriegen zur Wiederherstellung der imperialen Größe Russlands – das änderte aber nichts an den Aktivitäten Mangolds. Im Gegenteil, Mangold und der Ost-Ausschuss bauten die exklusiven Wirtschaftsbeziehungen weiter aus. Dabei entsprachen die in den Pressemitteilungen verbreiteten Argumente teils nicht den Tatsachen, etwa die Darstellung, dass Russland wichtigster Wirtschaftspartner in Osteuropa sei – das war überwiegend Polen. Die Modernisierungspartnerschaft und das Diktum, dass die deutsche Energiesicherheit nur mit Russland zu erreichen sei, sind wirtschaftspolitische Entscheidungen, die von der Regierung Schröder und deutschen Energiekonzernen getroffen und vom Ost-Ausschuss flankiert wurden.

Dass Russland als Energielieferant unersetzlich sei, ist faktisch falsch. Norwegen, die Niederlande und Belgien haben den russischen Anteil nach dem Lieferstopp von Gazprom im August 2022 ersetzt. Trotz der Energiekriege, die Russland in den 2000er-Jahren führte, zeigte Mangold aber einen unerschütterlichen Glauben, dass Russland ein verlässlicher Energielieferant sei – bis Gazprom Deutschland den Gashahn abdrehte. Es zeigte sich, dass weder die deutsche Regierung noch die Energiekonzerne auf dieses Szenario vorbereitet waren. Aufgrund der „exklusiven" deutsch-russischen Beziehungen und der Nähe verantwortlicher Akteure wie Altkanzler Schröder und einiger SPD-Minister, aber auch Mangolds und des Ost-Ausschusses zu Putin, hielt man sich offenbar für unverwundbar. Sicher spielt dabei eine Rolle, dass der Einsatz für gute Beziehungen zu Russland mit finanziellen Vorteilen verbunden war. Schröders Positionen in russischen Energiefirmen sind bekannt, Mangold ist ebenfalls Geschäftspartner russischer Oligarchen und Firmen.

Mit seinem demonstrativen Eintreten gegen Sanktionen sendete der Ost-Ausschuss falsche Signale hinsichtlich des Krieges gegen die Ukraine. Mangolds Wirken wurde von der Regierung unterstützt. Bei seiner Verabschiedung als Vorsitzender des Ost-Ausschusses 2010 lobte Angela Merkel ihn als besonders engagierten „Brückenbauer". Mangold selbst sah sein Wirken in der Tradition von Katharina der Großen.[2] Die deutsche Zarin stand aber nicht nur für Modernisierung, sondern auch für die erste Annexion der Krim 1783, für die Teilung Polens und Angliederung der rechtsufrigen Ukraine an das Russische Reich sowie für die Zerstörung des Hetmanats der Kosaken. Mangold und Kollegen trugen zur Modernisierung bei, aber mit ihrer politischen und wirtschaftlichen Unterstützung haben sie indirekt einen Anteil daran, dass Russland wieder seinen imperialen Glanz mehren kann – und erneut die Ukraine als Staat zerstören will.

Mangold ist in der deutschen Wirtschaft kein Einzelfall. Auch Nikolaus Knauf war mehr als 20 Jahre lang Honorarkonsul. Der Hersteller von Baustoffen gehört zu den größten Investoren in Russland. Er geriet in die Kritik, weil sich die Firma am Wiederaufbau der zerstörten Stadt Mariupol beteiligte und damit die russische Macht in den annektierten Gebieten zementierte. Neben Knauf sind noch weitere deutsche Firmen in Mariupol engagiert.[3] Der unerschütterliche Glauben an Russland hat die Deutschen zu willigen Helfern des Kriegsherren Putin gemacht. Mangold selbst hat angeregt, die Rolle der deutschen Wirtschaft aufzuarbeiten. Ein sehr guter Vorschlag. Dabei sollten zwei zentrale Fragen näher untersucht werden: Wem nützte die Modernisierungspartnerschaft? Und warum blieb der erhoffte Effekt auf die Demokratisierung Russlands aus?

Unerschütterlichen Glauben an Russland zeigen auch Autoren wie Krone-Schmalz. Dabei meinen sie aber vor allem den Herrscher im Kreml. Die Vorststellung, dass ein autoritärer Präsident die Demokratie in Russland einführt, erwies sich jedoch als Illusion. Krone-Schmalz sprach den Russen die Fähigkeit zur Demokratie ab – zeigt sie damit nicht die westliche Arroganz, die sie ständig kritisiert? Später bezieht sich ihr Glauben auf Putin, der angeblich missachtet wird und unverstanden ist. Dabei nimmt sie für sich in Anspruch, aufgrund ihres exklusiven Zugangs zum Kreml seine Herrscher besonders gut zu verstehen. Es ist jedoch zweifelhaft, ob Gorbatschow oder Putin jemals die Demokratie einführen wollten. Gorbatschow wollte das Sowjetsystem reformieren und einen „Sozialismus mit menschlichem Antlitz" befödern. Putin experimentierte in den 2000er-Jahren mit wirtschaftlichen Reformen, die später zurückgenommen wurden. Eine freie Marktwirtschaft mit echter Konkurrenz der Unternehmen kann es in Russland unter seiner Führung nicht geben, da die Säulen der Wirtschaft, vor allem die Energiebranche, von Putins Gefolgsleuten besetzt sind, die diese zur Abschöpfung ihrer persönlichen Gewinne nutzen. Das ist die Grundlage der Kleptokratie. Das gilt ebenso für das politische System: Echte Konkurrenz darf es nicht geben. Sobald die Marionetten in Putins Demokratietheater zu viel Selbstständigkeit zeigen, werden sie ausgeschaltet. Das System Putin ist nicht reformierbar, weil Reformen seine Machtvertikale zerstören würden. Krone-Schmalz gab selbst zu, dass sie für Gazprom tätig war. Hat das möglicherweise ihren Glauben an Russland befödert?

Aber sie ist bei Weitem nicht die einzige Journalistin, die mit ihrem exklusiven Zugang zum Kreml auch wirtschaftlich erfolgreich ist, ein anderer Autor ist Hubert Seipel. Nach Medienberichten soll er im Rahmen eines Sponsorenvertrags 600.000 Euro erhalten haben. Seipels Vertragspartner war eine Briefkastenfirma, die offenbar dem Oligarchen Mordaschow gehört (zur Erinnerung: Mordaschow ist ein Geschäftspartner Mangolds), und er bestätigte auch, Geld von Mordaschow erhalten zu haben. Seipel schrieb zwei Bücher über Putin und produzierte Interviews mit ihm für den NDR. *Putins Macht. Warum Europa Russland braucht* ist der Titel seines 2021 erschienenen Buches – es wird deutlich, dass hier die Akzeptanz des Kremls im Westen befördert werden soll.[4] Die Bücher von Alexander Rahr, einem der führenden Russlandexperten, gehen in dieselbe Richtung: *Anmaßung. Wie Deutschland sein Ansehen bei den Russen verspielt* lautet der Titel eines Buches von 2021, versehen mit einem Vorwort von Gabriele Krone-Schmalz. Rahr schrieb auch schon zwei Biografien über Putin, er sieht sich selbst als „Russland-Kenner und Putin-Versteher". Der Politologe war schon bei Putin zum Abendessen eingeladen und arbeitet als Berater für Gazprom.[5] Diese Logik, dass die Nähe zur Macht das Russland-Verstehen ungemein befördere, ist bei einigen deutschen Russlandexperten anzutreffen. Bedenklich ist aber, dass Seipel von einem russischen Oligarchen, Krone-Schmalz und Rahr von Gazprom für ihre Expertise Geld erhalten. Von welcher Unabhängigkeit kann da noch die Rede sein? Haben ihr auf den Kreml fixierter Blick und die positive Darstellung des Kremlherren nicht dazu beigetragen, dass sich hierzulande größtenteils kein realistisches Bild von Russland entwickeln konnte?

Dennoch hat Krone-Schmalz den öffentlichen Diskurs in Deutschland stark geprägt. Einige Narrative wurden von vielen anderen deutschen Journalisten und Politikern geteilt, insofern können sie als durchaus typisch für die 30 Jahre nach dem Zerfall der Sowjetunion gelten.

„Alle Probleme lassen sich im Dialog lösen", ist besonders häufig anzutreffen. Das möchte ich nicht falsch verstanden wissen, ich selbst trete auch für Kooperation und Dialog ein. Aber meiner Meinung nach haben viele den Zeitpunkt verpasst zu merken, dass der Dialog nur noch eine Inszenierung der deutsch-russischen Freundschaft war, während sich die Umwandlung Russlands zur Diktatur und das imperiale Ausgreifen im „nahen Ausland" vollzogen. Die Gründe dafür sind sicher individuell. Das Wunschdenken, dass Russland irgendwann zur Demokratie wird, spielte eine Rolle, gute Geschäfte gehörten sicherlich auch dazu.

Welche Art von Kooperation und Dialog von russischer Seite erwünscht ist, zeigt sich an meinem Beispiel. Solange ich

Berichte über die beeindruckenden Investitionsprojekte und Chancen für Unternehmer in Russland verfasste, war alles in schönster Ordnung. Als ich 2014 anfing, die russische Informationspolitik kritisch zu beleuchten, wurde ich erst von *RT Deutsch* und *Sputnik* „verwarnt", dann setzten aggressive Attacken ein und mittlerweile bin ich in der Russischen Föderation vermutlich unerwünscht. Was aber sind Dialog und Kooperation wert, die immer nur affirmativ sind, also der Bestätigung des Partners dienen? Wenn sich der Kooperationspartner zum Diktator und außenpolitischem Aggressor wandelt – dann wird man zur Stütze dieses Systems und spielt selbst eine bedenkliche Rolle.

Mit Vorstellungen wie „der Kreml sorgt für Stabilität und Ordnung" und „Russland ist für die Demokratie nicht geeignet" etablierte Krone-Schmalz – und nicht sie allein – autoritäre Denkmodelle, die den Wandel zur Diktatur beförderten. Deutschland wollte Demokratie fördern, beschleunigte aber de facto Russlands Weg in die Diktatur: mit Sonderbeziehungen, die die ostmitteleuropäischen Nachbarn oft übergingen, mit engen und teils privaten Kontakten zu Putin, Geschäften mit Oligarchen, Pipeline-Projekten, die halfen, unliebsame Transitstaaten wie die Ukraine zu umgehen. Deutschland war Russlands bester Kunde im Gasgeschäft. Aber der erhoffte Wandel durch Handel blieb Wunschdenken.

Mit Botschaften wie „der Westen versteht Russland nicht" oder „an Russland muss man einfach glauben" fordert Krone-Schmalz ein andauerndes Verständnis ein, das seit Langem an der Realität vorbeigeht. Dabei fällt auf, dass sie weder für Oppositionspolitiker im Gefängnis noch für ermordete Journalisten Verständnis aufbringt. Ihr Verständnis gilt allein dem angeblich gedemütigten und missverstandenen Putin. Wie einst der Zensor Tjuttschew, der als Vorbild für ihr erstes Buch diente und von seinen Untertanen im Russischen Reich Gehorsam gegenüber dem Zaren forderte.

Es gibt nichts mehr zu beschönigen. Der Europarat stufte Russland im Oktober 2023 als Diktatur ein. Es fehle jegliche Kontrolle des Machthabers Putin etwa durch ein frei gewähltes Parlament oder eine unabhängige Justiz, hieß es zur Begründung. Mit dem Verzicht auf eine Amtszeitbegrenzung verstoße Putin zudem gegen die russische Verfassung und internationale Rechtsgrundsätze.[6] Nach Angaben der UNO wurde die Ukraine zum Schauplatz der größten Vertreibungskrise der Welt. Im Juli 2024 waren schätzungsweise 3,6 Millionen Menschen innerhalb des Landes auf der Flucht. Fast 6,5 Millionen Menschen aus der Ukraine haben Zuflucht im Ausland gefunden.[7] Russland versucht – zum dritten Mal in der Geschichte, wenn man das protostaatliche Hetmanat der Kosaken mitzählt – die Unabhängigkeit der Ukraine zu zerstören. Auch wir sind Ziel eines hybriden Krieges, der wie im Fall der Ukraine nicht offiziell erklärt wird – schon seit 2014. Lange wurde diese Gefahr nicht ernst genug genommen – es ist Zeit, dass wir aufwachen.

Leider habe ich den Eindruck, dass dies immer noch nicht überall geschieht. Bei einer Diskussion im Bundestag zum 2. Jahrestag der Krim-Annexion äußerte die zuständige Mitarbeiterin des Auswärtigen Amtes zu den Sanktionen gegen russische Staatsmedien die Ansicht, man müsse „besonnen reagieren".[8] Tatsache ist jedoch, dass die Sanktionen gegen *RT* und *Sputnik* wirkungslos sind. Wie ist es sonst zu erklären, dass *RT DE* seine Reichweite *während* der Invasion von 2,5 Millionen Zugriffen im September 2022[9] auf sechs Millionen im August 2023 steigern und dieses Niveau bis Mai 2024 halten konnte? Da wird das Argument ins Spiel gebracht, man bestätige sonst den russischen Vorwurf der Zensur. Falsche Tatsachenbehauptung und die öffentliche Billigung eines Angriffskrieges sind jedoch von der Presse- und Meinungsfreiheit nicht gedeckt – und die Agitation von *RT* und *Sputnik* zum Krieg gegen die Ukraine erfüllt genau diese Tatbestände. Während bei uns überlegt wird, ob wir besonnen genug auf Russlands Informationskrieg reagieren, schafft Russland Tatsachen. Über Spiegelseiten, scheinbare Telegram-Seiten, die nichts mit dem Anbieter Telegram zu tun haben, über dubiose Nachrichtenportale wie *Voice of Europe* oder den *Berliner Telegraph*. Es werden ständig neue Plattformen geschaffen, die Russlands Propaganda weiterverbreiten.

Russland hat in den zehn Jahren seit 2014 ein gut funktionierendes Netzwerk an staatlichen, staatsnahen Medien und solchen Akteuren, die aus eigener Motivation den Kreml unterstützen, aufgebaut. Dabei schreckt Russland nicht vor der Zusammenarbeit mit Rechtsextremisten wie den Freien Sachsen, Teilen der AfD und dem *Compact*-Magazin zurück – im Gegenteil, diese Akteure erweisen sich als besonders wertvoll, da sie genau wie die russischen Staatsmedien den Sturz des Systems anstreben und die Demokratie an sich beseitigen wollen. Dass hier die Interessen identisch sind, wurde an der Agitation zum „Heißen Herbst" in der Energiekrise gezeigt. Die sogenannten Alternativmedien sind als Medienpartner wertvoll, da sie russische Narrative weiterverbreiten, Werbung für die russischen Medien machen und es auch personelle Überschneidungen bei den Autoren gibt. Mit ihrer Behauptung, die Wahrheit jenseits des Mainstreams zu zeigen, nutzen sie das bestehende Misstrauen gegenüber den etablierten Medien für ihre eigene Agenda.

Die Schwächen der Gesellschaft nutzen – das ist das Erfolgsrezept dieser „alternativen" Medien und ihres Leitmediums *RT*

DE. Wie gezeigt wurde, sind Mitarbeiter von *RT DE* und *Sputnik* weiter in Deutschland aktiv, sodass zumindest teilweise Inhalte der Seiten und des TV-Programms hier produziert werden. Moskaus wichtigster Info-Krieger Rodionov agitiert weiter unter dem Label „Infrarot", die Videoagentur *Ruptly* arbeitet weiter mitten in Berlin – das sind die staatlichen und staatsnahen Medien, die eigentlich von den Sanktionen betroffen sein sollten. Dazu kommen zahlreiche Influencer im Internet wie Sergej Filbert oder Alina Lipp und Plattformen wie der dubiose *Berliner Telegraph*, der unter der im Impressum angegebenen Adresse in Berlin keine Redaktion hat und bei dem es mehr als fraglich ist, ob es diese überhaupt gibt. Während in Tschechien das Fake-Portal *Voice of Europe* aufgeflogen ist, kann der *Berliner Telegraph* ungestört als Briefkastenfirma agieren. Berlin war schon immer attraktiv für russische Einflussagenten und bleibt es auch.

In meiner kleinen Geschichte der russischen Staatsmedien in Deutschland habe ich gezeigt, wie *RT* und *Sputnik* von Anfang an systematisch Krisen genutzt haben, um die Gesellschaft mit Desinformation und überzogenen Krisenszenarien zu verunsichern. Dabei wurde das demokratische System als dysfunktional dargestellt – im Gegensatz zur effektiven Autokratie in Russland. Gemäß der von der *RT*-Chefredakteurin erläuterten Strategie wurden die Unzufriedenen und „Kämpfer gegen das System" angesprochen: die Asyl-Kritiker von Pegida und der AfD, die Kritiker der Corona-Maßnahmen und Querdenker, die Unzufriedenen während der Energiekrise und die ängstlichen Beobachter des Ukraine-Krieges. Diese Gruppen der Gesellschaft erhalten bei *RT DE* und den mit ihnen kooperierenden Medien eine Plattform für ihre Forderungen, so werden die Kritiker zu Protesten mobilisiert. *RT DE* wiederum profitiert von der wachsenden Gegnerschaft gegen die Regierung und rasant steigenden Nutzerzahlen. Dem deutschen Ableger gelang es auf diese Weise, sich vom Nischenmedium zur Plattform mit Millionen Nutzern zu steigern. *RT DE* sieht sich als Stimme des angeblich ungehörten Volkes im Kampf gegen die verhassten Eliten. Allzu oft zeigte sich jedoch – etwa beim „Heißen Herbst" und Protesten gegen Waffenlieferungen für die Ukraine –, dass diese „Volksaufstände" von bestimmten Gruppen, unter ihnen Rechtsextreme und Querdenker, getragen sind. Neonazis, der rechte Flügel der AfD und Querdenker bilden den harten Kern bei Montagsdemonstrationen und anderen Protesten – *RT DE* berichtet live, immer noch, den Sanktionen zum Trotz. „Wir spucken auf eure Sanktionen", sagte Simonjan. Russland wahrt seinen Einfluss in Deutschland und weitet ihn sogar aus – dabei ist jedes Mittel und jeder Extremist recht.

Die Unterstützung für die Ukraine zu schwächen, das ist schon seit 2014 ein wichtiges außenpolitisches Ziel, es rückt aber seit dem großen Angriff auf der Agenda ganz nach oben. Neben der Medienarbeit nimmt Russland direkt Einfluss auf Abgeordnete des Bundestages, wie der Fall des Mitarbeiters von Eugen Schmidt (AfD) gezeigt hat. Sergijenko sollte im Auftrag des russischen Geheimdienstes FSB die Waffenlieferungen mit juristischen Mitteln stoppen. Hier zeigen sich interessante Parallelen zum Vorsitzenden der Freien Sachsen Kohlmann, der ebenfalls gerichtlich dagegen vorgeht. Abgeordnete der AfD und der Linken dienen sich besonders eifrig dem Putin-Regime an, indem sie bei Reisen nach Russland, in die besetzten Gebiete der Ukraine und andere Regionen Wahlen ein demokratisches Gütesiegel verleihen. Einige Akteure, wie die rechtsextremen Freien Sachsen, zelebrieren mit *Druschba*-Fahrten medienwirksam die deutsch-russische Völkerfreundschaft und fordern Frieden mit Russland.

Politisch überwiegend links orientierte Friedensaktivisten treten ebenfalls gegen Waffenlieferungen und für Frieden auf. Da Frieden nur zu Bedingungen des Kremls möglich ist, würde dies die Zerstörung der Ukraine und die Unterwerfung eines Teils seiner Bevölkerung unter russische Herrschaft implizieren – dies wird offenbar billigend in Kauf genommen. Aus diesem Grund entsprechen die Forderungen der Friedensaktivisten russischen Interessen. Eine Querfront von rechts und links wird von einigen AfD-Politikern und Rechtsextremen befürwortet, scheitert aber bislang an der Partei Die Linke und Sahra Wagenknecht mit ihrem gleichnamigen Bündnis. Mittlerweile gibt es laut zweier Medienberichte Belege für die Bemühungen der russischen Präsidialverwaltung, eine solche Querfront zu fördern. Es fehlen aber die Beweise, dass diese Strategiepapiere bei den Akteuren in Deutschland angekommen sind. Möglicherweise handeln sie aus eigener Motivation.

Die rechten Kräfte sehen in Putin die Speerspitze gegen die Demokratie und den Westen, getreu dem Motto „Kreml-Freunde aller Länder, vereinigt Euch!“ agieren sie international und sind sehr gut in Russlands Netzwerk integriert. Russland führt ihn schon längst wieder, den Kampf der Systeme, ob es uns gefällt oder nicht. Russland steht an der Seite Chinas und des Irans gegen die westliche Demokratie. Wir sollten aufwachen, bevor wir noch mehr Politiker in Parlamenten und Rathäusern haben, die sich mehr der Agenda Moskaus verpflichtet fühlen als der Bundesrepublik. Auch die von Rechtsextremen, Querdenkern und Alternativmedien mit *RT DE* an der Spitze genährten Subkulturen, die Russland als bessere Alternative und Putin als Erlöser von gesellschaftlichen Krisen sehen, sind bedenklich. Ein erster Schritt wäre, die überkommenen Russlandbilder abzulegen und sich ein reales Bild vom heutigen Land zu machen. Ein weiterer Schritt ist es, Medienkompetenz zu fördern: Zu schauen, wer als Quelle hinter einer Nachricht steht und wie man Falschnachrichten erkennt. Mir gefällt der schwedische Weg: Die Gesellschaft Schwedens ist so gut informiert, dass *Sputnik* sich 2016 selbst einstellte, wegen zu geringen Zulaufs und ganz ohne Verbote.[10] Aber davon sind wir noch weit entfernt, fürchte ich.

Danksagung

Lange Jahre lief es bei mir wie bei „Dinner for One“ an Silvester: Der Butler James stolpert mit dem Tablett über das Tigerfell und fragt Miss Sophie: „The same procedure as last year?“ Bei mir sah das Prozedere so aus: Zum Jahreswechsel schrieb ich einen Entwurf zu meinem geplanten Buch über Russlands Netzwerk, aktuelle Anlässe gab es genug. Doch regelmäßig stolperte ich über meine eigenen Zweifel und Bedenken. Der Entwurf blieb liegen, wie auch schon der vom Vorjahr und der zwei Jahre davor. Dafür gab es verschiedene Gründe. Vor allem hatte ich wenig Verlangen, noch mehr von den russischen Staatsmedien und Trollen attackiert zu werden. Russlands große Invasion steigerte die Dringlichkeit, doch meine Bedenken blieben stärker. Anfang 2023 ermunterte mich erst die britische Journalistin Catherine Belton, dann die finnische Autorin Jessikka Aro, mein Vorhaben zu realisieren. Mit engagierten Worten und einer großen Packung finnischer Blaubeerschokolade sprach Jessikka mir Mut zu. Das half. Den nächsten Entwurf schrieb ich schon im Sommer. Für diesen Fortschritt danke ich beiden Damen herzlich! Doch es reicht natürlich nicht, das Buch nur zu schreiben, ich musste auch einen Verlag finden. Diese schwierige Aufgabe öffnete wieder die Schleuse für meine zahlreichen Bedenken. Im Herbst gab ich mir einen Ruck und es war gar nicht so schwierig, wie ich dachte. Der Verlag Frankfurter Allgemeine Buch zeigte Interesse und dafür danke ich ihm sehr! Mit dem Verlagsteam haben wir das Projekt recht flott umgesetzt. Ich habe mich sehr gefreut, dass einige Kapitel aus medienrechtlicher Sicht geprüft wurden. Der Lektorin Sophie Dahmen bin ich dankbar für ihre detaillierte und sorgfältige Redigatur. All Ihnen danke ich für die unkomplizierte und professionelle Zusammenarbeit!

Einen herzlichen Dank möchte ich auch den Teilnehmern und Teilnehmerinnen an meinen Veranstaltungen zu Russlands Medien aussprechen, denn sie haben mich auf die Idee zum ersten Teil gebracht. Die meisten waren sehr aufgeschlossen und zeigten großes Interesse am Thema, aber einige warfen mir vor, ich sei von den USA oder anderen fremden Mächten gekauft. In einer Runde bei der Volkshochschule Erfurt fragte eine Dame nach meinen Erfahrungen mit Russland und es entwickelte sich ein gutes Gespräch, bei dem – so hoffe ich – klar wurde, dass ich kein Feind Russlands bin. So entstand die Idee, meinen eigenen Weg zu beschreiben und zu zeigen, wie und warum sich der Wandel meines Russlandbildes vollzog. So hoffe ich, dass ich viele Leserinnen und Leser motiviere, sich ihre eigenen Gedanken über Russland zu machen.

Einen besonderen Dank spreche ich meinem Doktorvater Gerhard Simon aus, der meine wissenschaftliche Laufbahn seit 30 Jahren mit Ermutigung begleitet und mit kritischem Blick viele meiner Publikationen gelesen hat – so auch diese. Ebenso seiner Frau Nadja Simon für ihre Gastfreundschaft und die wundervollen Gespräche. Mit großer Dankbarkeit denke ich auch an meine russischen Freunde und Freundinnen, die mich so selbstverständlich wie ein Familienmitglied bei sich aufnahmen – so habe ich mich nie fremd gefühlt. Sie haben mit ihrem Humor und guten Ideen meine Zeit in Russland zu einer überwiegend schönen Erfahrung gemacht. Allen, die zu diesem Buch beigetragen haben und die ich nicht namentlich erwähnt habe, ebenfalls ein großes Dankeschön! Sie alle haben mich motiviert, dieses Buch zu verwirklichen. Not the same procedure as every year!

Quellenangaben

Einleitung: Russlands Medien und Desinformation – ein schwieriges Thema in Deutschland

1 Ein kurzer Bericht über die Veranstaltung am 4.10.2022 ist auf der Webseite der Volkshochschule Altenburger Land verfügbar, Blog „Akademie in der Aula", *https://www.vhs-altenburgerland.de/blog* (abgerufen am 3.9.2024).

2 Pia Lamberty, Corinne Heuer, Josef Holnburger: Belastungsprobe für die Demokratie. Pro-russische Verschwörungserzählungen und Glaube an Desinformation in der Gesellschaft, 2. November 2022, *https://cemas.io/publikationen/belastungsprobe-fuer-die-demokratie/?fbclid=IwAR3qa_jfbsSocM_3orU3GCwvVYsAXTkGSU0b-AjEDyD0u0e_Z2357-1xAFk* (abgerufen am 3.9.2024).

3 Franziska Schwarz: Erschreckende Umfrage: Ein Drittel der Deutschen glaubt an Verschwörung gegen Putin, Fr.de, 27.4.2023, *https://www.fr.de/politik/verschwoerung-putin-umfrage-friedrich-ebert-stifung-demokratie-deutschland-afd-gruene-zahlen-aktuell-92239314.html?fbclid=IwAR2rk6VkmIO15M-Si9x1YrTFNCapDgRiOaL_xEAi3U_NQCHBlJoTp0TocI8* (abgerufen am 3.9.2024).

Teil 1: Erfahrungsbericht der Autorin

1. Die russische Seele und das rätselhafte Land

1 Als Genosse Jelzin auf den Panzer stieg ..., Sueddeutsche.de, 19.8.2011, *https://www.sueddeutsche.de/politik/putsch-in-moskau-als-genosse-jelzin-auf-den-panzer-stieg-1.1131672* (abgerufen am 12.6.2024).

2 Um mögliche Nachteile für die Betroffenen zu vermeiden, werden alle Namen meiner Bekannten und Freunde in Russland geändert.

3 1992 galt noch die alte Rechtschreibung, der Titel wird getreu des Originals zitiert: Gabriele Krone-Schmalz: … an Rußland muß man einfach glauben. Meine Moskauer Jahre, 2. Aufl., Düsseldorf et al., 1992.

4 Ebd., S. 95–97, Zitat S. 96.

5 Ebd., S. 107–108.

6 Ebd., S. 109–111.

7 Ebd., S. 98.

8 Ebd., S 249–270, Zitate S. 264 und 268.

9 Ebd., S. 262, 247.

10 Ebd., S. 67–94.

11 Ebd., S. 68, Zitat S. 74.

12 Ebd., S. 79.

13 Ebd., S. 82, 83, 91.

14 Ebd., S. 91.

15 Ebd., S. 83.

16 Ebd., S. 93.

17 Ebd., S. 70–71.

18 Ebd., S. 100.

19 Ebd., S. 122–126.

20 Ebd., S. 123–126.

21 Ebd., S. 118–119, 127.

22 Ebd., S. 127.

23 Ebd., S. 265.

24 Ebd., S. 248.

25 Ebd., S. 5.

26 Fjodor Dostojewskij verarbeitete seine Zeit der Zwangsarbeit in Sibirien in dem autobiografisch geprägten Roman *Aufzeichnungen aus einem toten Haus.*

27 Rede Gabriele Krone-Schmalz bei der Friedensdemo in Berlin, 25.11.2023, *https://www.youtube.com/watch?v=mbgjxE4bT0c* (abgerufen am 3.7.2024).

28 Gabriele Krone-Schmalz, Redebeitrag bei der Podiumsdiskussion der Braunschweiger Zeitung, Braunschweiger-zeitung.de, 27.2.2024, *https://www.braunschweiger-zeitung.de/niedersachsen/article241771678/So-stuermisch-lief-im-Medienhaus-die-Debatte-zum-Ukraine-Krieg.html* (abgerufen am 3.7.2024).

29 Susanne Spahn: Das Ukraine-Bild in Deutschland: Die Rolle der russischen Medien. Wie Russland die deutsche Öffentlichkeit beeinflusst, Hamburg 2016, S. 42. Eine Kurzversion ist hier abrufbar: *https://ethz.ch/content/dam/ethz/special-interest/gess/cis/center-for-securities-studies/resources/docs/ISPSW%20444_Spahn_deutsche_Version.pdf* (abgerufen am 3.9.2024).

30 Krone-Schmalz, Podiumsdiskussion in Braunschweig.

31 Ilko-Sascha Kowalczuk, zit. in: Patrick Bahners: Putins Ramsch, FAZ.NET, 8.3.2022, *https://www.faz.net/aktuell/feuilleton/debatten/beck-verlag-druckt-bestseller-von-krone-schmalz-nicht-mehr-nach-17859050.html* (abgerufen am 3.9.2024).

32 Gerhard Simon: Nationalismus und Nationalitätenpolitik in der Sowjetunion. Baden-Baden 1986, S. 34–194, 229–233.

33 Günther Stökl: Russische Geschichte, 5. Aufl., Stuttgart 1990, S. 83.

34 Ebd., S. 635–641.

35 Manfred Hildermeier: Geschichte der Sowjetunion 1917–1991. München 1998, S. 105–117, Zitat S. 117.

36 Eine deutsche Übersetzung der in Kirchenslawisch abgefassten Chronik: Die Nestorchronik. Der altrussische Text der Nestorchronik in der Redaktion des Abtes Sil'vestr aus dem Jahre 1116 und ihrer Fortsetzung bis zum Jahre 1305 in der Handschrift des Mönches Lavrentij aus dem Jahre 1377 sowie die Fortsetzung der Suzdaler Chronik bis zum Jahre 1419 nach der Akademiehandschrift, Forum Slavicum, Bd. 48, München 1977.

37 Andreas Kappeler: Russland als Vielvölkerreich. Entstehung, Geschichte, Zerfall. München 1992, S. 25–28, Zitat S. 26.

38 Gavin Hambly: Die Goldene Horde, in: Gavin Hambly (Hg.): Zentralasien. Frankfurt am Main 1966, S. 128–139, Zitat S. 131.

39 Ebd., S. 135.

40 Kappeler, Russland als Vielvölkerreich, S. 25–36.

41 Ebd., Zitat S. 25.

42 Ebd., S. 25.

43 Susanne Spahn: Nachrichten aus dem Kreml. Narrative russischer Medien zu Russlands Krieg gegen die Ukraine, Bundeszentrale für politische Bildung, 12.1.2023, *https://www.bpb.de/themen/medien-journalismus/digitale-desinformation/517057/nachrichten-aus-dem-kreml/*;, Susanne Spahn: Russlands Narrative und Desinformation im Krieg gegen die Ukraine, in: Hansen, Stefan, Husieva, Olga, Frankenthal, Kira (Hrsg.): Russlands Angriffskrieg gegen die Ukraine. Baden-Baden 2023, S. 45–66, *https://www.nomos-elibrary.de/10.5771/9783748933915-45/kapitel-3-russlands-narrative-und-desinformation-im-krieg-gegen-die-ukraine?page=1* (abgerufen am 3.9.2024).

44 Kappeler, Russland als Vielvölkerreich, S. 29–36, Zitat S. 30–31.

45 Einen guten Überblick über die Geschichte der Russlanddeutschen gibt der Sammelband von Alfred Eisfeld (Hg.): Die Russlanddeutschen, 2. Aufl., München 1999.

46 Kappeler, Russland als Vielvölkerreich, S. 19–24.

47 Klaus Bednarz ist tot, Spiegel.de, 15.4.2015, *https://www.spiegel.de/kultur/gesellschaft/klaus-bednarz-ard-journalist-ist-tot-a-1028663.html* (abgerufen am 19.1.2024).

48 Die Ballade vom Baikalsee, WDR 1998, ist bei Youtube zu sehen: *https://www.youtube.com/watch?v=TcrCaqfGguU (Teil 1, Winterreise), https://www.youtube.com/watch?v=hHXW_xA3Fck* (Teil 2, Sommerreise), *https://www.youtube.com/watch?v=MtZcoFdW59Q* (Teil 3, Das Wiedersehen), (abgerufen am 3.9.2024).

49 Klaus Bednarz: Ballade vom Baikalsee. Begegnungen mit Menschen und Landschaften, 5. Aufl., Hamburg/Wien 1999, S. 14.

50 Ebd., S. 367–384, Zitate Walentin Rasputin S. 367, 372–373.

51 Ebd., S. 19–20.

52 Ebd., S. 25–35, Zitat Helmut Lieth S. 26.

53 Kommentare zu Teil 2 Sommerreise, *https://www.youtube.com/watch?v=h-HXW_xA3Fck* (abgerufen am 16.1.2024), Rechtschreibfehler und Zeichensetzung wurden von der Autorin korrigiert.

54 Bednarz, Ballade, S. 133–152.

55 Ebd., Zitate Walentin Rasputin S. 377–378, 381.

56 Konstanze Jüngling et al.: Tschetschenienkrieg zwischen Russland und der Republik Tschetschenien, Landeszentrale für politische Bildung Baden-Württemberg, o. D., *https://osteuropa.lpb-bw.de/tschetschenienkrieg#c89092* (abgerufen am 3.9.2024).

57 Bednarz, Ballade, S. 63–64.

58 Kappeler, Russland als Vielvölkerreich, S. 155–159, Simon, Nationalismus, S. 121–129.

2. Russland, der unersetzliche Energielieferant

1 Susanne Spahn: EU und Russland vereinbaren Kooperation, Süddeutsche Zeitung, 4.10.2001, S. 8.

2 Putins Ausweis des Ministeriums für Staatssicherheit der DDR ist hier abgelichtet: Livejournal.com, 17.4.2019, *https://volnodum.livejournal.com/3078201.html?fbclid=IwAR1qryXAXgVmB6GQ5D-IsfNIczFb_21L-PHBRVhCotcu7MTQ8RvMkQM5RPM* (abgerufen am 3.9.2024).

3 Der russische Titel des Liedes lautet Такого, как Путин, Натали, zu finden unter *https://www.youtube.com/watch?v=7FMNUFovqjg*, auch verfügbar mit englischen Untertiteln: *https://www.youtube.com/watch?v=zk_Vszb Za_s&t=0s* (abgerufen am 9.2.2024).

4 Michail Chodorkowskij baute Jukos zum größten russischen Ölkonzern auf. 2003 wurde der Manager, der als scharfer Kritiker Putins auftrat, verhaftet und saß bis 2013 im Straflager, Jukos wurde aufgelöst. Der Europäische Gerichtshof für Menschenrechte verurteilte Russland zu Schadensersatz in Milliardenhöhe, die Zerschlagung des Konzerns sei politisch motiviert gewesen, siehe: Erneute Jukos-Schlappe für den Kreml, Tagesschau.de, 31.7.2014, *https://www.tagesschau.de/wirtschaft/jukos-ts-102.html* (abgerufen am 5.7.2024).

5 Susanne Spahn: Glanz und Abglanz. St. Petersburg ist sich seiner Attraktivität als ehemalige Hauptstadt bewusst – aber spielt wirtschaftlich heute nur die zweite Rolle in Russland, Ost-West-Contact 3/2003, S. 12–19.

6 Interview mit dem Vize-Gouverneur von St. Petersburg Sergej Wetlugin, Ost-West-Contact 3/2003, S. 20.

7 Pressemitteilung des Ost-Ausschusses der Deutschen Wirtschaft, 11.11.2008. Alle Pressemitteilungen der Jahre 2008 bis 2010 sind auf der Webseite abzurufen, *https://www.ost-ausschuss.de/de/pressemitteilungen/2008* (abgerufen am 3.7.2024).

8 PM des OA, 29.10.2008, 17.9.2008, 26.2.2009, 27.1.2009.

9 PM des OA, 2.11.2008, 21.10.2009, 26.11.2010.

10 Rede des Außenministers Frank-Walter Steinmeier am Institut für internationale Beziehungen der Ural-Universität in Jekaterinburg, 13.5.2008, *https://www.auswaertiges-amt.de/de/newsroom/080513-bm-russland/219750* (abgerufen am 11.6.2024).

11 PM OA, 1.10.2008.

12 PM OA, 15.1.2009, 8.7.2009.

13 Auswertung Umfrage Geschäftsklima Russland 1. Halbjahr 2009, S. 4, *https://www.ost-ausschuss.de/sites/default/files/pm_pdf/Auswertung%20Umfrage%20Russland%20Halbjahr%202009%201.pdf* (abgerufen am 3.7.2024).

14 PM OA, 17.9.2008.

15 PM OA, 27.8.2008.

16 PM OA, 27.8.2008.

17 PM OA, 3.2.2010.

18 Nord Stream AG, *https://www.nord-stream.com/de/wer-wir-sind/* (abgerufen am 3.9.2024).

19 Empfehlungen der Regionalinitiativen der deutschen Wirtschaft zu den Koalitionsverhandlungen 2021, Ost-ausschuss.de, 29.9.2021, S. 8–9, *https://www.ost-ausschuss.de/sites/default/files/pm_pdf/Empfehlungen%20der%20Regionalinitiativen%20an%20die%20nächste%20Bundesregierung.pdf* (abgerufen am 3.7.2024).

20 Eon hält an Nord Stream 1 fest, Rp-online.de, 16.3.2022, *https://rp-online.de/wirtschaft/eon-haelt-an-nord-stream-1-fest-hoehere-strompreise-moeglich_aid-67197403; e.on* stoppt Gasneueinkauf bei Gazprom, Tagesschau.de, 16.3.2022, *https://www.tagesschau.de/wirtschaft/unternehmen/eon-gazprom-gas-101.html* (abgerufen am 11.6.2024).

21 Als Moskau den Hahn zudrehte: ein Jahr ohne Nord-Stream-Gas, Rnd.de, 31.8.2023, *https://www.rnd.de/wirtschaft/gestoppte-gaslieferungen-aus-russland-ein-jahr-ohne-nord-stream-gas-3CFMQE5U25I37IVX2PNSTLNUVI.html* (abgerufen am 11.6.2024).

22 Der Streit um die Gaslieferungen mit der Ukraine 2005/2006 ist in meiner Dissertation dokumentiert: Susanne Spahn: Staatliche Unabhängigkeit – Das Ende der ostslawischen Gemeinschaft?, Hamburg 2011, S. 328–349.

23 Ebd.

24 PM OA, 7.1.2009.

25 PM OA, 3.2.2010.

26 Reinhard Bingener, Markus Wehner: Die Moskau-Connection. Das Schröder-Netzwerk und Deutschlands Weg in die Abhängigkeit. München 2023, S. 122–142, Zitate S. 123–124.

27 Georg Meck: Mister Russland der deutschen Wirtschaft, FAZ.NET, 7.2.2016, *https://www.faz.net/aktuell/wirtschaft/menschen-wirtschaft/klaus-mangold-mister-russland-der-deutschen-wirtschaft-14056422.html?printPagedArticle=true#pageIndex_2* (abgerufen am 3.9.2024).

28 Ebd.

29 Silja Thoms: Was steht im Minsker Abkommen?, DW.com, 15.6.2022, *https://www.dw.com/de/der-gescheiterte-friedensplan-was-steht-im-minsker-abkommen/a-62137699* (abgerufen am 6.7.2024).

30 *Андрей Колесников: Что русскому хорошо, то немцу Сочи, Kommersant.ru, 6.12.2019, https://www.kommersant.ru/doc/4186692?fbclid=IwAR0KyaF1g7gygnsUa9jGFYjOzuM2hHFvVnX4RrgQdw-hvCrTUpITh-xtZ9o* (abgerufen am 6.7.2024).

31 Ebd.

32 Meck, Mister Russland; Mangold Consulting, *https://mangoldconsulting.com/ueber-uns/* (abgerufen am 3.9.2024).

33 Jürgen Roth: Ein zerstörtes Leben, Kontextwochenzeitung.de, 29.5.2013, *https://www.kontextwochenzeitung.de/gesellschaft/113/ein-zerstoertes-leben-463.html* (abgerufen am 11.6.2024).

34 Немецкие СМИ о покупке Opel: без Путина сделка не состоялась бы, Newsru.com, 4.6.2009, *https://www.newsru.com/finance/04jun2009/opel.html?fbclid=IwAR10mDj_HqfTWcW6K-LMaubmH1W59Dy-1u0d_JspSG-TF8p1k0L4DYKZl54* (abgerufen am 11.6.2024)., Hans-Jürgen Jakobs: Wladimir Putin, der Mann hinter Opel, Sueddeutsche.de, 17.5.2010, *https://www.sueddeutsche.de/wirtschaft/opel-deal-mit-magna-wladimir-putin-der-mann-hinter-opel-1.465445* (abgerufen am 6.7.2024).

35 PM OA, 10.9.2009. General Motors sagte jedoch im November 2009 den Verkauf von Opel an Magna unerwartet ab, siehe: Spiegel.de, 3.11.2009, *https://www.spiegel.de/wirtschaft/unternehmen/entscheidung-im-auto-poker-generalmotors-sagt-opel-verkauf-an-magna-ab-a-659113.html* (abgerufen am 6.7.2024).

36 Roth, Ein zerstörtes Leben.

37 András Szabó: The Mysterious German Behind Viktor Orban's Russian Deals, Direkt36.hu, 17.10.2017, *https://www.direkt36.hu/en/a-rejtelyes-nemet-aki-orban-orosz-manovereit-egyengeti/* (abgerufen am 11.6.2024).

38 Bettina Nemes: Verdienstorden für Klaus Mangold, Budapester.hu, 25.8.2022, *https://www.budapester.hu/ausland/verdienstorden-fuer-klaus-mangold/?fbclid=IwAR0IwwUVfnhK-xcm-gGNjYKluOzik2CS5d3zgyDbF8L-bMDKvXdg03bv0II* (abgerufen am 11.6.2024).

39 Jens Münchrath, Peter Brors: Multimanager Klaus Mangold: „Ich habe mich in Putin geirrt", Handelsblatt.com, 7.5.2022, *https://www.handelsblatt.com/politik/deutschland/interview-multimanager-klaus-mangold-ich-habe-mich-in-putin-geirrt/28306128.html* (abgerufen am 11.6.2024).

40 Jürgen Lessat: Immer nur sachorientiert gelacht, Kontextwochenzeitung.de, 22.5.2022, *https://www.kontextwochenzeitung.de/wirtschaft/580/immer-nur-sachorientiert-gelacht-8181.html* (abgerufen am 11.6.2024).

3. Die russische Scheindemokratie

1 Susanne Spahn: Prochorow – der gefallene Oligarch. Politische Karriere des russischen Oligarchen Prochorow endet hart, Bericht des Osteuropa-Netzwerkes n-ost, 6.10.2011, *https://ostpol.de/beitrag/188-prochorow_der_gefallene_oligarch* (abgerufen am 19.2.2024).

2 Anna Arutunyan: Prokhorov: Our goal is to govern Russia, Russia Now, 20.7.2011, S. 1.

3 Susanne Spahn: Die Präsidialadministration hat die Partei erobert, Russland Heute, 15.9.2011, *https://de.rbth.com/articles/2011/09/16/die_praesidialadministration_hat_die_partei_erobert_07007* (abgerufen am 19.2.2024).

4 Spahn, Prochorow – der gefallene Oligarch.

5 Rede des Präsidenten der Russischen Föderation Dmitrij Medwedew beim Parteikongress von „Einiges Russland", В.Путин-Д.Медведев.Съезд партии Единая Россия.24.09.11.Part 2, YouTube.com, 25.9.2011, *https://www.youtube.com/watch?v=-jc5TpMqkm8* (abgerufen am 11.6.2024).

6 Christina Hebel: Der Mann, dem Putin vertraut, Spiegel.de, 20.10.2016, *https://www.spiegel.de/politik/ausland/wladislaw-surkow-wladimir-putins-umstrittener-berater-in-berlin-a-1117579.html* (abgerufen am 11.6.2024).

7 Сурков освобожден от должности помощника президента, Ria.ru, 18.2.2020, *https://ria.ru/20200218/1564940650.html* (abgerufen am 27.6.2024)

8 Сурков раскрыл причину ухода из Кремля, Lenta.ru, 26.2.2020, *https://lenta.ru/news/2020/02/26/prichina/*; Помощник Путина Сурков подал в отставку, Lenta.ru, 25.2.2020, *https://lenta.ru/brief/2020/01/25/surkov/* (abgerufen am 11.6.2024).

9 Susanne Spahn: Jetzt schnell einsteigen. Standortporträt Russland, Außenwirtschaft 1/2011, S. 10–16.

10 Susanne Spahn: Lokal statt global, Außenwirtschaft 2/2012, S. 42–44.

11 Susanne Spahn: Zollunion mit Stolperstart, Außenwirtschaft 7/2010, S. 34–36.

12 Susanne Spahn: Willkommen in Sibirien, Außenwirtschaft 8/2010, S. 42–44.

13 Interview mit Alexander Golz, n-ost, 25.1.2011, *https://www.ostpol.de/beitrag/3146-moskau_kann_den_terror_nicht_stoppen_interview_mit_alexander_golz* (abgerufen am 11.6.2024).

14 Howard Amos: Nobel Winner Tell Why Russia Lacks Allure, The Moscow Times, 20.10.2010, *https://www.themoscowtimes.com/2010/10/20/nobel-winners-tell-why-russia-lacks-allure-a2360* (abgerufen am 11.6.2024).

15 Susanne Spahn: Modernisierung ist nur ein Zauberwort, n-ost, 27.1.2011,

https://www.ostpol.de/beitrag/3149-modernisierung_ist_nur_ein_zauberwort (abgerufen am 11.6.2024).

16 Он вам не Димон, Youtube.com, 2.3.2017, *https://www.youtube.com/watch?v=qrwlk7_GF9g*; Дворец для Путина. История самой большой взятки, Youtube.com, 19.1.2021, *https://www.youtube.com/watch?v=ipAnwilMncI* (abgerufen am 27.2.2024).

17 Susanne Spahn: Kreml fürchtet die Opposition und verbietet sie, Die Welt, 24.6.2011, *https://www.welt.de/politik/ausland/article13447026/Kreml-fuerchtet-die-Opposition-und-verbietet-sie.html* (abgerufen am 11.6.2024).

18 Spahn, Ostslawische Gemeinschaft, S. 281–293.

19 Susanne Spahn: „Fälschung! Wo sind die Wahlbeobachter?", Welt online, 5.12.2011, *https://www.welt.de/politik/ausland/article13751584/Faelschung-Wo-sind-die-Wahlbeobachter.html* (abgerufen am 11.6.2024).

20 Susanne Spahn, Markus Awater: Russische Führung lässt Journalisten einsperren, Die Welt, 7.12.2011, S. 6.

21 Susanne Spahn: Putin gibt USA Schuld an Massenprotesten in Russland, Welt online, 8.12.2011, *https://www.welt.de/politik/ausland/article13757155/Putin-gibt-USA-Schuld-an-Massenprotesten-in-Russland.html* (abgerufen am 3.9.2024).

22 Spahn, Kreml fürchtet die Opposition und verbietet sie.

23 Susanne Spahn: Zoff mit Putin, Jüdische Allgemeine, 13.12.2011, *https://www.juedische-allgemeine.de/juedische-welt/zoff-mit-putin/* (abgerufen am 11.6.2024).

24 Lagerhaft für Kremlgegner nach Putin-Protesten, Welt.de, 24.7.2014, *https://www.welt.de/politik/ausland/article130539750/Lagerhaft-fuer-Kremlgegner-nach-Putin-Protesten.html*; Fabian Burkhardt, Jan Matti Dollbaum: Bolotnaja-Prozess, Lexikon der Politischen Strafprozesse, April 2018, *https://www.lexikon-der-politischen-strafprozesse.de/glossar/der-bolotnaja-prozess-2012/* (abgerufen am 11.6.2024).

25 Benjamin Bidder: Echte Opposition ist wie Landesverrat, Spiegel.de, 15.3.2013, *https://www.spiegel.de/politik/ausland/gennadij-gudkow-partei-ausschluss-in-russland-a-888922.html* (abgerufen am 11.6.2024).

26 Franziska Davies: Sergej Uwarow, Dekoder, 4.12.2015, *https://www.dekoder.org/de/gnose/sergej-uwarow* (abgerufen am 11.6.2024).

27 Markus Reher: Fremdenhass auf Migranten in Moskau, Deutsche Welle, 16.11.2013, *https://www.youtube.com/watch?v=HG60tKFvZlY* (abgerufen am 11.6.2024); Susanne Spahn: Migration und nationale Frage in Russland: Russland nur für Russen?, Russland-Analysen, *Nr. 267 vom 22.11.2013*, S. 22–24, *https://laender-analysen.de/russland-analysen/267/RusslandAnalysen267.pdf* (abgerufen am 3.9.2024).

[28] Anna Schwenck: Regierungsfinanzierte Jugendorganisationen, Dekoder, 17.11.2015, *https://www.dekoder.org/de/gnose/regierungsfinanzierte-jugend organisationen* (abgerufen am 11.6.2024).

[29] Gesine Dornblüth: Zwei Sprengstoffanschläge in der Moskauer U-Bahn, Deutschlandfunk.de, 29.3.2020, *https://www.deutschlandfunk.de/vor-zehn-jahren-zwei-sprengstoffanschlaege-in-der-moskauer-100.html* (abgerufen am 11.6.2024).

[30] Umfrage: Einstellung der russischen Bevölkerung zur Annexion der Krim, *https://www.bpb.de/themen/europa/russland-analysen/nr-369/289708/umfrage-einstellung-der-russischen-bevoelkerung-zur-annexion-der-krim/* (abgerufen am 11.6.2024).

[31] Manipulation statt Wissenschaft: Wie die FDP-Stiftung Stimmung gegen RT Deutsch macht, RT Deutsch, 18.6.2018, *https://de.rt.com/inland/71516-manipulation-statt-wissenschaft-wie-fdp-stiftung-stimmung-gegen-rt-deutsch-macht/* (abgerufen am 27.8.2024).

[32] So beispielsweise eine Online-Veranstaltung der Naumann-Stiftung Baden-Württemberg vom 1.4.2020, Kopie des Chatverlaufs liegt vor.

[33] Wladislaw Sankin: „RT Deutsch ist Teil des russischen Informationskrieges": Alte Mythen in Corona-Krise neu sortiert, RT Deutsch, 4.4.2020, *https://de.rt.com/meinung/100395-rt-deutsch-ist-teil-russischen-informations krieges-alte-mythen-corona-krise-neu-sortiert/* (abgerufen am 27.8.2024).

[34] So vor einer Veranstaltung an der Universität Kiel am 7.2.2019, Bericht Sputnik vom 22.1.2019, Screenshot liegt vor.

[35] German Group Shines New Light On Russian Disinformation, Pressemitteilung der Integrity Initiative, Medium.com, 31.1.2019, *https://medium.com/@hitthehybrid/german-group-shines-new-light-on-russian-disinforma tion-5535f1214439* (abgerufen am 11.6.2024).

[36] Jens Berger: Integrity Initiative – NATO-Propaganda auch in Deutschland, Nachdenkseiten.de, 7.1.2019, *https://www.nachdenkseiten.de/?p=48281* (abgerufen am 11.6.2024).

[37] Hannes Adomeit: The German Cluster – Interim Report, 3.10.2018, *https://www.pdf-archive.com/2018/11/28/-interim-report/* (abgerufen am 27.11.2023).

[38] Susanne Spahn: Russian media in Germany: Independent journalism or political instrument?, medium.com, 14. Mai 2019, *https://medium.com/@insti tuteforstatecraft/russian-media-in-germany-independent-journalism-or-poli tical-instrument-bafe4f6f6c6b* (abgerufen am 11.6.2024).

[39] Joachim Krause: Russische Desinformations-Kampagne gegen wissenschaftliches Projekt zur Analyse russischer Desinformationspolitik, ISPK.uni-kiel.de, 9.1.2018, *https://www.ispk.uni-kiel.de/de/news-archiv/2019/downloads-2019/190109_AntwortJK.pdf* (abgerufen am 3.9.2024).

[40] Ebd.

41 Ebd.

42 Susanne Spahn, Interview mit Stimme Russlands, 5.12.2013, *http://german.ruvr.ru/2013_12_05/Russlands-Politik-im-postsowjetischen-Raum-1364/* (Der Inhalt ist wegen der Sanktionen der EU gesperrt.)

43 Margarita Simonjan bei Telegram, 10.11.2022, *https://t.me/margaritasimonyan/12419?fbclid=IwAR3MmMCpxu6pn_bc8i3p9KIhIdOQbPjdmfJXsCEXckGcrFDRLrQfYV9QS0s*; Dies. Bei X, 15.5.2021, *https://x.com/m_simonyan/status/1393526196604899329?s=21&fbclid=IwAR2IAIADGhJ62RHpbr1IpmPOeSUlEQLHcx6wbMjGe09pet2KCTwdpPRL-jk k* (abgerufen am 27.8.2024).

44 Причастным к блокировке RT DE запретят въезд в Россию, сообщили в МИД, RIA Novosti, 3.2.2022, *https://ria.ru/20220203/zapret-1770899982.html* (abgerufen am 27.8.2024).

45 Mit Stand vom 16.5.2024 waren 161 ausländische Nichtregierungsorganisationen betroffen, die aktuell gehaltene Liste kann hier eingesehen werden: *https://de.wikipedia.org/wiki/„Unerwünschte_ausländische_Organisationen"_in_Russland* (abgerufen am 16.5.2024).

Teil 2: Russlands Netzwerk in Aktion

4. *RT* und *Sputnik* in Deutschland

1 Margarita Simonyan, Telegram, 1.3.2024, *https://t.me/margaritasimonyan/13752* (abgerufen am 27.8.2024).

2 Geleakte Aufnahme: Hochrangige Bundeswehroffiziere diskutieren Angriff auf Krim-Brücke, RT DE, 1.3.2024, *https://pressefreiheit.rtde.live/kurzclips/video/197990-geleakte-aufnahme-hochrangige-bundeswehroffiziere-diskutieren/* (abgerufen am 3.7.2024).

3 Margarita Simonjan: Расшифровка разговора высокопоставленных офицеров Бундесвера от 19.02.2024, Vk.com, 1.3.2024, *https://vk.com/@m_s_simonyan-rasshifrovka-razgovora-vysokopostavlennyh-oficerov-bundesver* (abgerufen am 12.6.2024).

4 Update. Teil von Putins „Informationskrieg": Pistorius zieht im Bundeswehr-Abhörskandal vorerst keine personellen Konsequenzen, Tagesspiegel.de, 2.3.2024, *https://www.tagesspiegel.de/politik/abhorskandal-bei-der-luftwaffe-pistorius-zieht-vorerst-keine-personellen-konsequenzen-11301991.html?bezuggrd=NWL&utm_source=morgenlage&werbtraeg=ML&fbclid=IwAR109eN4y_O63PIGkQkJQReG7T7c5Sw2D1YB3xQnVluvlwmLYvuLNfq_nuQ* (abgerufen am 12.3.2024).

5 TV-Moderator stellt mögliche Ziele für Vergeltung von Taurus-Angriff auf Krim-Brücke vor, RT DE, 7.3.2024, *https://pressefreiheit.rtde.live/kurzclips/video/198603-tv-moderator-stellt-moegliche-ziele-fuer-vergeltung-von-taurus-angriff-auf-krim-bruecke-vor/* (abgerufen am 3.7.2024).

6 Ex-CIA-Analyst: Die NATO kann ihre Versprechen an die Ukraine nicht einhalten, RT DE, 11.3.2024, *https://pressefreiheit.rtde.live/kurzclips/video/198950-ex-cia-analyst-nato-kann-ihre-versprechen-an-die-ukraine-nicht-einhalten/* (abgerufen am 3.7.2024).; Russische Lancet-Drohne zerstört Archer-Selbstfahrlafette, RT DE, 10.3.2024, *https://pressefreiheit.rtde.live/kurzclips/video/198901-russische-lancet-drohne-zerstoert-archer/* (abgerufen am 27.8.2024).

7 „Kein Zweifel an Echtheit" – Vize-Vorsitzender des Föderationsrats über Luftwaffen-Mitschnitt, RT DE, 2.3.2024, *https://pressefreiheit.rtde.live/kurzclips/video/198062-kein-zweifel-an-echtheit-vize/* (abgerufen am 3.7.2024).

8 Die Tatsache, dass ein Angriff auf Russland diskutiert wird, bringt uns dem Atomkrieg näher, RT DE, 12.3.2024, *https://pressefreiheit.rtde.live/kurzclips/video/199158-tatsache-dass-angriff-auf-russland/* (abgerufen am 3.7.2024).

9 Friedrich Schmidt: „Tod den deutschen Besatzern!", F.A.Z., 5.3.2024, S. 2.

10 Scholz begründet Nein zu „Taurus"-Lieferung, Tagesschau.de, 26.2.2024, *https://www.tagesschau.de/inland/scholz-taurus-ukraine-102.html* (abgerufen am 12.6.2024).

11 Christina Nagel: Im Kern geht es um Scholz' Nein zum „Taurus", Tagesschau.de, 11.3.2024, *https://www.tagesschau.de/inland/innenpolitik/abhoeraffaere-sondersitzung-100.html* (abgerufen am 12.6.2024).

12 Union scheitert erneut mit „Taurus"-Antrag, Tagesschau.de, 14.3.2024, *https://www.tagesschau.de/inland/innenpolitik/taurus-ukraine-bundestag-100.html* (abgerufen am 12.6.2024).

13 Mehrheit gegen „Taurus"-Lieferung an die Ukraine, Tagesschau.de, 7.3.2024, *https://www.tagesschau.de/inland/deutschlandtrend/deutschlandtrend-3416.html* (abgerufen am 12.6.2024).

14 Google zeigt zum Suchbegriff „Bundeswehr Taurus Leak" am 21. März 2024 207.000 Ergebnisse an, dabei sind u. a. NTV, Tagesschau.de, Zeit online, Deutschlandfunk, FAZ, Deutsche Welle und ZDF.

15 Hackerangriffe auf den Deutschen Bundestag, *https://de.wikipedia.org/wiki/Hackerangriffe_auf_den_Deutschen_Bundestag* (abgerufen am 13.3.2024).

16 EU verhängt Sanktionen gegen die Sendetätigkeiten der staatseigenen Medien RT/Russia Today und Sputnik in der EU, Consilium.europa.eu, 2.3.2022, *https://www.consilium.europa.eu/de/press/press-releases/2022/03/02/eu-imposes-sanctions-on-state-owned-outlets-rtrussia-today-and-sputnik-s-broadcasting-in-the-eu/* (abgerufen am 12.6.2024).

17 Verwaltungsgericht Berlin bestätigt mabb im Fall RT DE, Mabb.de, 18.3.2022, *https://www.mabb.de/uber-die-mabb/presse/pressemitteilungen-details/verwaltungsgericht-berlin-bestaetigt-mabb-im-fall-rt-de* (abgerufen am 12.6.2024).

18 Alberto Nardelli et al.: Russia 'Spits' on EU Sanctions in Escalating Propaganda Battle, Bloomberg.com, 23.11.2023, *https://www.bloomberg.com/news/*

articles/2023-11-23/ukraine-war-how-kremlin-propaganda-websites-dodge-disinformation-sanctions?embedded-checkout=true (abgerufen am 13.3.2024).

19 RT, *https://swentr.site*, (abgerufen am 3.7.2024), *https://arabic.rt.com, https://actualidad.rt.com, https://russian.rt.com, https://de.rt.com, https://francais.rt.com, https://rt.rs, https://rtbrasil.com, https://www.rt.com* (abgerufen am 3.7.2024).

20 Eigene Berechnung nach Daten der Agentur Similarweb.com für die acht in Fußnote 19 genannten Originalwebseiten.

21 Vodafone etwa hat die Seiten gesperrt, sie können aber mit VPN genutzt werden. Andere Anbieter, wie der Brandenburger RFT, bieten freien Zugang. In der Antwort der für Medien zuständigen Staatsministerin Claudia Roth auf eine Anfrage im Bundestag heißt es, dass die Staatsanwaltschaften für die strafrechtliche Verfolgung von Verstößen gegen die EU-Sanktionen in Bezug auf die Internet Service Provider zuständig seien, siehe: Deutscher Bundestag, Drucksache 20/1817, S. 2, *https://dserver.bundestag.de/btd/20/018/2001817.pdf* (abgerufen am 3.9.2024).

22 Stellungnahme der RT DE Productions, RT DE, 3.2.2023, *https://freeassange.rtde.live/inland/161870-stellungnahme-rt-de-productions/* (abgerufen am 3.7.2024).

23 RT DE Impressum, *https://rtde.me/impressum/* (abgerufen am 3.7.2024).

24 Stellungnahme der RT DE Productions.

25 RT DE In eigener Sache, *https://rtde.me/themen/in-eigener-sache/* (abgerufen am 3.7.2024).

26 Tatsachenbehauptung: Was ist damit gemeint?, Anwalt.org, 22.2.2024, *https://www.anwalt.org/tatsachenbehauptung/#:~:text=Eine%20falsche%20Tatsachenbehauptung%20kann%20im,Freiheits-%20sowie%20Geldstrafe%20mögliche%20Sanktionen* (abgerufen am 25.3.2024).

27 Strafgesetzbuch, § 140, Belohnung und Billigung von Straftaten, Dejure.org, *https://dejure.org/gesetze/StGB/140.html* (abgerufen am 12.6.2024).

28 *Billigung Angriffskrieg bei Beschriftung eines Fahrzeugs mit Z auf Heckscheibe*, Strafrechtsiegen.de, o. D., *https://www.strafrechtsiegen.de/billigung-angriffskrieg-bei-beschriftung-eines-fahrzeugs-mit-z-auf-heckscheibe/* (abgerufen am 25.3.2024).

29 Liveticker Ukraine-Krieg – Bericht: Zwei Patriot-Komplexe an Kiewer Flughafen zerstört, RT DE, 25.3.2024, *https://rtde.me/international/131481-liveticker-ukraine-krieg/* (abgerufen am 3.7.2024).

30 Verharmlosung von Kriegsverbrechen wird strafbar, Brak.de, 28.10.2022, *https://www.brak.de/newsroom/news/volksverhetzung-verharmlosung-von-kriegsverbrechen-wird-strafbar/* (abgerufen am 12.6.2024).

31 *https://de.rt.com*, similarweb.com (10.7.2024).

32 RT DE TV-Livestream, *https://de.rt.com/livetv/* (abgerufen am 3.7.2024).

33 Eigene Berechnung der Autorin nach den Traffic-Zahlen für August 2023 für zwölf Seiten von RT DE (elf Spiegelseiten + Originalseite), Quelle: *https://www.similarweb.com* (abgerufen am 3.9.2024).

34 Ebenso für Februar 2024.

35 Ebenso für Mai 2024.

36 RT DE bei Odysee.com, *https://odysee.com/@RTDE:e?view=about*, RT DE bei Minds, *https://www.minds.com/rtde/* (abgerufen am 12.6.2024).

37 RT DE bei Fake-Telegram, *https://tlgrm.eu/channels/@rt_de*, (abgerufen am 12.6.2024).

38 Sputnik International, *https://sputnikglobe.com/world/* (abgerufen am 12.6. 2024), *https://tlgrm.eu/channels/@sputniknewsint* (abgerufen am 14.3.2024).

39 Telegram Channels, *https://telegramchannels.me/channels/sputniknewsint*, *https://telegram.im/@sputniknews*, *https://tlgrm.ru/channels/@sputnikby* (abgerufen am 14.3.2024).

40 Telegram Store, *https://de.telegram-store.com/catalog/channels/rt_de*, Telegram, RT DE, *https://tlgrm.ru/channels/@rt_de* (abgerufen am 14.3.2024).

41 RT Deutsch, *https://telegramchannels.me/de/channels/russiatoday_de* (abgerufen am 3.9.2024).

42 Satellit bei Telegram, *https://t.me/s/satellit_de* (abgerufen am 14.3.2024).

43 Satellit bei Odysee.com, *https://odysee.com/@Satellit:1* (abgerufen am 14.3. 2024).

44 Satellit war Youtube am 12.9.2022 beigetreten und erzielte bis zum 4.9.2023 insgesamt 32.481.918 Aufrufe, Screenshots im Archiv der Autorin.

45 Кремлевское подполье в Берлине: штаб-квартира русской пропаганды в Германии, Youtube.com, 6.11.2022, *https://www.youtube.com/watch?v=wimEX9IqypI* (abgerufen am 14.3.2024).

46 RT DE Livestream, rtde.me, 4.3.2024, 19:04 Uhr, Screenshot liegt vor.

47 Deniz Karabag #25: Feldzug 2.0 mit „General Armageddon“ und Ramsan Kadyrow?, RT DE 21.10.22, *https://freeassange.rtde.live/podcast/152182-deniz-karabag-25-feldzug-20-mit-general-armageddon-und-ramsan-kadyrow/* (abgerufen am 3.7.2024).

48 Deniz Karabag, Kontrovers, *https://www.youtube.com/watch?v=1GiKlLZBMIQ&t=3s* (abgerufen am 12.6.2024).

49 Wladislaw Sankin: „Die Klügeren werden sich Gedanken machen“ – Putin erwartet Vernunft von den Deutschen, RT DE, 14.3.2024, *https://freeassange.rtde.live/europa/199298-kluegeren-werden-sich-gedanken-machen/* (abgerufen am 3.7.2024).

50 Dagmar Henn: Taurus und (k)ein Ende, RT DE, 15.3.2024, *https://freeassange.rtde.live/inland/199412-taurus-und-k-ende/* (abgerufen am 3.7.2024), Schreiben der Stadträtin Dagmar Henn an den Münchner Oberbürgermeister

Christian Ude, 5.2.2014, *https://risi.muenchen.de/risi/dokument/v/3239949* (abgerufen am 3.9.2024).

51 Rainer Rupp: Israels Zionisten mit Folter-Geständnissen gegen UN-Hilfsagentur, RT DE, 13.3.2024, *https://freeassange.rtde.live/meinung/199281-israels-zionisten-mit-folter-gestaendnissen/* (abgerufen am 3.7.2024), zur Person Rainer Rupp: *https://de.wikipedia.org/wiki/Rainer_Rupp* (abgerufen am 3.9.2024).

52 Jan Schroeder: Putin streamt weiter, Pioneer Media, 5.3.2024, *https://www.thepioneer.de/originals/hauptstadt-das-briefing/briefings/putin-streamt-in-deutschland* (abgerufen am 3.9.2024).

53 Susanne Spahn, Russlands Narrative, S. 45–66.

54 Susanne Spahn: Die Außenpolitik Russlands gegenüber der Ukraine und Weißrussland von 1991 bis 1998. Herne 2000, S. 53–59.

55 Spahn, Ostslawische Gemeinschaft, S. 19–21.

56 Susanne Spahn: Die harte Hand des großen Bruders. Wie Russland den postsowjetischen Raum integrieren will, in: Ost-West. Europäische Perspektiven, 3/2015, S. 192–199, hier S. 192–194.

57 Медведев огласил госканалам пять принципов внешней политики, Newsru.com, 31.8.2008, *https://www.newsru.com/russia/31aug2008/uytr.html* (23.3.2024).

58 Wiktor Sorokin, Direktor der Abteilung für die GUS im Außenministerium, Dmitrij Trenin, beide zit. in: Spahn, Ostslawische Gemeinschaft, S. 317.

59 Ebd., S. 315–324; Präsident Wladimir Putin, zit. in ebd., S. 322–324.

60 Ebd., S. 325–328.

61 *Лилия Шевцова*: Конец эпохи: Антитезис Горбачеву, Vedomosti, 17.9.2008, *https://www.vedomosti.ru/newspaper/articles/2008/09/17/konec-jepohi-antitezis-gorbachevu* (abgerufen am 12.6.2024).

62 Spahn, Ostslawische Gemeinschaft, S. 104–142.

63 *Александр Сушко, Василий Филипчук*: ЕЩЕ РАЗ О ЕЭП. ДЛЯ ТЕХ, КТО ЕЩЕ НЕ ПОНЯЛ ИЛИ УЖЕ ЗАБЫЛ..., ZN.ua, 17.6.2005, *https://zn.ua/international/esche_raz_o_eep_dlya_teh,_kto_esche_ne_ponyal_ili_uzhe_zabyl.html* (abgerufen am 3.9.2024).

64 Spahn, Ostslawische Gemeinschaft, S. 227–275, S. 328–348.

65 Spahn, Die harte Hand, S. 193–197.

66 Befürworten Sie das Handeln von Wladimir Putin als Präsident (Premierminister) Russlands?, Umfrage Statista in Kooperation mit dem Lewada-Zentrum, Februar 2024, *https://de.statista.com/statistik/daten/studie/1293274/umfrage/umfrage-zu-den-zustimmungswerten-fuer-wladimir-putin-in-russland/* (abgerufen am 12.6.2024).

67 Zuerst sprach Boris Jelzin Anfang der 90er-Jahre davon, dass Russland sich

von den Knien erhebt, siehe: Кто начал поднимать Россию с колен?, Rosbalt.ru, 27.11.2023, *https://www.rosbalt.ru/news/2013-11-27/kto-nachal-podnimat-rossiyu-s-kolen-4200464*, Путин: усилия РФ по поводу исторической справедливости раздражают Запад, Aif.ru, 4.11.22, *https://aif.ru/politics/putin_usiliya_rf_po_povodu_istoricheskoy_spravedlivosti_razdrazhayut_zapad* (abgerufen am 12.6.2024).

68 Geschichte der Ukraine im Überblick, Bpb.de, 3.8.2015, *https://www.bpb.de/shop/zeitschriften/izpb/info-aktuell/209719/geschichte-der-ukraine-im-ueberblick/* (abgerufen am 12.6.2024).

69 Gerhard Simon: Go West! Etappen des Sonderwegs der Ukraine, in: Osteuropa, 12/23, S. 79–96, hier S. 92–96.

70 Gerasimov, Valerij, zit.in: Spahn, Das Ukraine-Bild in Deutschland, S. 15.

71 Auswertung und Zusammenfassung der Leaks siehe: Alya Shandra, Robert Seely: The Surkov Leaks. The Inner Workings of Russia's Hybrid War in Ukraine, London 2019 (RUSI Occasional Paper, July 2019), S. VII-VIII, S. 1–5, *https://static.rusi.org/201907_op_surkov_leaks_web_final.pdf* (abgerufen am 3.9.2024).

72 Ebd., S. 1–5.

73 Milam Whitney: Who is Vladislav Surkov? The many faces of Putin's most notorious political operative, medium.com, 14.7.2018, *https://medium.com/@wmilam/the-theater-director-who-is-vladislav-surkov-9dd8a15e0efb* (abgerufen am 12.6.2024).

74 Shandra, Seely, The Surkov Leaks, S. 9–10.

75 Aktive Maßnahmen, *https://de.wikipedia.org/wiki/Aktive_Ma%C3%9Fnahmen*, Shandra, Seely, The Surkov Leaks, S. 13–77.

76 Konzeption der Außenpolitik der Russischen Föderation vom 12.2.2013, *http://static.kremlin.ru/media/events/files/41d447a0ce9f5a96bdc3.pdf* (abgerufen am 3.9.2024).

77 Wladimir Putin, zit. in: Von Salzen, Claudia: RT Deutsch, Stimmungsmacher für Wladimir Putin, Tagesspiegel online, 22.12.2014, *http://www.tagesspiegel.de/themen/agenda/rt-deutsch-stimmungsmacher-fuer-wladimir-putin/11154620.html* (abgerufen am 12.6.2024).

78 MIA „Rossija Segodnja" prezentovalo novyj mul'timedijnyj brend Sputnik, RIA Novosti , 10.11.2014, *http://ria.ru/news_company/20141110/1032604556.html* (abgerufen am 12.6.2024).

79 Spahn, Ukraine-Bild, S. 11–16.

80 Interview mit der RT-Chefredakteurin Margarita Simonjan, „Не собираюсь делать вид, что я объективная", Интервью с Маргаритой Симоньян, Lenta.ru, 7.3.2013, *https://lenta.ru/articles/2013/03/07/simonyan* (abgerufen am 28.6.2024).

81 Маргарита Симоньян – о претензиях к власти, Vesti.ru, 6.9.2021, *https://www.vesti.ru/article/2609716* (abgerufen am 28.6.2024).

82 Vilifying Germany, Wooing Germany, Euvsdisinfo.eu, 9.3.2021, *https://euvsdisinfo.eu/vilifying-germany-wooing-germany2/* (abgerufen am 3.7.2024).

83 Susanne Spahn: Russische Medien in Deutschland. Die Bundestagswahlen 2021 – Zwischen Einflussnahme und Desinformation, Potsdam 2022, S. 23, *https://www.freiheit.org/sites/default/files/2023-09/russische-medien_deutschland_final_web.pdf* (abgerufen am 12.6.2024).

84 Ebd., S. 19–24.

85 Zahlreiche Beispiele finden sich ebd.

86 Simonjan, Interview.

87 Spahn (2022), Russische Medien in Deutschland, S. 8–9.

88 Journalist Ulrich Heyden im Gespräch mit Ivan Rodionov, Infrarotmedien.de, 9.3.2024, *https://infrarotmedien.de/klare-sicht-hermann-ploppa-cdu-afd-bsw-werteunion-copy/* (abgerufen am 12.6.2024).

89 Infrarotmedien, Kommentar, *https://infrarotmedien.de/tag/kommentar/* (abgerufen am 3.9.2024).

90 Kommentar von Ivan Rodionov: Taurus-Leak: „Stell dir vor, es kommt an die Presse!", infrarotmedien.de, 8.2.2024, *https://infrarotmedien.de/taurus-leak-stell-dir-vor-es-kommt-an-die-presse/* (abgerufen am 12.6.2024).

91 Mitschnitt des gesamten abgehörten Gesprächs der Bundeswehr zum Thema Taurus und Kertsch-Brücke, Youtube.com, 3.3.24, *https://www.youtube.com/watch?v=Ii4kCAlDFMI* (abgerufen am 12.6.2024).

92 Worum es bei der Taurus-Abhöraffäre geht, Deutschlandfunk.de, 15.3.24, *https://www.deutschlandfunk.de/taurus-leak-bundeswehr-100.html* (abgerufen am 12.6.2024).

93 Taurus-Abhöraffäre: Russland sieht Mitschnitt als Beweis für Angriffsabsichten, FAZ.de, 4.3.24, *https://www.faz.net/aktuell/politik/ausland/taurus-abhoeraffaere-russland-sieht-mitschnitt-als-beweis-fuer-angriffsabsichten-19563550.html* (abgerufen am 12.6.2024).

94 Ivan Rodionov, *https://www.xing.com/profile/Ivan_Rodionov2* (abgerufen am 12.6.2024).

95 So die Angabe bei dem Format „Im Gespräch", *https://infrarotmedien.de/tag/im-gespraech/* (abgerufen am 3.9.2024).

96 Jeanette Schäfer: Tummelplatz für Putin-Fans, FAZ.NET, 25.2.22, *https://www.faz.net/aktuell/feuilleton/medien/der-youtube-kanal-infrarot-und-rt-de-17831037.html* (abgerufen am 12.6.2024).

97 Sabine Adler: Vergiftet in Europa, „vielleicht im Nachtzug nach München". Deutschlandfunk.de, 5.9.2023, *https://www.deutschlandfunk.de/russische-anschlaege-gegen-kritiker-100.html* (abgerufen am 12.6.2024).

98 Haftstrafen für „Fake News über Armee" Tagesschau.de, 4.3.2023, *https://www.tagesschau.de/ausland/europa/russland-gesetz-fakenews-strafen-101.html* (abgerufen am 12.6.2024).

99 Christoph Kluge, Claudia von Salzen: Tarnfirma in Berlin? Wie ein russisches Staatsmedium die Sanktionen umgehen könnte, Tagesspiegel.de, 29.8.2023, *https://www.tagesspiegel.de/politik/tarnfirma-in-berlin-wie-ein-russisches-staatsmedium-die-sanktionen-umgehen-konnte-10382020.html* (abgerufen am 12.6.2024).

100 Spahn, Ukraine-Bild, S. 21–22. Im März 2024 war Rossija Segodnja nicht mehr im Russischen Haus vorzufinden.

101 Spahn, Ukraine-Bild, S. 19–21. Von seiner Zeit beim ZDF in Moskau berichtete Rodionov im Gespräch mit Heyden, siehe: Heyden, Infrarotmedien.

102 Konrad-Adenauer-Stiftung: Russlands Annexion der Krim. Eine Auswahl internationaler Wahrnehmungen und Auswirkungen, Berlin 2014, S. 5, *https://www.kas.de/c/document_library/get_file?uuid=f212ce80-38c3-8159-07db-203cc6ce89bc&groupId=252038* (abgerufen am 3.9.2024).

103 Studio Friedman: Der Westen gegen Putin?, 27.11.2014, *https://www.youtube.com/watch?v=cqfWb_wQMV0* (abgerufen am 12.6.2024).

104 Barbara Kerneck: Putins Plaudertaschen, Taz.de, 12.5.2014, *https://taz.de/Russische-Journalisten-in-Deutschland/!5042602/* (abgerufen am 28.3.2024).

105 Ebd.

106 Michail Rubin, Marija Žolobova, Roman Badanin: Povelitel' kukol. Portret Alekseja Gromova, rukovoditelja rossijskoj gosudarstvennoj propagandy, proekt.media, 23.1.2019, *https://www.proekt.media/portrait/alexey-gromov/*; Eine Zusammenfassung auf Englisch: Who is Alexey Gromov?, Meduza.io, 13.1.2019, *https://meduza.io/en/feature/2019/01/23/who-is-alexey-gromov* (abgerufen am 12.6.2024).

107 13 Mythen über den Krieg Russlands in der Ukraine – und die Wahrheit, *https://germany.representation.ec.europa.eu/13-mythen-uber-den-krieg-russlands-der-ukraine-und-die-wahrheit_de* (abgerufen am 12.6.2024).

108 Dies erklärte Präsident Putin einem Jungen in einer Fernsehshow im November 2016, der Ausspruch erschien daraufhin als Reklame in Russland und russisch besetzten Gebieten im Donbas, siehe: Путин: граница России нигде не заканчивается, Youtube.com, 25.11.2016, *https://www.youtube.com/watch?v=Q7PRO0FzFqA* (abgerufen am 12.6.2024).

109 Spahn, Ukraine-Bild, S. 31–33.

110 Spahn, Ukraine-Bild, S. 40–43. Das Video zur Sendung von Günther Jauch vom 23.11.2014 war nicht mehr abrufbar, der Wortbeitrag von Krone-Schmalz ist auch hier zitiert: Jasper von Altenbockum: Die Ballade vom Appeasement, FAZ.NET, 24.11.2014, *https://www.faz.net/aktuell/feuilleton/medien/tv-kritik/guenther-jauchs-ard-talk-ueber-wladimir-putin-und-ukraine-13282850.html?printPagedArticle=true#pageIndex_2* (abgerufen am 12.6.2024).

111 Krone-Schmalz, zit. in: Winfried Dolderer: Russlandversteher als Stigmatisierung?, Deutschlandfunk, 23.2.2015, *https://www.deutschlandfunk.de/*

ukraine-konflikt-russlandversteher-als-stigmatisierung-100.html (abgerufen am 12.6.2024).

112 Spahn, Ukraine-Bild, S. 41.

113 Spahn, Ukraine-Bild, S. 44–47; Platzeck fordert Anerkennung der Krim-Annexion, Zeit.de, 18.11.2014, *https://www.zeit.de/politik/ausland/2014-11/platzeck-russland-ukraine* (abgerufen am 3.9.2024).

114 Spahn, Ukraine-Bild, S. 31–34, 40–52, 66–68, 77–80, 82–86.

115 Fabian Burkhardt: Die Ukraine-Krise in den deutschen Talkshows, Ukraine-Analysen, 24.6.2014, *https://laender-analysen.de/ukraine-analysen/135/die-ukraine-krise-in-den-deutschen-talkshows/* (abgerufen am 12.6.2024).

116 Spahn, Ukraine-Bild, S. 76–77.

117 Spahn, Ukraine-Bild, S. 24–25.

118 Der „Putinversteher" – Wer ist Jürgen Elsässer?, Compact TV, 11.9.14, *https://www.youtube.com/watch?v=VeCkD4T1FlE&lc=UghtS1Zp_4_94XgCoAEC* (abgerufen am 29.3.2024).

119 Spahn, Ukraine-Bild, S. 62–65.

120 Ebd., S. 27–28.

121 Siehe: 3. Compact-Konferenz: Frieden mit Russland, Compact-Magazin, 2014, *https://www.compact-online.de/friedenskonferenz/* (abgerufen am 29.3.2024); Spahn, Ukraine-Bild, S. 66–68.

122 Antwort der Bundessregierung auf die Kleine Anfrage der Fraktion Die Linke: „Finanzielle Verbindungen zwischen deutschen Rechtsextremisten und Russland", 29.7.22, *https://dserver.bundestag.de/btd/20/029/2002995.pdf* (abgerufen am 29.3.2024).

123 Алексей Ковалев: Откуда берутся все эти "эксперты" и "политологи" на российском ТВ, Noodleremover.news, 3.11.15, *https://noodleremover.news/fake-tv-experts-68b7747d0ee1* (29.3.2024).

124 Spahn, Ukraine-Bild, S. 105–109.

5. Die Alternative für Deutschland – Putins willige Helfer

1 Gesine Dornblüth: An Russland kommt im Nahen Osten niemand mehr vorbei, Deutschlandfunk.de, 29.9.2020, *https://www.deutschlandfunk.de/fuenf-jahre-russischer-militaereinsatz-in-syrien-an-100.html* (abgerufen am 12.6.2024).

2 Ebd.

3 Julian Röpcke: Mit Putins Staats-TV in Syrien. AfD auf Propaganda-Tour beim Assad-Regime, Bild online, 22.11.2019, *https://www.bild.de/politik/ausland/politik-ausland/afd-syrien-reise-von-abgeordneten-wird-zur-propaganda-show-fuer-diktator-assad-66200056.bild.html?fbclid=IwAR1ghYvEyNAlB8jPmguu1WRUeJ_U0rm4Pjvwy17_vOkek6bHPFBQxutALzo* (abgerufen am 9.4.2024).

[4] Syria: AfD-Lawmakers visit Damaskus to speed up return of refugees, Ruptly, 20.11.2019, *https://ruptly.tv/en/videos/20191120-020?search_key=a1597b1c-81f7-4a2e-969e-22139f7c8d80* (abgerufen am 9.4.2024).

[5] AfD besucht Damaskus: 700.000 Syrien-Flüchtlinge sollen zurück und Sanktionen beendet werden, RT Deutsch, 21.11.2019, *https://deutsch.rt.com/kurzclips/94883-afd-besucht-damaskus-700000-fluechtlinge-sanktionen/* (abgerufen am 3.7.2024).

[6] AfD plädiert für Ende der Sanktionen gegen Syrien, Sputnik, 26.11.2019, *https://de.sputniknews.com/ausland/20191126326036339-afd-plaediert-fuer-ende-der-sanktionen-gegen-syrien/*. Der Link ist derzeit nicht abrufbar, der Inhalt wird zitiert in: Susanne Spahn: Russische Medien in Deutschland. Wie der russische Informationskrieg und Desinformation Einfluss auf Deutschland ausüben. Potsdam 2020, S. 14. *https://www.freiheit.org/desinformation-information-als-waffe?fbclid=IwAR19-DSpIKACazuoLIcPL5rAkoQRTd_sI28o4gR1H9Y2QzOoNNex6JWWDgI* (abgerufen am 3.9.2024).

[7] Syrien: Reisewarnung, Stand: 4.2.2020, unverändert gültig seit 27.11.2019, auswaertiges-amt.de, 4.2.2020, *https://www.auswaertiges-amt.de/de/aussenpolitik/laender/syrien-node/syriensicherheit/204278?openAccordionId=item-301216-1-panel#content_0* (abgerufen am 3.7.2024).

[8] Auswärtiges Amt zu den zunehmenden Angriffen auf zivile Infrastruktur in Idlib/Syrien, Pressemitteilung vom 30.1.2020, *https://www.auswaertiges-amt.de/de/newsroom/idlib/2297722* (abgerufen am 9.4.2024).

[9] Eine Übersicht der Berichterstattung von RT Deutsch zum „Fall Lisa“ findet sich bei Susanne Spahn: Russische Medien in Deutschland: Unabhängiger Journalismus oder politisches Instrument?, Potsdam 2018, S. 14–16.

[10] Zur Kampagne der russischen Staatsmedien gegen Merkel und zugunsten der AfD und der Linken insbesondere vor der Bundestagswahl 2017, siehe Spahn (2018), Russische Medien, S. 16–19.

[11] Carsten Reinemann: RT DE und Corona – Das russische „Alternativmedium“ im Fokus, unveröffentlichtes Manuskript, München 2021.

[12] Ebd.

[13] Weidel bestreitet Nähe der AfD zu Putin, Zeit.de, 24.3.2024, *https://www.zeit.de/news/2024-03/24/weidel-bestreitet-naehe-der-afd-zu-putin* (zuletzt abgerufen am 12.6.2024).

[14] Justus Bender: AfD-Sprecher Gauland äußert Verständnis für Russland, FAZ.NET, 22.3.2014, *https://www.faz.net/aktuell/politik/nach-annexion-der-krim-afd-sprecher-gauland-aeussert-verstaendnis-fuer-russland-12859603.html* (abgerufen am 12.6.2024).

[15] Alexander Gauland, zit. in: AfD sucht Rat aus Russland, Spiegel.de, 7.12.2014, *https://www.spiegel.de/politik/deutschland/afd-sucht-rat-aus-russland-strategiesitzung-in-der-botschaft-a-1006983.html* (abgerufen am 12.6.2024).

[16] AfD will Beziehungen vertiefen: Weidel zu Besuch in Russland, Rnd.de, 9.3.2021, *https://www.rnd.de/politik/afd-in-russland-alice-weidel-reist-mit-kollegen-nach-moskau-HKBWFFJDKC65FQEKPYHIWPJCCU.html*, Marcus Bensmann: Alternative für Russland: Wie sich die AfD systematisch nach Russland orientiert, Correctiv.org, 22.9.2023, *https://correctiv.org/aktuelles/russland-ukraine-2/2023/09/22/alternative-fuer-russland-wie-sich-die-afd-systematisch-nach-russland-orientiert/* (abgerufen am 12.6.2024).

[17] Hans Monath et al.: Mit Schröder, Krenz und Gauland zum 9. Mai, Tagesspiegel.de, 10.5.2023, *https://www.tagesspiegel.de/berlin/mit-schroder-krenz-und-gauland-zum-9-mai-bizarre-riege-deutscher-putin-freunde-feiert-in-russischer-botschaft-9796322.html* (abgerufen am 12.6.2024).

[18] Claudia von Salzen: Die Russland-Reisen der AfD. „Die Krim ist jetzt die russische Krim", Tagesspiegel online, 18.4.2019, *https://www.tagesspiegel.de/politik/die-russland-reisen-der-afd-die-krim-ist-jetzt-die-russische-krim/24232604.html* (abgerufen am 12.6.2024).

[19] Spahn (2020), Russische Medien in Deutschland, S. 13–16.

[20] Alexej Hoch et al.: Mehr als 100 AfD-Reisen zum Gefallen Russlands, Welt.de, 23.10.2020, *https://www.welt.de/politik/deutschland/plus218492862/Russland-Krim-Kaukasus-Mehr-als-100-AfD-Reisen.html?notify=success_subscription* (abgerufen am 12.6.2024).

[21] AfD-Landtagsabgeordnete fahren nach Russland – als „Demokratie-Experten", Welt.de, 14.3.2024, *https://www.welt.de/politik/deutschland/article250533278/AfD-Landtagsabgeordnete-fahren-nach-Russland-als-Demokratie-Experten.html* (abgerufen am 10.4.2024).

[22] Bensmann, Alternative für Russland.

[23] Julia Smilga: Die Liebe der AfD zu Putin, Studio 9, 15.7.2016, *https://www.deutschlandfunkkultur.de/russland-lobbyisten-die-liebe-der-afd-zu-putin.2165.de.html?dram%3Aarticle_id=360222&fbclid=IwAR0ceJNuqz_IuMysAGy4PkOipPCP6957xkV5twgqrIiOcDAJu-4y6Mss0Io* (abgerufen am 12.6.2024).

[24] Maria Fiedler, Claudia von Salzen: Russlands Spiel mit den Rechten, Tagesspiegel.de, 9.4.2019, *https://www.tagesspiegel.de/politik/einflussnahme-auf-die-afd-russlands-spiel-mit-den-rechten/24196526.html* (abgerufen am 12.6.2024).

[25] Markus Frohnmaier, *https://www.bundestag.de/abgeordnete/biografien/F/frohnmaier_markus-857304* (abgerufen am 12.6.2024).

[26] Roman Dobrokhotov et al.: The far-right Bundestag aide and his rapping FSB case officer, Theins.ru, 1.2.2024, *https://theins.ru/en/politics/268805* (abgerufen am 12.6.2024).

[27] Pressemitteilung Eugen Schmidt, 2.2.2024, *https://www.facebook.com/100075715103413/posts/402551075612059/?mibextid=WC7FNe* (abgerufen am 12.6.2024).

[28] AfD Sachsen ist gesichert rechtsextrem: Diese Konsequenzen hat die Ent-

scheidung, Rnd.de, 8.12.2023, *https://www.rnd.de/politik/verfassungsschutz-afd-in-sachsen-ist-gesichert-rechtsextremistisch-6ZUK7XZSDBFW5HBGVSD345XHDM.html* (abgerufen am 12.6.2024).

[29] AfD-Einstufung als Verdachtsfall ist rechtens, Tagesschau.de, 13.5.2024, *https://www.tagesschau.de/inland/innenpolitik/afd-ovg-verdachtsfall-100.html#:~:text=Das%20Bundesamt%20für%20Verfassungsschutz%20(BfV,des%20Verwaltungsgerichts%20Köln%20von%202022* (abgerufen am 12.6.2024).

[30] Tino Chrupalla, Maximilian Krah, zit. in: Bensmann, Alternative für Russland.

[31] Sergej Karaganov, zit. in: Spahn, Russlands Narrative, S. 58–59.

[32] AfD-Beschluss zur Europawahl 2024, zit. in: Bensmann, Alternative für Russland.

[33] Bundestag stimmt für Lieferung schwerer Waffen an die Ukraine, Abstimmung vom 28.4.2022, Bundestag.de, o. D., *https://www.bundestag.de/dokumente/textarchiv/2022/kw17-de-selbstverteidigung-ukraine-891272* (abgerufen am 12.6.2024).

[34] Catherine Belton et al.: Kremlin tries to build antiwar coalition in Germany, documents show, Washingtonpost.com, 21.4.2023, *https://www.washingtonpost.com/world/2023/04/21/germany-russia-interference-afd-wagenknecht/* (abgerufen am 10.4.2024).

[35] Ebd., Es reicht! Demo in Berlin, Aufruf der Compact Redaktion, 5.4.2021, *https://www.compact-online.de/esreicht-demo-in-berlin-ticker-fotos-und-videos-ab-14-uhr-bei-uns-auf-telegram* (abgerufen am 12.6.2024).

[36] Belton, Kremlin tries to build antiwar coalition.

[37] Eine kurze Zusammenfassung des Spiegel-Artikels bei: Kilian Beck: AfD stellt Krah kalt: Brisante Dokumente legen Kreml-Pläne für Einflussnahme offen, Fr.de, 1.5.2024, *https://www.fr.de/politik/afd-maximilian-krah-spionage-affaere-china-dokumente-russland-kreml-plan-zr-93036831.html* (abgerufen am 12.6.2024).

[38] Voices of Europe, *https://pace.coe.int/en/voices* (abgerufen am 3.7.2024).

[39] Interview mit Roman Haider, Voiceofeurope.com, 13.3.2024, *https://www.voiceofeurope.com/european-farmers-are-fighting-for-their-survival-interview-with-freedom-party-of-austria-fpo-mep-roman-haider/* (abgerufen am 3.7.2024).

[40] Interview mit Jaak Madison, Voiceofeurope.com, 29.1.2024, *https://www.voiceofeurope.com/interview-with-estonian-mep-jaak-madison-it-may-take-20-to-30-years-but-the-eu-will-collapse/* (abgerufen am 3.7.2024).

[41] Interview mit Maximilian Krah, Voiceofeurope.com, 10.2.24, *https://www.voiceofeurope.com/afd-mep-maximilian-krah-the-german-state-will-never-hold-the-us-accountable-for-nord-stream-attacks/* (abgerufen am 3.7.2024).

[42] Interview mit Martin Sellner, Voiceofeurope.com, 14.3.2024, *https://www.voiceofeurope.com/sovereign-peoples-with-strong-identities-are-essential-in-opposing-globalism-interview-with-martin-sellner/* (abgerufen am 3.7.2024).

43 Voice of Europe, Contact information, *https://www.voiceofeurope.com/contact/* (nicht mehr zugänglich).

44 Zdislava Pokorna et al.: Reportáž: Proruský politik ze sankčního seznamu domů nepřišel. Jeho blízcí vynášeli tašky, Denikn.cz, 27.3.2024, *https://denikn.cz/1387397/reportaz-prorusky-politik-ze-sankcniho-seznamu-domu-neprisel-jeho-blizci-vynaseli-tasky/?ref=list* (abgerufen am 12.6.2024).

45 Tschechien hebt russisches Propaganda-Netzwerk in EU aus, Deutschlandfunk.de, 27.3.2024, *https://www.deutschlandfunk.de/tschechien-hebt-russisches-propaganda-netzwerk-in-eu-aus-102.html#:~:text=Der%20tschechische%20Geheimdienst%20hat%20nach„Voice%20of%20Europe"%20genutzt* (abgerufen am 12.6.2024).

46 Zdislava Pokorna: Ruské peníze do Česka vozil neopatrný kurýr. BIS ho natočila i na video, říká Žáček, Denik.cz, 10.4.2024, *https://denikn.cz/1396841/ruske-penize-do-ceska-vozil-neopatrny-kuryr-bis-ho-natocila-i-na-video-rika-zacek/?ref=list* (abgerufen am 12.6.2024).

47 Zdsislava Pokorna: Evropští politici na Putinově výplatní pásce. Rusové se pokoušeli z Prahy ovlivnit letošní volby, Denik.cz, 27.3.2024, *https://denikn.cz/1388000/odhaleni-bis-jak-se-rusove-snazili-z-ceska-ovlivnit-volby-po-cele-evrope/?ref=list* (abgerufen am 12.6.2024).

48 News Front, *https://de.news-front.su* (abgerufen am 27.8.2024).

49 Anton Shekhovtsov: Verträge mit „Einiges Russland": Putins Helfer in Europa, Russlandverstehen.eu, 4.7.2018, *https://russlandverstehen.eu/de/anton-shekhovtsov-vertraege-mit-einiges-russland-putins-helfer-in-europa/* (abgerufen am 27.8.2024).

50 Spiegel: РФ финансировала политиков ЕС через Voice of Europe Медведчука, Svoboda.org, 27.3.24, *https://www.svoboda.org/a/chehiya-vvela-sanktsii-protiv-medvedchuka-i-ego-priblizhyonnogo/32880015.html* (abgerufen am 27.8.2024).

51 США не одобряет действия Зеленского: Артём Марчевский о митинге сотрудников украинских СМИ, Youtube.com, 30.8.21, *https://www.youtube.com/watch?v=2aM7OWeeitw* (abgerufen am 12.4.2024).

52 Petr Bystroň: Selenskyj hat verloren, amerikanische Unterstützer haben ihn im Stich gelassen, Voiceofeurope.com, 19.12.2023, *https://www.voiceofeurope.com/de/petr-bystron-selenskyj-hat-verloren-amerikanische-unterstutzer-haben-ihn-im-stich-gelassen/* (abgerufen am 12.6.2024).

53 Petr Bystron dementiert Annahme von Zahlungen aus Russland, Zeit.de, 4.4.2024, *https://www.zeit.de/politik/deutschland/2024-04/bystron-petr-tschechischer-geheimdienst-audio-aufnahmen-russland-baerbock-annalena*, Andrea Becker et al.: Geldübergabe an Bystron im Auto?, Tagesschau.de, 19.4.2024, *https://www.tagesschau.de/investigativ/kontraste/russland-afd-krah-bystron-voice-of-europe-100.html* (abgerufen am 12.5.2024).

[54] Das sind die Anschuldigungen gegen AfD-Politiker, T-online, 8.6.2024, *https://www.t-online.de/nachrichten/deutschland/innenpolitik/id_100392628/afd-das-sind-die-vorwuerfe-an-krah-hoecke-und-bystron.html* (abgerufen am 27.8.2024).

[55] AfD schließt Spitzenkandidat Krah aus eigener Delegation aus, Mdr.de, 10.6.2024, Neue Razzia bei AfD-Politiker Bystron, Spiegel.de, 27.6.2024, *https://www.spiegel.de/politik/deutschland/petr-bystron-neue-razzia-bei-afd-politiker-ermittlungen-wegen-bestechlichkeit-a-8cb6091a-3dac-4366-8f50-b2980514ae63* (abgerufen am 3.9.2024).

[56] Annika Leister: Der Tag der großen Täuschung, T-online.de, 8.4.24, *https://www.t-online.de/nachrichten/tagesanbruch/id_100380126/afd-bestechungsskandal-um-petr-bystron-der-grosse-tag-der-taeuschung.html* (abgerufen am 12.6.2024).

[57] Elena Crisan: „Voice of Europe“: Russische Propagandaseite wieder online, Profil.at, 12.4.24, *https://www.profil.at/ausland/voice-of-europe-russische-propagandaseite-online-eu/402854971* (abgerufen am 12.6.2024).

6. Corona und Querdenker

[1] Dies sind nur drei zentrale Narrative, es werden noch mehr verbreitet, siehe: EU Elections upate: Reaping what was sown, EU vs Disinfo, 23.5.2019, *https://euvsdisinfo.eu/eu-elections-update-reaping-what-was-sown/?highlight=EU%20Election* (abgerufen am 12.6.2024).

[2] Spahn (2020), Russische Medien in Deutschland, S. 16–18.

[3] EU Elections Update: The Long Game, 2.5.2019, *https://euvsdisinfo.eu/eu-elections-update-the-long-game/?highlight=EU%20Election* (abgerufen am 12.6.2024).

[4] Interview des AfD-Spitzenkandidaten Jörg Meuthen mit Sputnik, 9.2.2019, *https://de.sputniknews.com/politik/20190209323861925-meuthen-kritik-eu-dexit/*; die Seite ist zurzeit nicht abrufbar (3.9.2024).

[5] Corona: „Die Epidemie, die nie da war“ – Dr. med. Claus Köhnlein, RT Deutsch, 20.3.2020, *https://pressefreiheit.rtde.live/programme/der-fehlende-part/99631-corona-epidemie-nie-da-war/* (abgerufen am 16.4.2024, das dazugehörige Video aus der Sendung „Der fehlende Part“ wurde mittlerweile von Youtube wegen Desinformation gesperrt).

[6] Sendung „Der Fehlende Part“, 20.3.2020, *https://www.youtube.com/watch?v=TzTr_RjtgUk* (gesperrt).

[7] Exemplarisch: Russland ohne Lockdown: Die Freiheit des Ostens. 5 Fragen an den Chefredakteur, Snanews.de, 18.1.2021, *https://snanews.de/20210118/russland-corona-politik-574023.html*; der Link ist gesperrt, Screenshot liegt vor.

[8] Putin besucht das Krankenhaus für Corona-Infizierte in Kommunarka, Sputnik, 25.3.2020; der Link ist gesperrt, Screenshot liegt vor.

[9] Susanne Spahn: Russische Auslandsmedien zeigen Deutschland und die EU

als hilflos und repressiv, Tagespiegel online, 23.4.2020, *https://www.tagesspiegel.de/politik/informationskrieg-in-der-corona-krise-russische-auslandsmedien-zeigen-deutschland-und-die-eu-als-hilflos-und-repressiv/25767588.html* (abgerufen am 12.6.2024).

10 Susanne Spahn: Der Impfstoff Sputnik V – ein internationaler Erfolg Russlands? Eine Untersuchung der Darstellung und Methoden der Desinformation in den russischen Staatsmedien RT und Sputnik/SNA an den Beispielen Deutschland, Frankreich, Großbritannien, Serbien, Slowakei und Kasachstan. Brüssel 2021.

11 Russia Becomes World Leader in Weekly Covid Deaths, Themoscowtimes.com, 9.11.2021, *https://www.themoscowtimes.com/2021/11/09/russia-becomes-world-leader-in-weekly-covid-deaths-a75517* (abgerufen am 12.6.2024).

12 Jo Angerer: Keine Impfung, kein Gehalt, Tagesschau.de, 8.7.2021, *https://www.tagesschau.de/ausland/asien/russland-corona-pandemie-101.html*, der Beitrag ist nicht mehr abrufbar, ist aber auch bei Wikipedia zitiert, siehe *https://de.wikipedia.org/wiki/COVID-19-Pandemie_in_Russland*.

13 „С учётом ранее данных поручений“: Путин рекомендовал главам регионов лично контролировать наращивание темпов вакцинации, RT na russkom, 29.11.2021, *https://russian.rt.com/russia/article/933155-putin-regiony-vakcinaciya-koronavirus* (abgerufen am 3.7.2024).

14 Exemplarisch: Susan Bonath: Warum die Datenlage gegen eine Corona-Impfpflicht spricht, RT DE, 28.11.2021, *https://de.rt.com/meinung/127661-warum-datenlage-gegen-corona-impfpflicht/* (abgerufen am 3.7.2024).

15 Exemplarisch: Rainer Rupp: Impfpflicht und Impfzwang gegen Corona. Über Deutschlands Umgang mit der Kaste der „Unberührbaren“, RT DE, 27.11.2021, *https://de.rt.com/meinung/127627-impfpflicht-und-impfzwang-gegen-covid-19-notfalls-polizeigewalt/* (abgerufen am 3.7.2024).

16 Die Berichterstattung der Zeitung *Demokratischer Widerstand* habe ich in einem Monitoring-Projekt des Zentrums Liberale Moderne analysiert, siehe: Gegenmedien als Radikalisierungsmaschine, Monitoring Juni 22 „Das System“, *https://gegenmedien.info/monitoring-juni/* (abgerufen am 12.6.2024).

17 Interview mit Anselm Lenz und Hendrik Sodenkamp, RT DE, 10.4.2020, *https://rtde.me/programme/der-fehlende-part/100838-grundrechte-tracking-apps-und-soziale/*; Hannes Hofbauer: Deutschland, Frankreich und Großbritannien 2020: Massendemonstrationen gegen den autoritären Staat, RT DE, 1.1.2021, *https://rtde.me/meinung/111240-deutschland-frankreich-und-grossbritannien-im/* (abgerufen am 3.7.2024).

18 Nach Quarantäne können die Anwälte Michael Ballweg erstmals im Gefängnis besuchen, RT DE, 8.7.22, *https://rtde.me/inland/143000-nach-quarantane-konnen-anwalte-michael/*, Beginn der „Volksaufstände“? Offiziell 6.500 Menschen demonstrierten am Montag in Berlin, RT DE, 2.8.22, *https://rtde.*

me/inland/145017-beginn-volksaufstande-offiziell-6500-menschen/ (abgerufen am 3.7.2024).

19 Interview mit Hermann Ploppa, RT DE, 31.8.19, *https://rtde.me/international/91766-summa-summarum-mit-hermann-ploppa/* (abgerufen am 4.7.2024).

20 Interviews mit Hermann Ploppa, RT DE, 9.10.2023, *https://rtde.me/kurzclips/video/183110-ukraine-wurde-an-us-investoren/*, 4.10.2023, *https://rtde.me/kurzclips/video/182581-buchautor-hermann-ploppa-unterschiede-zwischen-ost-und-west/*, 26.1.2023, *https://rtde.me/kurzclips/video/161122-hermann-ploppa-ueber-kampfpanzer-lieferung/*, 6.8.2020, *https://rtde.me/inland/105271-von-scheindemokratie-zur-offenen-diktatur/*, 12.12.2019, *https://rtde.me/programme/der-fehlende-part/95762-verblodung-us-eliten-ist-mordsgefahrlich-hermann-ploppa/*, 6.12.2019, *https://rtde.me/programme/der-fehlende-part/95536-eu-ist-top-down-projekt-politologe-hermann-ploppa-im-gespraech-dfp-56/* (abgerufen am 4.7.2024).

21 Compact 4/23: Querfront, *https://www.compact-shop.de/shop/compact-magazin/compact-4-2023-querfront/* (abgerufen am 12.6.2024).

22 Querfront: Können Rechte und Linke gemeinsam die Kriegstreiber stoppen?, Compact TV, 1.4.23, *https://www.youtube.com/watch?v=gtZrMT6dWbY&t=23s* (abgerufen am 17.4.2024).

23 Manfred Kleine-Hartlage: *Querfront! Die letzte Chance für die deutsche Demokratie*, zit. in: *Compact-online.de*, 1.4.2023, *https://www.compact-online.de/querfront-rechte-und-linke-gemeinsam-gegen-kriegstreiber/* (abgerufen am 3.9.2024).

24 Anselm Lenz als Redner beim Compact-Sommerfest 2022, Compact-online.de, 26.7.2022, *https://www.compact-online.de/27-august-compact-sommerfest-fuer-frieden-und-freiheit-achtung-fruehbucherrabatt-endet-am-31-7/*; beide Redner bei einer Demo am Brandenburger Tor, *Compact-online.de*, 5.4.2021, *https://www.compact-online.de/esreicht-demo-in-berlin-ticker-fotos-und-videos-ab-14-uhr-bei-uns-auf-telegram/* (abgerufen am 12.6.2024).

25 Anselm Lenz: Interview mit dem Compact Magazin, 2.8.2021, *https://www.compact-online.de/das-sind-keine-linken-mehr-anselm-lenz-im-gespraech/*, Auftritt bei Compact TV, 9.12.2020, *https://www.compact-online.de/corona-und-die-linken-verraeter-anselm-lenz-bei-compact-tv/*, Beitrag für Compact, *Compact-online.de*, 12.10.2022, *https://www.compact-online.de/anselm-lenz-abschied-von-der-linken/* (abgerufen am 12.6.2024).

26 Das Archiv von Compact zeigt zu Anselm Lenz 84 Einträge, *https://www.compact-online.de/search/Anselm+Lenz/* (abgerufen am 17.4.2024).

27 Putin verstehen, Compact Edition 10, *https://www.compact-shop.de/shop/sonderausgaben/compact-edition-10-putin-verstehen/* (abgerufen am 3.9.2024).

28 Jürgen Elsässer, zit. in einem Post von Moritz Gathmann, X.com, 14.2.2023,

https://x.com/moritz_gathmann/status/1625598528838852608?t=Ves1l4kpQTX7_apFcVNm4w&s=03 (abgerufen am 4.9.2024).

29 Wagenknecht – Die beste Kanzlerin, Compact 12/2022, *https://www.compact-shop.de/shop/compact-magazin/compact-12-2022-die-beste-kanzlerin/?_gl=1*7t8tw6*_up*MQ..&gclid=EAIaIQobChMIyoyYrafJhQMV7ZGDBx3khgWFEAAYASAAEgLmrfD_BwE* (abgerufen am 12.6.2024).

30 „Manifest für Frieden" – Wer sich von Wagenknecht und Schwarzer angezogen fühlt, Exakt, MDR Investigativ, 3.3.2023, *https://www.youtube.com/watch?v=A5jnAxOWf1M* (abgerufen am 18.7.2024).

31 Spahn (2020), Russische Medien in Deutschland, S. 14–15.

32 Nadja Austel: AfD: Donbass-Reise nach Schelte von oben abgebrochen – „Keiner fährt hin", Fr.de, 20.9.2022, *https://www.fr.de/politik/ukraine-krieg-afd-donbass-reise-russland-putin-propaganda-91801761.html* (abgerufen am 12.6.2024).

33 „Manifest für Frieden".

34 Rechtsextremisten bei Wagenknecht-Demo in Berlin, T-online.de, 25.2.23, *https://www.t-online.de/region/berlin/id_100134764/wagenknecht-schwarzer-friedensdemo-rechtsextreme-demonstrieren-mit.html* (abgerufen am 12.6.2024).

35 „Manifest für Frieden".

7. *RT DE* – der Star unter den Alternativmedien

1 Susanne Spahn: *RT DE* – Leitmedium der „Alternativmedien", Fallstudie des Projekts „Gegenmedien" vom Zentrum Liberale Moderne, März 2023, *https://gegenmedien.info/fallstudie-4-rtde/#kap5* (abgerufen am 12.6.2024).

2 Kategorie Jobs und Karriere, RT DE, nicht mehr verfügbar. Ein Screenshot der Seite ist abgebildet in: Spahn (2022), Russische Medien in Deutschland, S. 8.

3 Christoph Sterz: Russischer Staatssender RT DE. Illegal auf Sendung?, Deutschlandfunk.de, 20.12.2021, *https://www.deutschlandfunk.de/illegal-auf-sendung-100.html* (abgerufen am 12.6.2024).

4 Alexander Korosteljow und Dinara Toktosunova, Interview mit der Berliner Zeitung, 27.1.21, *https://www.berliner-zeitung.de/politik-gesellschaft/rote-linien-zur-propaganda-li.135774* (abgerufen am 12.6.2024).

5 Christoph Reichmuth: Russia Today greift die Demokratie an, Luzerner Zeitung, 3.9.2021, S. 8.

6 Alexander Korosteljow, zit. in: Spahn (2022), Russische Medien in Deutschland, S. 8.

7 Spahn, Ukraine-Bild, S. 17–21.

8 Маргарита Симоньян о летучках в Кремле, Tvrain.ru, 10.7.2012, *https://tvrain.ru/teleshow/harddaysnight/margarita_simonjan_o_letuchkah_v_kremle-327927/* (abgerufen am 12.6.2024).

9 Interview mit der Berliner Chefredakteurin Dinara Toktosunova, in: Госдума приняла закон о QR-кодах. Ситуация в Беларуси. Отношения России и НАТО. Канал RT в Германии удалили. Утро на Дожде. Tvrain.ru, 17.12.2021, *https://tvrain.ru/teleshow/utro_na_dozhde/pochemu_zablokirovali-544203/* (abgerufen am 12.6.2024).

10 Sterz: Russischer Staatssender RT DE. RT DE startet Fernsehsender: Medienanstalt leitet Verfahren ein, Ndr.de, 17.12.2021, *https://www.ndr.de/fernsehen/sendungen/zapp/RT-DE-startet-Fernsehsender-Medienanstalt-leitet-Verfahren-ein,rtde106.html* (abgerufen am 12.6.2024).

11 Timo Niemeier: Keine Rundfunklizenz vorhanden: ZAK verbietet RT DE, Dwdl.de, 2.2.2022, *https://www.dwdl.de/nachrichten/86407/keine_rundfunklizenz_vorhanden_zak_verbietet_rt_de_/;* Kurt Sagatz: Schlappe für Russia Today: Verwaltungsgericht bestätigt Verbot von RT.DE, Tagesspiegel.de, 18.3.2022, *https://www.tagesspiegel.de/gesellschaft/medien/verwaltungsgericht-bestatigt-verbot-von-rtde-4318270.html* (abgerufen am 12.6.2024).

12 RT DE Livestream, *https://de.rt.com/livetv/* (abgerufen am 1.7.2024).

13 Umfrage von Statista Consumer Insights, 3.5.2023, *https://de.statista.com/infografik/29838/umfrage-zum-misstrauen-gegenueber-den-sogenannten-mainstream-medien/* (abgerufen am 12.6.2024).

14 Ellen Ehni: Zufriedenheit mit Bundesregierung auf Tiefstwert, Tagesschau.de, 4.3.2021, *https://www.tagesschau.de/inland/deutschlandtrend/deutschlandtrend-2533.html* (abgerufen am 12.6.2024).

15 Spahn (2022), Russische Medien in Deutschland, S. 8–9.

16 Korosteljow und Toktosunova, Interview mit der Berliner Zeitung.

17 RT DE, Apolut, Compact, Nachdenkseiten, Reitschuster.de, Deutsche Wirtschaftsnachrichten, Demokratischer Widerstand, Epoch Times, Querdenken-711, Kontext TV, siehe: Spahn, *RT DE* – Leitmedium der „Alternativmedien".

18 Ebd.

19 Albrecht Müller – Willy Wählen '72, *https://www.nachdenkseiten.de/?page_id=64729* (abgerufen am 3.9.2024).

20 Spahn, RT DE – Leitmedium der „Alternativmedien".

21 Telegram-Kanal von Margarita Simonjan, 30.9.21, *https://t.me/margaritasimonyan/9312* (abgerufen am 27.8.2024).

22 Vgl.: Der nützliche Idiot (5/6). Ken Jebsen auf ideologischer Mission, In: Cui Bono: WTF happened to Ken Jebsen?, 9.6.2022, *https://www.ardaudiothek.de/cui-bono-wtf-happened-to-ken-jebsen/der-nuetzliche-idiot5–6ken-jebsen-auf-ideologischer-mission/90865876?fbclid=IwAR3MxDD2SKoLJ0xh9o1d7nICnYnSRNbXdSV-Zwpuv8lS1N1JJJfMddAkKnU* (abgerufen am 3.9.2024).

23 Spahn, Ukraine-Bild, S. 28, S. 68–73.

24 Pressemitteilung des rbb vom 23.11.2011, *https://www.rbb-online.de/unternehmen/presse/presseinformationen/pressearchiv/2011/unternehmen/11/20111123_warbeck_gibt_programmverantwortung_ab.html* (abgerufen am 3.9.2024).

25 Spahn, Ukraine-Bild, S. 25, S. 28–29.

26 Trotz massiven Gegenwinds: Alternative Medien auf dem Vormarsch, RT Deutsch, 24.1.2019, *https://de.rt.com/gesellschaft/83048-trotz-massiven-gegenwinds-alternative-medien* (abgerufen am 27.8.2024).

27 Alternative Medien auf dem Vormarsch #2: Ken Jebsen über Journalismus und Meinungsvielfalt, RT DE, 14.2.2019. *https://de.rt.com/podcast/84214-alternative-medien-auf-vormarsch-2/* (abgerufen am 27.8.2024).

28 Podcast über Ken Jebsen wird als Doku-Serie adaptiert, Spiegel.de, 27.7.21, *https://www.spiegel.de/kultur/tv/podcast-cui-bono-wtf-happened-to-ken-jebsen-wird-tv-serie-a-108d1de9-b0f8-4f75-9605-cb8c0d988216* (abgerufen am 12.6.2024).

29 Пресс-конференция по итогам визита в Крым делегации политиков из Германии и Австрии, Crimea.ria.ru, 26.4.2017, *https://crimea.ria.ru/20170426/1110126080.html*, Известный немецкий журналист планирует открыть в Крыму корпункт – Гемпель, Crimea.ria.ru, 26.4.2017, *https://crimea.ria.ru/20170426/1110145525.html* (abgerufen am 12.6.2024).

30 *Вилли Виммер: Трампа уберут, если он нормально заговорит с Россией*, *Голос Германии*, 18.5.2017, *https://www.youtube.com/watch?v=c17d6-xYd4c*, Кен Йебсен в Крыму о войне и мире, *Голос Германии*, 8.4.2017; *https://www.youtube.com/watch?v=BtgFUIeSAT0* (abgerufen am 12.6.2024). Weitere Kanäle befinden sich bei Facebook und den russischen Netzwerken Vkontakte und Odnoklassniki.

31 В ЕС демократия для всех, кроме русскоязычных. Конференция по правам русскоязычных в Прибалтике, Golos-germanii.ru, 12.8.2022, *https://golos-germanii.ru/movie/930-v-es-demokratiya-dlya-vseh--krome-russkoyazichnih-konferentsiya-po-pravam-russkoyazichnih-v-pribaltike* (abgerufen am 12.6.2024).

32 *Кто, если не мы? День Победы 9 Мая 2024 в Берлине, Голос Германии*, 21.4.2024, *https://www.youtube.com/watch?v=qnM-Ya3RvZU* (abgerufen am 12.6.2024).

33 Ebd., weitere Kanäle bei Telegram, Vkontakte, Odnoklassniki, Facebook, Dzen.ru

34 Druschba FM, *https://www.youtube.com/@druschbafm6305*, *https://t.me/DruschbaFM* (abgerufen am 12.6.2024).

35 *Кен Йебсен в Крыму.*

36 Florian Flade, Georg Mascolo: Verfassungsschutz beobachtet „KenFM“, Infosperber.ch, 28.5.2021, *https://www.infosperber.ch/medien/verfassungsschutz-beobachtet-kenfm/* (abgerufen am 27.8.2024).

[37] Kayvan Soufi-Siavash, Apolut.net, 22.4.24, *https://apolut.net/achtung-neue-kontoverbindung-bitte-jetzt-dauerauftrag-aendern/* (abgerufen am 12.6.2024).

8. Die große Invasion in der Ukraine und die Energiekrise

[1] Projekt Gegenmedien, Zentrum Liberale Moderne, Monitoring März 2022, *https://gegenmedien.info/monitoring-maerz/* (abgerufen 12.6.2024).

[2] Ebd.

[3] Rainer Rupp: Russland fordert Sicherheit, Demokratischer Widerstand, 12.2. 2022., S.1, *https://archiv.demokratischerwiderstand.de/media/W1siZiIsIjIw MjIvMDIvMTIvN2Y3MmJyZWM3cl83OV9XaWRlcnN0YW5kXzIwMjJfM DJfMTFfbmljaHRvaG5ldW5zLmRlLnBkZiJdXQ/79_Widerstand_2022_ 02_11_nichtohneuns.de.pdf?sha=f86ace637f2a5bef* (abgerufen am 17.4.2024).

[4] Rainer Rupp, Interview mit Stern, 24.5.2002, *https://www.stern.de/politik/deutschland/stern-interview--ich-war-topas--3286372.html* (abgerufen am 25.4.2024).

[5] Rainer Rupp, *https://de.wikipedia.org/wiki/Rainer_Rupp* (25.4.2024).

[6] Der fehlende Part: Rezession oder kleine Krise. Wo steht Russland?, RT Deutsch, 22.12.2014, *https://freeassange.rtde.me/8561/der-fehlende-teil/8561/* (abgerufen am 4.7.2024).

[7] Rainer Rupp bei RT DE, *https://freeassange.rtde.me/search?q=Rainer+Rupp&df=&dt=* (abgerufen am 4.7.2024).

[8] Rainer Rupp bei Apolut, *https://apolut.net/suche/?_sft_category=rainer-rupp&sort_order=date+desc&sf_paged=24* (abgerufen am 25.4.2024).

[9] Rainer Rupp: „Unter den Russen waren wir frei", Apolut.net, 28.7.2023, *https://apolut.net/unter-den-russen-waren-wir-frei-von-rainer-rupp/* (abgerufen am 12.6.2024).

[10] RT Russisch, 17.4.2022/18.4.2022, *https://russian.rt.com/search?q=Райнер+Рупп* (abgerufen am 4.7.2024).

[11] Rainer Rupp, Interviews mit RT Russisch, 24.11.13, *https://russian.rt.com/article/18768*, 3.12.2015, *https://russian.rt.com/article/134329*, 6.7.2016, *https://russian.rt.com/article/311075-nevinovatye-nemeckaya-policiya-zamalchivaet-prestupleniya-sovershennye-migrantami*, 15.4.2022, *https://russian.rt.com/world/news/990914-ssha-zatyanut-konflikt-ukraina* (abgerufen am 4.7.2024).

[12] Rainer Rupp: Zurück in die Realität? – Habeck und Co. können die Energielücke nicht schließen, RT DE, 2.9.2022, *https://rtde.me/meinung/147668-zuruck-in-realitaet-habeck-energieluecke/* (abgerufen am 4.7.2024).

[13] Ebd.

[14] Ebd.

[15] Leipzig: „Schließt euch an!" – Energiekrise treibt alle Lager auf die Straße, RT DE, 6.9.22, *https://rtde.me/kurzclips/video/148188-leipzig-schliesst-euch-an-energiekrise/* (abgerufen am 4.7.2024).

16 Proteste in Deutschland gegen antirussische Regierungspolitik, NATO-Manöver und Waffenlieferungen, RT DE, 18.6.23, *https://rtde.me/inland/173003-proteste-in-deutschland-gegen-anti-russische-regierungspolitik/* (abgerufen am 4.7.2024).

17 Susan Bonath: „Ich bin links, ich bin Kommunistin, Marxistin", in einem Appell beim Blog Freiburg-Schwarzwald.de, *https://www.freiburg-schwarzwald.de/blog/engagement/zukunft/demokratie/linke/* (abgerufen am 12.6.2024); Spahn, RT DE – Leitmedium der „Alternativmedien".

18 Gaspreisbremse soll doch schon zum 1. Januar starten, Ndr.de, 22.11.2022, *https://www.ndr.de/nachrichten/info/Gaspreisbremse-startet-offenbar-doch-schon-zum-1-Januar,preisbremse100.html* (abgerufen am 12.6.2024).

19 Preise wieder auf Vorkriegsniveau, Taz.de, 19.3.2024, *https://taz.de/Habeck-erklaert-Energiekrise-fuer-beendet/!5996316/* (abgerufen am 12.6.2024).

9. Freie Sachsen für Russland

1 Die „Freien Sachsen" – Rechtsextreme, Querdenker und Verschwörungsmythen, MDR Investigativ, 23.5.2022, *https://www.youtube.com/watch?v=eS8lLJQwLdw* (abgerufen am 12.6.2024).

2 Martin Kohlmann, Interview mit MDR, Ebd.

3 Die „Freien Sachsen", Stadtratswahl Chemnitz, Amtliches Endergebnis vom 9.6.2024, *https://wahlen.regioit.de/4/eu2024/14511000/praesentation/ergebnis.html?wahl_id=170&stimmentyp=0&id=ebene_-658_id_2127* (abgerufen am 3.9.2024).

4 Die „Freien Sachsen".

5 Proteste gegen hohe Energiepreise: Was die Menschen in Leipzig antreibt, ZDF heute, 6.9.2022, *https://www.youtube.com/watch?v=vAdM77RVuKw* (abgerufen am 12.6.2024).

6 Ebd., Heißer Herbst: Linke und Rechte laufen sich warm für den Wut-Winter, Welt Nachrichtensender, 6.9.2022, *https://www.youtube.com/watch?v=5_R960K7WKc* (abgerufen am 12.6.2024).

7 Wut auf der Straße – Ist unsere Demokratie in Gefahr?, Stern TV, 26.11.2022, *https://www.youtube.com/watch?v=lvhHtmmZrxg* (abgerufen am 12.6.2024).

8 Compact 9/2022: Heißer Herbst, *https://www.compact-shop.de/shop/compact-magazin/compact-9-2022-heisser-herbst/* (abgerufen am 12.6.2024).

9 Compact 9/2022, zit. in: Wut auf der Straße.

10 Christian Klar ist ein Thüringer Rechtsextremer, der maßgeblich in Gera an der Organisation von „Montagsspaziergängen" gegen die Ukraine-Politik der Regierung beteiligt ist und mit seinem Verein „Aufbruch Gera" gegen Flüchtlinge agitiert, siehe: Gera: „Montagsspaziergänger" stören Kundgebung vor Kirche, Mdr.de, 27.2.2014; Rechtsextreme „Großdemo" und Auto-Korso in Gera – Wer steckt dahinter?, Mdr.de, 9.12.2023, *https://www.mdr.de/*

nachrichten/thueringen/ost-thueringen/gera/aufbruch-klar-afd-demonstration-100.html (abgerufen am 6.7.2024).

11 Brück gehört neben Kohlmann und seinem Stellvertreter Stefan Hartung laut MDR zum Führungstrio bei den Freien Sachsen, hat aber formal keine herausgehobene Position, siehe: Rechtsextreme und Querdenker – Wer steckt hinter der Partei „Freie Sachsen“?, Audiotranskript, *https://www.mdr.de/nachrichten/podcast/mdr-investigativ/podcast-investigativ-partei-freie-sachsen-rechtsextreme-querdenken100.html* (abgerufen am 12.6.2024).

12 Michael Brück, zit. in: Hass und Hetze gegen den Staat – wie Rechtsextreme die Krise nutzen, ZDF heute, 2.11.2022, *https://www.youtube.com/watch?v=-J1ct2D8r18w* (abgerufen am 12.6.2024).

13 Compact 9/2022, Heißer Herbst.

14 „Ich wünsche mir, dass Deutschland wieder eine Vorreiterrolle einnimmt“ – Demo in Dresden, RT DE, 9.4.2024, *https://rtde.me/kurzclips/video/202085-ich-wuensche-mir-dass-deutschland/* (abgerufen am 4.7.2024).

15 Team Fuchs, *https://team-marcus.de* (abgerufen am 4.9.2024).

16 Querdenker Marcus Fuchs wegen Ansprache verurteilt!, Tag24.de, 30.4.2024, *https://www.tag24.de/justiz/gerichtsprozesse-dresden/dresden-querdenker-marcus-fuchs-wegen-ansprache-verurteilt-wiederholung-der-russischen-propagandamaerchen-3174738* (abgerufen am 12.6.2024).

17 Livestream am 7.4.2024 aus Dresden, Youtube.com, 7.4.2024, *https://www.youtube.com/watch?v=wZvCJL6bowg* (abgerufen am 12.6.2024).

18 Das Wahlplakat mit Kohlmann auf der Seite der Freien Sachsen, *https://freie-sachsen.info/?s=Klage* (abgerufen am 12.6.2024).

19 Telegram-Kanal der Freien Sachsen, alle Posts mit Links zu RT DE, siehe: *https://t.me/s/freiesachsen?q=RT+DE*, Werbung für das Abonnement von RT DE am 15.11.2023, *https://t.me/freiesachsen/7493* (abgerufen am 12.6.2024).

20 Wahlbeobachter: Sicherheitsstandards sehr hoch, Möglichkeit zu manipulieren gering, RT DE, 19.3.2024, *https://rtde.me/kurzclips/video/199949-wahlbeobachter-sicherheitsstandards-sehr-hoch-moeglichkeit/* (abgerufen am 4.7.2024).

21 „Freie Sachsen“ zu Besuch in Moskau: „Wir wollen Frieden mit Russland“, RT DE, 15.11.2023, *https://rtde.me/inland/video/187093-freie-sachsen-zu-besuch-in-moskau-wir-wollen-frieden-mit-russland/* (abgerufen am 4.7.2024), *https://t.me/freiesachsen/7493* (abgerufen am 12.6.2024).

22 Freie Sachsen, Telegram, 2.3.24, 10.3.24, 26.4.24, *https://t.me/s/freiesachsen?-q=Druschba+Hemd* (abgerufen am 12.6.2024).

23 Freie Sachsen, Telegram, 6.3.24, *https://t.me/freiesachsen/8176* (abgerufen am 12.6.2024).

24 Ebd., 7.3.24, *https://t.me/s/freiesachsen/8176* (abgerufen am 12.6.2024).

25 Ebd., 8.3.24, *https://t.me/s/freiesachsen/8176* (abgerufen am 12.6.2024).

26 Ebd., 6.5.24, *https://t.me/s/freiesachsen/8176* (abgerufen am 12.6.2024).

27 Gespräch mit einem Bürger aus Chemnitz, 13.4.2024, Gesprächsprotokoll liegt vor.

28 Freie Sachsen stellen Eilantrag gegen Panzerlieferungen vor dem Bundesverfassungsgericht!, *https://freie-sachsen.info/2023/bverfg-eilantrag/* (abgerufen am 12.6.2024).

29 Chemnitzer Rechtsanwalt Martin Kohlmann erstattet nach Planungen für Angriff auf die Krim-Brücke Strafanzeige nach § 13 Völkerstrafgesetzbuch („Verbrechen gegen die Aggression"), Freie-sachsen.info, 3.3.2024, *https://freie-sachsen.info/2024/chemnitzer-rechtsanwalt-martin-kohlmann-erstattet-nach-planungen-fuer-angriff-auf-die-krim-bruecke-strafanzeige-nach-§-13-voelkerstrafgesetzbuch-verbrechen-gegen-die-aggression/* (abgerufen am 12.6.2024).

30 Freie Sachsen, Telegram, 5.3.2024, *https://t.me/s/freiesachsen?q=Krim* (abgerufen am 12.6.2024).

31 Interview Martin Kohlmann mit Izvestija, 5.3.2024, *https://iz.ru/1660647/2024-03-05/avtor-iska-protiv-ofitcerov-bundesvera-kolman-obiasnil-prichinu-ego-podachi* (abgerufen am 4.7.2024).

32 Aufgepasst: Linksextreme Plakatabreißer stellen, Belohnung erhalten!, Freiesachsen.info, 24.4.24, *https://freie-sachsen.info/2024/aufgepasst-linksextreme-plakatabreisser-stellen-belohnung-erhalten/* (abgerufen am 3.9.2024).

33 Telegram-Kanal der Freien Sachsen, *https://t.me/s/freiesachsen* (abgerufen am 6.5.2024).

10. Mit Graf Tolstoj in den Informationskrieg

1 Dominik Peters, Christoph Sydow: Wer steckt hinter „Pro Chemnitz"?, Spiegel.de, 29.8.2018, *https://www.spiegel.de/politik/deutschland/sachsen-pro-chemnitz-wer-steckt-dahinter-a-1225532.html* (abgerufen am 12.6.2024).

2 Webseite von RA Martin Kohlmann, *https://kanzlei-brauhausstrasse.de/русский* (abgerufen am 12.6.2024).

3 Pro-Chemnitz-Mann gründete Integrationsverein für Migranten – am Sonntag organisierte er Wut-Demos, Focus.de, 5.9.2018, *https://www.focus.de/politik/deutschland/organisator-der-umstrittenen-demonstrationen-in-chemnitz-martin-kohlmann-hat-2014-integrationsverein-fuer-migranten-mitgegruendet_id_9532904.html* (abgerufen am 12.6.2024).

4 L. Wienand et al.: Ist das die dubioseste Zeitschrift Deutschlands?, T-online.de, 11.1.2019, *https://www.t-online.de/nachrichten/deutschland/id_85056570/-berliner-telegraph-so-dubios-ist-die-russische-zeitung-aus-chemnitz.html* (abgerufen am 12.6.2024).

5 Jonas Mueller-Töwe et al.: Wie der „Berliner Telegraph" die Krim-Annexion

vorantreibt, t-online.de, 11.1.2019, *https://www.t-online.de/nachrichten/deutschland/id_85048502/wie-der-berliner-telegraph-die-krim-annexion-vorantreibt.html* (abgerufen am 12.6.2024).

6 Jonas Mueller-Töwe: Die Kreml-Propaganda aus dem Herzen Berlins, T-online.de, 13.3.2022, *https://www.t-online.de/nachrichten/deutschland/id_91762672/die-kreml-propaganda-aus-dem-herzen-berlins.html* (abgerufen am 12.6.2024).

7 Alexander Fröhlich: Doch Ermittlungen zum Russischen Haus in Berlin: Putins Propaganda-Hotspot verstößt laut Behörden gegen EU-Sanktionen, Tagesspiegel.de, 23.4.2024, *https://www.tagesspiegel.de/berlin/doch-ermittlungen-zum-russischen-haus-in-berlin-putins-propaganda-hotspot-verstosst-laut-behorden-gegen-eu-sanktionen-11554355.html* (abgerufen am 12.6.2024).

8 Beispielhaft die Beiträge über Außenministerin Annalena Baerbock und die AfD in Ausgabe 12/2023, S. 9–11, S. 14–15, *https://berliner-telegraph.de/wp-content/uploads/2024/08/Web_BT-12.2023.pdf* (abgerufen am 4.9.2024).

9 Beiträge über die Diskriminierung Russischsprachiger in Deutschland und Wahlen in Belarus, Berliner Telegraph 11/2023, S. 10–11, S. 22, *https://berliner-telegraph.de/wp-content/uploads/2024/08/BT-11.2023.pdf* (abgerufen am 4.9.2024).

10 Neujahrsansprache des Botschafters Sergej Netschajew an die Landsleute in der BRD, Berliner Telegraph, 12/2023, S. 3, *https://berliner-telegraph.de/wp-content/uploads/2024/08/Web_BT-12.2023.pdf* (abgerufen am 4.9.2024).

11 Alle Ausgaben finden sich im Archiv, *https://berliner-telegraph.de/elementor-29050/* (abgerufen am 4.9.2024).

12 Stellenangebote, *https://berliner-telegraph.de/vakansii/* (abgerufen am 12.6.2024).

13 Was bedeutet die Niederlage der Ukraine für Deutschland?, Berliner-telegraph.de, 13.4.2024, *https://berliner-telegraph.de/news/politika/chem-grozit-germanii-porazhenie-ukrainy/* (abgerufen am 12.6.2024).

14 IBFS Europe, *https://ibfseurope.com/de/companies-registration/de-deutschland.html*, GÄN, *https://www.gantuning.de/?utm_source=google_PerfMax&utm_medium=cpc&utm_campaign=20%2F09PerfMax_DE_35-64&utm_term=&gad_source=1&gclid=EAIaIQobChMIj9e7hrKjhgMVZlQBh0hngOTEAAYASAAEgLlXfD_BwE* (abgerufen am 12.6.2024).

15 Zum Beispiel ein Beitrag vom 22.5.2024, *https://berliner-telegraph.de/news/deutschland/zhurnalistka-iz-germanii-dagmar-henn-poluchila-ubezhishhe-v-rossii/* (abgerufen am 12.6.2024).

16 Kulturverein Tolstoj, *http://www.kulturverein-tolstoi.de* (abgerufen am 12.6.2024).

17 Zum Beispiel in Ausgabe 11/2023, S. 14-15, *https://berliner-telegraph.de/*

wp-content/uploads/2024/02/November-2023.pdf, Sergej Filbert: Deutschland gegen NATO-Wahnsinn, Berliner-telegraph.de, 11.12.2023, *https://berliner-telegraph.de/news/deutschland/deutschland-gegen-nato-wahnsinn/* (abgerufen am 12.6.2024). Laut T-Online steuert Filbert viele Texte bei und verantwortete eine Ausgabe komplett, siehe: Mueller-Töwe, Die Kreml-Propaganda aus dem Herzen Berlins.

18 Ebd.

19 Ebd.

20 Двойные стандарты немецкого правительства: Израилю можно всё, права человека подождут!, Youtube.com, 22.10.2023, *https://www.youtube.com/watch?v=Sk7AcPPgxaM* (abgerufen am 12.6.2024).

21 Рупор-Ньюс №12: Раскол в Украине. Зеленского ожидает судьба Саакашвили или даже петля, *https://www.youtube.com/watch?v=zIOI3OKoTaw* (abgerufen am 12.6.2024).

22 Klare Sicht: Sergey Filbert – Die Stimme Deutschlands in Russland, Youtube.com, 11.1.2024, *https://www.youtube.com/watch?v=maxAiJ4t_U8* (abgerufen am 12.6.2024).

23 Лиза Фитц: Такой министр как Маас Германии сейчас не нужен, Youtube.com, 15.5.2018, *https://www.youtube.com/watch?v=k67ryPtQsps* (abgerufen am 6.7.2024).

24 Немецкий политолог: США всегда были готовы уничтожить Европу ради своих целей!, Youtube.com, 16.1.2021, *https://www.youtube.com/watch?v=2ZxsnSoe4fA* (abgerufen am 12.6.2024).

25 Интервью с немецким адвокатом Мартином Кольманн. Буква „Z“ снова в законе, Youtube.com, 20.6.2022, *https://www.youtube.com/watch?v=CJMhTP9h5IM* (abgerufen am 12.6.2024).

26 Bundesländer gehen gegen russisches Unterstützungssymbol vor, Zeit.de, 27.3.2022, *https://www.zeit.de/politik/deutschland/2022-03/z-symbol-russland-ukraine-krieg-bundeslaender-verbot* (abgerufen am 12.6.2024).

27 Интервью с немецким адвокатом

11. Frieden mit Russland

1 Rede von Lühr Henken am 24.2.24 vor dem Bundeskanzleramt. Die Rede ist hier nachzulesen: *https://www.kasseler-friedensforum.de/800/vortraege/Luehr-Henken-Frieden-fuer-die-Ukraine-und-fuer-Russland-Keine-Waffenlieferungen-an-die-Ukraine/* (abgerufen am 4.7.2024).

2 Zum Beispiel: Lühr Henken (Hrsg.): Schluss mit dem Wahnsinn! Abrüsten!: Konflikanalysen und Ansätze aus der Friedensbewegung, Kassel 2020.

3 Dagmar Henn: Butscha? Das große Verbrechen vor zwei Jahren fand in Kiew statt., RT DE, 1.4.2024, *https://freeassange.rtde.me/international/201212-butscha-grosse-verbrechen-vor-zwei/* (abgerufen am 4.7.2024).

4 Frieden unerwünscht – Der Westen setzt auf einen langen Krieg in der Ukraine, RT DE, 3.3.2024, *https://freeassange.rtde.me/europa/197870-frieden-unerwuenscht-westen-setzt-auf/* (abgerufen am 4.7.2024).

5 Putin zu Butscha: „Wir wissen, wer das getan hat!", RT DE, 27.4.2022, *https://freeassange.rtde.me/kurzclips/video/137177-putin-zu-butscha-wir-wissen-wer-das-getan-hat/* (abgerufen am 4.7.2024).

6 Neues aus Russland, *https://t.me/s/neuesausrussland* (abgerufen am 10.5.2024)

7 Lars Wienand: Putins deutsche Infokriegerin, T-online.de, 19.4.22, *https://www.t-online.de/nachrichten/ausland/id_91759336/alina-lipp-auf-telegramm-einst-bei-den-gruenen-jetzt-putins-infokriegerin-.html* (abgerufen am 12.6.2024).

8 UGM, *https://t.me/Ukr_G_M* (abgerufen am 12.6.2024).

9 Neues aus Russland, Monitoring April 22, *https://gegenmedien.info/monitoring-april/* (abgerufen am 12.6.2024).

10 Kathrin Wesolowski, Joscha Weber: Faktencheck: Keine „lebenden Leichen" in Butscha, DW.com, 5.4.2022, *https://www.dw.com/de/faktencheck-keine-lebenden-leichen-in-butscha/a-61352918* (abgerufen am 12.6.2024).

11 Lilia Rzheutska: „Die Zahl der gefundenen Leichen wächst täglich", DW.com, 7.4.2022, *https://www.dw.com/de/bürgermeister-von-butscha-die-zahl-der-gefundenen-leichen-wächst-täglich/a-61395227* (abgerufen am 12.6.2024).

12 13 Mythen über den Krieg.

13 Plakat von AntiKriegsNachrichten.de, Foto Archiv der Autorin.

14 Der Bericht wurde ohne Angabe des Autors veröffentlicht, das Facebook-Video mit der Quelle Wlad Sankin wurde eingefügt, siehe: „Grüne an die Ostfront": Kundgebung gegen NATO und Militarisierung Deutschlands vor dem Kanzleramt, RT DE, 24.2.2024, *https://freeassange.rtde.me/inland/197289-kundgebung-gegen-nato-und-militarisierung-deutschlands-vor-dem-kanzleramt/* (abgerufen am 4.7.2024).

15 Exemplarisch: Rüdiger Rauls: Alle wollen Frieden – und Deutschland zieht in den Krieg, RT DE, 18.6.23, *https://freeassange.rtde.me/meinung/172855-alle-wollen-frieden/* (abgerufen am 4.7.2024).

16 „Grüne an die Ostfront".

17 Andrew Korybko: Drohnenangriffe auf Pskow sind der Versuch, Krieg zwischen Russland und der NATO zu provozieren, RT DE, 3.9.2023, *https://freeassange.rtde.me/europa/179615-drohnenangriffe-auf-pskow-sind-versuch/* (abgerufen am 4.7.2024).

18 Wladimir Solowjow, in: Solowjow live, 30.8.2023, *https://smotrim.ru/video/2673684?utm_source=internal&utm_medium=channel&utm_campaign=tvplist* (abgerufen am 27.8.2024)

19 State TV pundits say the Russian empire is expanding, Russian Media Mo-

nitor, 2.12.2023, *https://www.youtube.com/watch?v=H4IYBrwdaRo* (abgerufen am 12.6.2024).

Zum Schluss: Wann wird Deutschland wie Schweden?

1 Bingener, Wehner, Die Moskau-Connection, S. 148.

2 PM, OA, 14.10.2010, Rede Prof. Dr. Klaus Mangold, Jahrestagung des Ost-Ausschusses der Deutschen Wirtschaft, 14.10.2010, *https://www.ost-ausschuss.de/sites/default/files/pm_pdf/Rede-Mangold-14.Oktober.pdf* (abgerufen am 27.8.2024).

3 Janine Arendt et al.: Putins Helfer, Tagesschau.de, 3.4.2024, *https://www.tagesschau.de/investigativ/monitor/ukraine-mariupol-wiederaufbau-russland-100.html* (abgerufen am 12.6.2024).

4 Putin-Biograf soll Geld von Russland erhalten haben, Tagesschau.de, 14.11.2023, *https://www.tagesschau.de/inland/gesellschaft/seipel-russland-putin-100.html* (abgerufen am 12.6.2024).

5 „Ich bin ein Putin-Versteher – im guten Sinn", Deutschlandfunkkultur.de, 14.1.2019, *https://www.deutschlandfunkkultur.de/historiker-und-russlandkenner-alexander-rahr-ich-bin-ein-100.html* (abgerufen am 12.6.2024).

6 Europarat stuft Russland als Diktatur ein, Deutschlandfunk.de, 13.10.2023, *https://www.deutschlandfunk.de/europarat-stuft-russland-als-diktatur-ein-100.html* (abgerufen am 25.2.2024).

7 Krieg gegen die Ukraine: Hilfe für Flüchtlinge und Vertriebene, Uno-fluechtlingshilfe.de, 20.2.2024, *https://www.uno-fluechtlingshilfe.de/hilfe-weltweit/ukraine* (abgerufen am 12.6.2024).

8 Diskussion im Bundestag auf Einladung der FDP-Fraktion, 18.3.2024.

9 Spahn, *RT DE* – Leitmedium der „Alternativmedien".

10 Spahn (2020), Russische Medien in Deutschland, S. 6.

Weiterführende Literatur

Alfred Eisfeld (Hg.): Die Russlanddeutschen, 2. Aufl., München 1999.

Andreas Kappeler: Kleine Geschichte der Ukraine, 8. Aufl., München 2022.

Andreas Kappeler: Russische Geschichte, 8. Aufl., München 2022.

Andreas Kappeler: Russland als Vielvölkerreich. Entstehung, Geschichte, Zerfall, München 1992.

Andreas Kappeler: Ungleiche Brüder. Russen und Ukrainer vom Mittelalter bis zur Gegenwart, 6. Aufl., München 2022.

Catherine Belton et al.: Kremlin tries to build antiwar coalition in Germany, documents show, Washingtonpost. com, 21.4.2023, *https://www.washingtonpost.com/world/2023/04/21/germany-russia-interference-afd-wagenknecht/* (abgerufen am 10.4.2024).

Catherine Belton: Putins Netz. Wie sich der KGB Russland zurückholte und dann den Westen ins Auge fasste, Hamburg 2022.

EUvsDisinfo: Informationsdienst der Europäischen Union über Desinformation in Europa, *https://euvsdisinfo.eu/de/*

Europäische Kommission, Vertretung in Deutschland: 13 Mythen über den Krieg Russlands in der Ukraine – und die Wahrheit, *https://germany.representation.ec.europa.eu/13-mythen-uber-den-krieg-russlands-der-ukraine-und-die-wahrheit_de* (abgerufen am 12.6.2024).

Gerhard Simon (Hg.): Die neue Ukraine. Gesellschaft, Wirtschaft, Politik (1991–2001), Köln 2002.

Gerhard Simon: Go West! Etappen des Sonderwegs der Ukraine, in: Osteuropa, 12/23, S. 79–96.

Gerhard Simon: Nationalismus und Nationalitätenpolitik in der Sowjetunion, Baden-Baden 1986.

Gerhard Simon: Russlands Griff nach der Weltmacht, Zeitschrift für Außen- und Sicherheitspolitik, 15/2022, S. 139 – 149, Russlands Griff nach der Weltmacht, https://link.springer.com/article/10.1007/s12399-022-00917-5

Günther Stökl: Russische Geschichte, 5. Aufl., Stuttgart 1990.

Jessikka Aro: Putins Armee der Trolle, München 2022.

John Lough: Germany's Russia Problem. The Struggle for Balance in Europe, Manchester 2021.

Manfred Hildermeier: Geschichte der Sowjetunion 1917–1991, München 1998.

Michael Thumann: Der neue Nationalismus. Die Wiederkehr einer totgeglaubten Ideologie, Berlin 2020.

Peter Pomerantsev: Nothing is true and everything is possible, London 2017.

Peter Pomerantsev: This is not propaganda. Adventures in the War Against Reality, London 2019.

Reinhard Bingener, Markus Wehner: Die Moskau-Connection. Das Schröder-Netzwerk und Deutschlands Weg in die Abhängigkeit, München 2023.

Roman Dobrokhotov et al.: The far-right Bundestag aide and his rapping FSB case officer, Theins.ru, 1.2.2024, *https://theins.ru/en/politics/268805* (abgerufen am 12.6.2024).

Michail Rubin, Marija Žolobova, Roman Badanin: Povelitel' kukol. Portret Alekseja Gromova, rukovoditelja rossijskoj gosudarstvennoj propagandy, proekt.media, 23.1.2019, *https://www.proekt.media/portrait/alexey-gromov/*; Eine Zusammenfassung auf Englisch: Who is Alexey Gromov?, Meduza.io, 13.1.2019, *https://meduza.io/en/feature/2019/01/23/who-*

is-alexey-gromov (abgerufen am 12.6.2024).

Alya Shandra, Robert Seely: The Surkov Leaks. The Inner Workings of Russia's Hybrid War in Ukraine, London 2019, (RUSI Occasional Paper, July 2019), S. VII–VIII, S. 1–5, *https://static.rusi.org/201907_op_surkov_leaks_web_final.pdf*

Stefan Hansen, Olga Husieva, Kira Frankenthal (Hg.): Russlands Angriffskrieg gegen die Ukraine, Baden-Baden 2023.

Susanne Spahn: Nachrichten aus dem Kreml. Narrative russischer Medien zu Russlands Krieg gegen die Ukraine, Bundeszentrale für politische Bildung, 12.1.2023, *https://www.bpb.de/themen/medien-journalismus/digitale-desinformation/517057/nachrichten-aus-dem-kreml/*

Susanne Spahn: Russische Medien in Deutschland. Die Bundestagswahlen 2021 – Zwischen Einflussnahme und Desinformation, Potsdam 2022, *https://shop.freiheit.org/#!/Publikation/1210*

Susanne Spahn: Staatliche Unabhängigkeit – das Ende der ostslawischen Gemeinschaft? Die Außenpolitik Russlands gegenüber der Ukraine und Belarus seit 1991, Hamburg 2011.

Timothy Snyder: The Road to Unfreedom. Russia, Europe, America, London 2018.

Bildnachweise

1 Brief von Igor. Susanne Spahn, S. 16

2 Autorin in Moskau 1992. Susanne Spahn, S. 18

3 Schnee in Petersburg. Susanne Spahn, S. 23

4 Lomonossow-Universität. Susanne Spahn, S. 31

5 Stadt Piter. Susanne Spahn, S. 47

6 Sängerin Natalie. Screenshot Youtube, Kanal Николай Валентинович, *https://www.youtube.com/watch?v=7FMNUFovqjg* (abgerufen am 9.2.2024/ 18.7.2024), S. 63

7 Grafik Russland-Polen. Die Daten für den Außenhandel Deutschlands mit Polen und Russland können hier abgerufen werden: *https://www-genesis.destatis.de/genesis//online?operation=table&code=51000-0003&bypass=true&levelindex=0&levelid=1721897348301#abreadcrumb.* Die Autorin hat das Handelsvolumen berechnet, indem sie die Werte für Importe und Exporte addiert hat. Grafik Susanne Spahn, S. 68

8 Umfrage Ost-Ausschuss. Ost-Ausschuss der Deutschen Wirtschaft; *https://www.ost-ausschuss.de/sites/default/files/pm_pdf/Auswertung%20Umfrage%20Russland%20Halbjahr%202009%201.pdf*, S. 71

9 Michail Prochorow. Susanne Spahn, S. 83

10 Schnellzug Sapsan. Susanne Spahn, S. 91

11 Team der unabhängigen Wahlbeobachter Golos. Susanne Spahn, S. 95

12 Veröffentlichung Gespräch deutsche Luftwaffe. Screenshot RT DE; *https://pressefreiheit.rtde.live/kurzclips/video/197990-geleakte-aufnahme-hochrangige-bundeswehroffiziere-diskutieren/* (abgerufen am 3.7./18.7.2024), S. 119

13 Zugriffe auf RT-Seiten Mai 24. Quelle: Similarweb; *https://www.similarweb.com/de/website/rt.com/* (abgerufen am 4.7.2024); um die Daten abrufen zu können, ist eine Anmeldung erforderlich. Grafik: Susanne Spahn, S. 124

14 RT DE Zugriffe Desktop Handy. Quelle: Similarweb; *https://www.similarweb.com/de/website/de.rt.com/* (abgerufen am 4.7.2024); um

die Daten abrufen zu können, ist eine Anmeldung erforderlich. Grafik: Susanne Spahn, S. 126

15 Sputnik-Chefredakteur. Screenshot YouTube, Telekanal Ost-West; *https://www.youtube.com/watch?v=wimEX9lqypI* (abgerufen am 14.3./18.7.2024), S. 128

16 Infrarot-Chef Rodionov. Screenshot Infrarot-Medien; *https://infrarotmedien.de/klare-sicht-hermann-ploppa-cdu-afd-bsw-werteunion-copy/*, S. 141

17 AfD-Politiker. Screenshot RT DE; *https://de.rt.com/kurzclips/video/94883- afd-besucht-damaskus-700000-fluechtlinge-sanktionen/* (abgerufen am 3.7.2024/18.7.2024), S. 157

18 Nutzer RT DE. Unveröffentliches Manuskript, der Autorin zur Verfügung gestellt vom Autor Carsten Reinemann. Prof. Dr. Carsten Reinemann ist Professor am Institut für Kommunikationswissenschaft und Medienforschung der Ludwig-Maximilians-Universität München, siehe *https://www.ifkw.uni-muenchen.de/lehrbereiche/reinemann/index.html,* S. 160

19 Der fehlende Part, Jasmin Kosubek. Screenshot: RT Deutsch; *https://pressefreiheit.rtde.live/programme/der-fehlende-part/99631-corona-epidemie-nie-da-war/* (abgerufen am 16.4./18.7.2024), S. 173

20 Studio rechtsextremes Compact TV. Screenshot Youtube; Kanal Compact TV; *https://www.youtube.com/watch?v=gtZrMT6dWbY&t=23s* (abgerufen am 1.4.2024), S. 177

21 So greift Russland die Demokratie an. Grafik Susanne Spahn, S. 180

22 Seewald auf Kundgebung Schwarzer/Wagenknecht. Screenshot YouTube, MDR Investigativ; *https://www.youtube.com/watch?v=A5jnAxOWf1M* (abgerufen am 18.7.2024), S. 182

23 Antispiegel 1.7.24 Screenshot RT DE Livestream; *https://de.rt.com/livetv/* (abgerufen am 1.7./18.7.2024), S. 186

24 Alternative Medien auf dem Vormarsch. Screenshot RT Deutsch; *https://de.rt.com/gesellschaft/83048-trotz-massiven-gegenwinds-alternative-medien* (abgerufen am 18.7.2024), S. 190

25 Total visits RT weltweit, Similarweb; *https://www.similarweb.com/de/website/de.rt.com/* (abgerufen am 8.7.2024); um die Daten abrufen zu können, ist eine Anmeldung erforderlich, S. 193

26 Querdenker-Blatt Demokratischer Widerstand. Screenshot Demokratischer Widerstand; *https://archiv.demokratischerwiderstand.de/media/W1siZiIsIjIwMjIvMDIvMTIvN2Y3MmJyZWM3cl83OV9XaWRlcnN0YW5kXzIwMjJfMDJfMTFfbmljaHRvaG5ldW5zLmRlLnBkZiJdXQ/79_Widerstand_2022_02_11_nichtohneuns.de.pdf?sha=f86ace637f2a5bef* (abgerufen am 23.7.2024), S. 195

27 Protest der „Freien Sachsen", RT. Screenshot RT DE; *https://rtde.me/kurzclips/video/202085-ich-wuensche-mir-dass-deutschland/* (abgerufen am 4.7./18.7.2024), S. 205

28 Freie Sachsen auf Druschba-Tour. Screenshot RT DE; *https://rtde.me/kurzclips/video/199949-wahlbeobachter-sicherheitsstandards-sehr-hoch-moeglichkeit/* (abgerufen am 4.7./18.7.2024), S. 207

29 Briefkastenfirmen, Adresse Berliner Telegraph. Susanne Spahn, S. 215

30 Demo Friedensaktivisten. Susanne Spahn, S. 219

31 Wladimir Solowjow. Screenshot Youtube; Kanal Russian Media Monitor; *https://www.youtube.com/watch?v=H4IYBrwdaRo* (abgerufen am 12.6./18.7.2024), S. 226

Die Autorin

Susanne Spahn ist Osteuropa-Historikerin, Politologin und Journalistin. Nach dem Studium der osteuropäischen Geschichte, Slawistik und Politikwissenschaft an den Universitäten St. Petersburg und Köln arbeitete sie als Wirtschaftsredakteurin und freie Korrespondentin in Moskau. 2011 folgte die Promotion zur Außenpolitik Russlands gegenüber der Ukraine und Belarus. In Projekten der London School of Economics und des Vilnius Institute for Policy Analysis untersuchte sie Russlands Informationspolitik. Für das Europäische Parlament analysierte sie 2021 die Impfkampagne Sputnik V. Susanne Spahn verfasste sechs Studien und zahlreiche Publikationen zu russischen Medien und Desinformation in Deutschland.